Ottwald Demele
Schlagworte der Tarifpolitik

Ottwald Demele, geboren 1945, Absolvent des 2. Bildungsweges, Stipendiat der Hans-Böckler-Stiftung, arbeitet heute als Hochschulassistent an der Freien Universität Berlin; Mitglied der IG Metall

Ottwald Demele

Schlagworte der Tarifpolitik

Argumente gegen den
»wirtschaftspolitischen Sachverstand«

VSA-Verlag, Hamburg 1986

Gesamtverzeichnis des Verlages anfordern!
© VSA-Verlag 1986, Stresemannstr. 384 a, 2000 Hamburg 50
Alle Rechte vorbehalten
Satz: Utesch Satztechnik GmbH, Hamburg
Druck und Buchbindearbeiten: Evert-Druck, Neumünster
ISBN 3-87975-368-7

Inhalt

Vorwort von Hans Janßen 7
Einleitung 10

Kapitel 1
Der bisherige Konjunkturverlauf 13

Kapitel 2
Kritik der vorherrschenden Erklärungsmuster für Krise und Massenarbeitslosigkeit 17
1. Die aktuelle Krise ist eine Strukturkrise 17
2. Die Krise ist importiert 22
3. Die Krise ist Folge einer falschen Wirtschaftspolitik 27
   Die Krise ist beabsichtigt 28 / Mißmanagement in den Betrieben 32 / Die staatliche Wirtschaftpolitik war falsch 33 / Die Staatsverschuldung ist zu hoch 36
4. Die Löhne sind zu hoch 49
   Die Lohnstückkosten sind gestiegen 49 / Die Löhne sind im Vergleich zum Ausland zu hoch 51 / Produktionsverlagerung in Niedriglohnländer 56 / Rationalisierungswelle: Die neuen Technologien sind »Jobkiller« 60
5. Die Profite der Unternehmen sind zu gering 70
   Die Gewinne von heute sind die Investitionen von morgen 71 / Die Eigenkapital-Ausstattung ist zu gering 74
6. Es wird zu wenig konsumiert 78
   Die Sparquote ist zu hoch 78 / Viele Märkte sind »gesättigt« 81

Kapitel 3
Wie die Konservativen die Krise bewältigen wollen – die Überwälzung der Krisenlasten 86
1. Senkung der betrieblichen Kosten 87
   Lohnabbau 87/Abbau »freiwilliger« betrieblicher Zusatzleistungen 95 / Steuersenkungen und Subventionen für die Unternehmen 96
2. Demontage des Sozialstaates und Schwächung der Gewerkschaften 100
   Abbau staatlicher Leistungen und sozialer Errungenschaf-

ten 100 / Das sogenannte »Beschäftigungsförderungsgesetz« 104 / Schwächung der Gewerkschaften – z. B. die Änderung des § 116 AFG 105
3. Stabilisierung der Nachfrage durch den Staat 112
»Verdeckte« Großaufträge des Staates 112 / Einseitige Förderung des Exports 115 / Technologieförderung als Instrument zur Erschließung neuer Märkte 118
4. Schaffung attraktiver Möglichkeiten der Kapitalanlage . . . 125
Hochzinspolitik 125 / Privatisierung staatlichen Vermögens und öffentlicher Dienstleistungen 126

Kapitel 4
Ursachen der Krise und die »Selbstheilungskräfte der Wirtschaft« 133

1. Ursachen von Krise und Massenarbeitslosigkeit 133
2. Der »urwüchsige« Weg aus der Krise 139
3. Die »sozialen Kosten« der Krisenüberwindung durch die »Selbstheilungskräfte der Wirtschaft« 142

Kapitel 5
Gewerkschaftliche Strategien zur Milderung der Krise und Überwindung der Massenarbeitslosigkeit 144
1. Ausweitung von Produktion und Dienstleistungen 146
Ausweitung der öffentlichen Nachfrage 146 / Anhebung des privaten Konsums 149 / Auswirkungen einer Reallohnsteigerung auf den Umfang der Produktion 150 / Der Einfluß der Löhne auf Kosten und Preise 152 / Warum die Arbeitgeber die Kaufkrafttheorie des Lohnes ablehnen 157 / Zusammensetzung einer »idealen« Lohnforderung 160 / Die »ideale Lohnforderung« aus Arbeitgebersicht – die Modelle der Lohnpolitik 164 / Vermögensbeteiligung der Arbeitnehmer? 167
2. Arbeitszeitverkürzung bei vollem Lohnausgleich 170
3. Umsetzung des technischen Fortschritts in sozialen Fortschritt 178

Verzeichnis der Schaubilder 187
Begriffserklärungen 190

Hans Janßen

Für aktive Tarifpolitik und gesellschaftliche Strukturreform
– gewerkschaftliche Tarifpolitik und wirtschaftliche Begründung –

Gewerkschaftliche Tarifpolitik bedarf auch immer der wirtschaftspolitischen Begründung ihrer Forderungen und Zielsetzungen. Dabei geht es um die Eröffnung eines gesamtwirtschaftlichen Forderungsrahmens, nicht um die Unterordnung der Tarifpolitik unter betriebswirtschaftliches Rentabilitätsdenken. Dabei geht es um die Eröffnung eines Handlungsspielraumes für aktive gewerkschaftliche Tarifpolitik, nicht um die Festlegung eines Verteilungsspielraumes, der durch ökonomische Daten und Theorien am grünen Tisch festgelegt würde und den die Tarifvertragsparteien am Verhandlungstisch nur nachzuvollziehen hätten.

Tarifverhandlungen über höhere Löhne, Gehälter und Ausbildungsvergütungen, über kürzere Arbeitszeit und über bessere Arbeitsbedingungen sind soziale Auseinandersetzungen. Die Ergebnisse hängen ab vom gesellschaftlichen Kräfteverhältnis zwischen Arbeitgeberverbänden und Gewerkschaften, von der Identifikation der Mitgliedschaft mit den gewerkschaftlichen Forderungen und ihrer Bereitschaft zur Mobilisierung für diese Forderungen, von den politischen, aber auch von den wirtschaftlichen Rahmenbedingungen.

Wirtschaftliche Begründungen in Tarifauseinandersetzungen haben aus gewerkschaftlicher Sicht zum einen die Funktion, die gegebenen ökonomischen Daten und Fakten aufzuarbeiten und darzustellen, aber auch eine wünschenswerte wirtschaftliche und damit natürlich immer auch soziale Entwicklung vorauszusagen. Wirtschaftliche Begründungen schließen daher sowohl für die Vergangenheit als auch für die Zukunft immer auch Annahmen über das aus der Sicht von Arbeitnehmerinnen und Arbeitnehmern wirtschaftlich Notwendige mit ein. Von daher sind wirtschaftliche Begründungen – bei aller Sorgfältigkeit der Aufarbeitung der vorhandenen Daten und Fakten – im Gesamtzusammenhang und Zielsetzung nie neutral. Bei der Erklärung der Krisenursachen und der Rezepte zur Bewältigung der Beschäftigungskrise stehen die Auffassungen einer kapitalorientierten

Wirtschaftspolitik und einer arbeitsorientierten Wirtschaftspolitik einander gegenüber. Die Erfahrungen der vergangenen Jahre haben aber eindeutig gezeigt, daß durch geringere Reallohnsteigerungen und höhere zum Teil explosionsartige Gewinnsteigerungen weder Arbeitsplätze gesichert und geschaffen noch wirtschaftliche Strukturprobleme in einzelnen Branchen überwunden werden können. Im Gegenteil, der Mangel an öffentlicher und privater Nachfrage durch fehlende staatliche Investitions- und Beschäftigungsprogramme und durch zu geringe Lohn- und Gehaltssteigerungen verschärft die wirtschaftliche Krise und vergrößert die Arbeitslosigkeit.

Gewerkschaftliche Tarifpolitik muß aus einem Gesamtkonzept heraus gesehen werden, mit dem die Gewerkschaften aktiv zur Überwindung der Krise beitragen können. Sie muß mit ihren Mitteln dazu beitragen, eine Verteilung des Sozialprodukts und eine Entwicklung der Arbeitsbedingungen durchzusetzen, mit denen die gesamtwirtschaftliche Lage stabilisiert und ein rationales wirtschaftliches Gleichgewicht gefördert werden. Das wäre nicht möglich, wenn wir uns mit der Tarifpolitik lediglich defensiv an der scheinbar vorgegebenen wirtschaftlichen Entwicklung orientierten. Damit würden sich die Gewerkschaften nur in die marktwirtschaftliche Krisenlogik einbinden, die sich einseitig auf die Verbesserung der Profitchancen versteift und in Wirklichkeit die unsozialen und heillosen Folgen der sogenannten Selbstheilungskräfte des Marktes freisetzt. Damit würde letztlich mittels der Demontage des Sozialstaates der rigorosen Zerschlagung überschüssiger Produktionskapazitäten und der Entwertung menschlicher Arbeitskraft, die geradezu ihrer Vernichtung gleichkommt, die Krise nur verschärft.

Dem stellen wir ein eigenständiges, gesamtwirtschaftliches Konzept gegenüber, das an den Interessen der Arbeitnehmer orientiert ist. Es ist auch Grundlage und Rahmen einer auf Dauer wirksamen und aktiven Tarifpolitik.

Die Tradition aktiver Tarifpolitik und ihrer Begründung geht in der Nachkriegszeit bis auf Viktor Agartz zurück. Er hat in den 50er Jahren eine »expansive Tarifpolitik« gefordert, die den Anteil der Arbeitnehmereinkommen am Volkseinkommen, an der wirtschaftlichen Gesamtleistung ständig erhöht.

Auch für uns zielt heute aktive Tarifpolitik darauf ab, durch unsere tarifpolitischen Zielsetzungen – Einkommensverbesserungen, Arbeitszeitverkürzungen, Verbesserung der Entlohnungs- und Arbeitsbedingungen – die Preissteigerungsrate auszugleichen, die volle Beteiligung am Produktivitätsfortschritt für die Arbeitnehmer zu verwirklichen und zur Umverteilung beizutragen. Diese drei Elemente sind und bleiben die Bestimmungsgrößen für den Forderungsrahmen quantitativer und qualitativer tarifpolitischer Zielsetzungen. Eine Realisierung dieser Forderungsgrößen ist nach unserer Überzeugung nach wie vor der wirkungsvolle Beitrag zu einer langfristig gesicherten wirtschaftlichen und sozialen Entwicklung im Interesse der abhängig Beschäftigten.

Oswald Demele stellt in seinem Buch zum einen die Bedeutung wirtschaftlicher Zusammenhänge, vor allem unterschiedlicher Erklärungsmuster für Krise und Massenarbeitslosigkeit für die gewerkschaftlichen Zielsetzungen und Forderungen plastisch dar. Er stellt den konservativen Rezepten die gewerkschaftlichen Strategien und Forderungen gegenüber. Dabei hat Demele es geschafft, ein Lehr- und Arbeitsbuch im besten Sinne des Wortes zu schreiben. Die Argumentationen sind übersichtlich und plastisch. Durch eine Vielzahl von Grafiken und Beispielen sind sie nicht nur für einzelne Leser, sondern auch als Grundlage für gewerkschaftliche Informations- und Bildungsarbeit gut geeignet.

Die Auseinandersetzung mit konservativer Wirtschafts- und Gesellschaftspolitik und den ihr zugrunde liegenden Erklärungsmustern für die Struktur- und Beschäftigungskrise muß von den Gewerkschaften auf breitester Basis fortgeführt werden. Oswald Demele macht deutlich, wie gewerkschaftsfeindlich und unsozial Grundlagen und Folgen dieser Politik sind.

Es ermutigt daher, mit aktiver Tarif- und Gewerkschaftspolitik fortzufahren und gibt Arbeitnehmerinnen und Arbeitnehmern das Rüstzeug in die Hand, sich selbst mit alternativen Erklärungsmustern auseinanderzusetzen und sich an der Durchsetzung einer aktiven Tarifpolitik in der gewerkschaftlichen und der öffentlichen Diskussion zu beteiligen. Das gilt unbeschadet der Tatsache, daß man natürlich nicht jeder Einzelaussage und Feststellung von Demele zustimmen muß. Auch in diesem Sinne sind tarifpolitische Forderungen der Gewerkschaften nicht Ergebnis abstrakter Festlegungen, sondern demokratischer Meinungsbildung in der einzelnen Gewerkschaft. Dessen ungeachtet ist dem Buch aber große Verbreitung zu wünschen, um auch durch verbesserte Information und Bildung die Chancen für die Durchsetzung aktiver Tarifpolitik zu sichern und zu verbessern.

im Juli 1986   Hans Janßen

Einleitung

»Von Wirtschaft verstehe ich nichts!« – das ist ein typischer Ausruf von Arbeitnehmern, wenn es um Fragen etwa der Steuerpolitik der Regierung, der Überwindung der Arbeitslosigkeit und der Kosten- und Beschäftigungswirkungen einer Arbeitszeitverkürzung geht. Und in der Tat sind die Wirtschaftsberichte und -kommentare in den Medien auch keineswegs auf die Bedürfnisse der Lohnabhängigen, also der überwiegenden Mehrheit der Bevölkerung, abgestellt. Im Gegenteil: es hagelt nur so von Fachausdrücken, die die Probleme meist nur noch komplizierter machen (was sie offensichtlich auch sollen!).

In den Schulen wird viel über die linken und rechten Nebenflüsse des Rheins etc., aber wenig über wirtschaftliche Zusammenhänge gesprochen. Zwar lernen die Schüler, wie man durch das Multiplizieren von Stundenlohnsatz und Zahl der geleisteten Arbeitsstunden seine monatliche Lohnabrechnung nachprüfen kann – doch die Frage, »wieviel Stunden«, »zu welchem Lohnsatz« und »wie« gearbeitet werden muß, ist normalerweise nicht Gegenstand des Unterrichts. Daher sind Arbeitnehmern nur selten die einzel- und gesamtwirtschaftlichen Zusammenhänge vertraut. Und dies, obwohl sie für jeden Lohnabhängigen große praktische Bedeutung haben.

Denn: Wirtschaft geht uns alle an. Auch wer sich als Arbeitnehmer nicht für Wirtschaftsfragen interessiert, ist z. B. von haushaltspolitischen Maßnahmen der Regierung betroffen – dies gilt erst recht für tarifpolitische Entscheidungen. Letztlich kann sich niemand den täglich verbreiteten Theorien und Slogans zu aktuellen Wirtschaftsfragen ganz entziehen. Selbst wer von sich meint, sich nicht um Wirtschaft zu kümmern, nimmt doch zu konkreten aktuellen Fragen, mehr oder weniger bewußt, bestimmte Meinungen auf, durch die sein eigenes Denken und Handeln beeinflußt wird. Deshalb gibt sich ja auch die Arbeitgeberseite fortwährend die allergrößte Mühe, zu allen jeweils gerade anstehenden Fragen eine (besser aber: gleich mehrere) »passende« Erklärung(en) anzubieten.

Über die Ursachen von Krise und Massenarbeitslosigkeit werden sogar recht unterschiedliche Ansichten vertreten; sie werden z. B. im Ausland bei den »Ölscheichs« gesehen oder bei den Japanern, die angeblich unseren (?) Weltmarkt überschwemmen. Andere wieder meinen, daß eine falsche Wirtschaftspolitik der Regierung zur Krise geführt habe. (Mitunter wird sogar Mißmanagement in den Betrieben als Grund für die Krise genannt.) Am häufigsten aber wird die Ursache von Krise und Arbeitslosigkeit in überzogenen Ansprüchen der Arbeitnehmer und ihrer Gewerkschaften gesehen. Diese hätten angeblich dazu geführt, daß die Unternehmen entweder aus Kapitalmangel nicht mehr investieren können, wegen zu hoher Lohnkosten nicht mehr investieren wollen oder die Produktion verstärkt rationalisieren bzw. in sogenannte Niedriglohnländer verlagern müssen. Mitunter werden auch die neuen Technologien als »Jobkiller« und damit als Ursache der Massenarbeitslosigkeit bezeichnet.

Eine andere Stoßrichtung zielt darauf ab, die Krise als Zeichen des Überflusses darzustellen: es wird behauptet, die Märkte seien weitgehend gesättigt. Schließlich wird auch noch die Variante vertreten, daß das Ausbleiben des Wirtschaftswachstums sogar positiv sei, weil dadurch der Raubbau an Rohstoffen und die übermäßige Umweltbelastung vermieden würden. Alle diese Ansichten, die im Detail oft noch variieren, weichen in der Beurteilung der Krisenursachen offensichtlich erheblich voneinander ab. Um so erstaunlicher und verblüffender ist es, daß sie dennoch fast alle zu derselben Schlußfolgerung gelangen: die Löhne müssen herunter, um die Massenarbeitslosigkeit zu überwinden! Je nach Temperament und individueller Interessenlage darf man sich aussuchen, ob die Löhne sinken sollen, um die ausländische Konkurrenz abzuwehren, den Unternehmen mehr Gewinne zu überlassen, damit sie mehr investieren können oder mehr investieren wollen oder um sie von verstärkten Rationalisierungen abzuhalten. Schließlich kann man sich mit einer Zurückhaltung bei den (Lohn-) Forderungen vor Übersättigung der Märkte, Verschleuderung der Rohstoffe oder Überbelastung der Umwelt schützen.

Von Arbeitnehmern werden viele dieser Krisen»erklärungen« selbst dann widerspruchslos übernommen, wenn sie zu Schlußfolgerungen führen, die den Interessen der abhängig Beschäftigten offenkundig entgegenstehen. Das läßt den großen Einfluß der bürgerlichen Medien und der Arbeitgeberpropaganda auf das Denken der Mehrheit der Bevölkerung erkennen und zeigt darüber hinaus die Notwendigkeit, das aktuelle wirtschaftliche Geschehen in einer Form darzustellen, die es auch dem Nicht-Fachmann erlaubt, Ursachen und Folgen solcher ökonomischer Prozesse zu verstehen, die sich auf die Lebenslage der Lohnabhängigen unmittelbar auswirken. Wenn selbst Arbeitnehmer meinen, daß angeblich zu hohe Löhne eine Rationalisierungswelle auslösen oder die Verlagerung von Produktion in sogenannte Niedriglohnländer verursachen, können sie konsequenterweise eigentlich keine weiteren Forderungen nach Lohnerhöhungen oder nach Verkürzung der Arbeitszeit mit vollem Lohnausgleich stellen. Tun sie es doch, dann nur halbherzig und belastet mit dem schlechten Gewissen, eigene Ansprüche möglicherweise auf Kosten der Arbeitslosen durchzusetzen. Daher ist es auch für Arbeitnehmer so wichtig, sich mit den Ursachen der Massenarbeitslosigkeit und mit den geläufigsten Erklärungsmustern der Krise auseinanderzusetzen.

Dies gilt ebenso für die Strategien, mit denen das Arbeitgeberlager versucht, die Krisenlasten allein auf die Arbeitnehmer abzuwälzen. Den Arbeitgeberstrategien läßt sich ein gewerkschaftliches Konzept zur Milderung der Krise und zur Überwindung der Massenarbeitslosigkeit entgegenstellen. Dabei zeigt sich sehr schnell: die Lösung der wirtschaftlichen und sozialen Probleme besteht keineswegs darin – wie die Arbeitgeberseite immer wieder glauben machen will – die Gewinne zu erhöhen und die Lohnansprüche zurückzuschrauben. Es wird im Gegenteil deutlich, daß die Verbesserung der realen Einkommensverhältnisse und der Arbeitsbedingungen für die Arbeitnehmer auch Hand in Hand gehen kann mit einer Stärkung der Gesamtwirtschaft.

Die wirtschaftlichen Grundzusammenhänge und die wirtschaftspolitischen Strategien des Arbeitgeberlagers lassen sich auch ohne umfangreiche Vorkenntnisse viel einfacher durchschauen, als meist angenommen. Voraussetzung dafür ist allerdings eine Sprache, die auch für den Nicht-Wirtschaftsfachmann gut verständlich ist. Verzichtet wird in den folgenden Ausführungen außerdem auf die Darstellung von bestimmten Zusammenhängen in langen Zahlenkolonnen oder Formeln; statt dessen ergeben sich Erklärungen aus leicht erfaßbaren Schaubildern. So bleiben Wirtschaftsfragen auch für die Verkäuferin, für den Elektriker nicht länger ein »Buch mit sieben Siegeln«.

Kapitel 1
Der bisherige Konjunkturverlauf

Die ökonomische Entwicklung im Kapitalismus ist seit seinem Bestehen gekennzeichnet durch einen dauernden Wechsel von Krisen- und Boomphasen. Im vorigen Jahrhundert betrug die Zeitspanne für einen vollen Konjunkturzyklus etwa 10 Jahre. Der Abstand von einer Krise zur anderen hat sich allmählich verkürzt; gegenwärtig beträgt er nur noch etwa 4–5 Jahre.

Über die einzelnen Zyklen hinweg ist in der Bundesrepublik ein langfristig fallender Trend der Wachstumswellen zu erkennen, wobei die konjunkturelle Entwicklung unmittelbar nach dem 2. Weltkrieg durch ein unerwartet hohes und langanhaltendes Wachstum der Produktion gekennzeichnet war (vgl. Schaubild Nr. 1). Zeitweilig wurden sogar zweistellige Wachstumsraten des Bruttosozialprodukts erreicht. Die kriegsbedingte hohe Arbeitslosigkeit konnte allmählich abgebaut werden, die Reallöhne stiegen kräftig an.

Aber auch in dieser Phase des »Wirtschaftswunders« vollzog sich die wirtschaftliche Entwicklung zyklisch. Die konjunkturellen Abschwünge waren allerdings zunächst nicht so stark, daß das Bruttosozialprodukt absolut geschrumpft oder zusätzliche Arbeitslosigkeit entstanden wäre. Während der 50er und frühen 60er Jahre stieg die Produktion selbst in den konjunkturellen Abschwungphasen, wenn auch verlangsamt, weiter an (vgl. die Jahre 1954, 1958 und 1963). Anfang der 60er Jahre war in etwa Vollbeschäftigung erreicht (vgl. Schaubild Nr. 2). Der weiter steigende Arbeitskräftebedarf der Industrie führte schließlich zur Anwerbung ausländischer Arbeitskräfte.

Erstmals nach dem 2. Weltkrieg sank im Verlaufe der Krise von 1966/67 das Bruttosozialprodukt wieder absolut, nämlich um 0,2 %; die Arbeitslosenrate stieg kurzfristig auf 2,1 %. Diese Krise konnte jedoch noch relativ rasch überwunden werden.

Die nächste schwere Krise setzte 1974/75 ein. Das Bruttosozialprodukt fiel um 2,5 %, die Arbeitslosenrate stieg zunächst auf 4,7 %. Seither, also seit mehr als 10 Jahren, ist das Wirtschaftswachstum nie mehr stark genug gewesen, um die Arbeitslosigkeit vollständig abzubauen. Im Gegenteil hat das geringe durchschnittliche Wirtschaftswachstum zum weiteren Anstieg der Arbeitslosenzahl auf weit über 2,5 Mill. (etwa 10 %) geführt.

Schaubild 1
Lebenslauf der Konjunktur

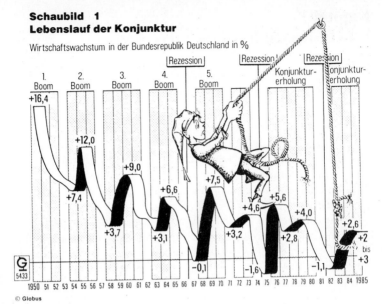

Quelle: ötv-magazin, 4/85

Schaubild 2
Arbeitslosigkeit 1950–1985

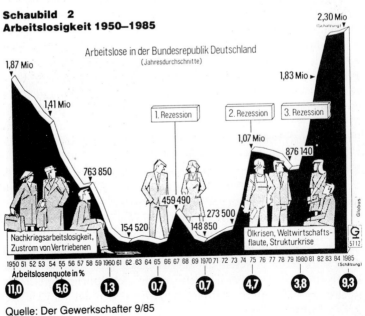

Quelle: Der Gewerkschafter 9/85

Schaubild 3
Die Konjunktur im Bild – die Industrieproduktion der drei großen westlichen Industriestaaten

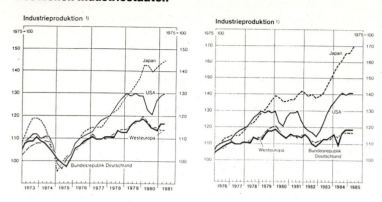

Quelle: Wirtschaftsberichte Dresdner Bank Nr. 3/81 und 3/85

Ein Vergleich der Entwicklungen in den größten westlichen Industriestaaten zeigt nicht nur sehr ähnliche zyklische Bewegungsmuster der einzelnen nationalen Wirtschaftsaktivitäten, sondern darüber hinaus auch eine zeitliche Angleichung der nationalen Konjunkturzyklen (vgl. Schaubild Nr. 3).

In den Jahren 1972/73 durchliefen erstmals seit der großen Weltwirtschaftskrise von 1929/32 alle großen westlichen Industrienationen wieder gemeinsam eine Boomphase – um dann 1974/75 gemeinsam in die bisher stärkste Nachkriegskrise zu stürzen. Danach vollzog sich in den genannten Staaten parallel ein konjunktureller Anstieg (wenn auch in z. T. recht unterschiedlicher Höhe), der etwa Anfang 1980 im nächsten Abschwung mündete. Der sich daran anschließende schwache Aufschwung, etwa ab 1982/83, dürfte gegenwärtig seinen Höhepunkt erreicht haben. Für die kommenden Jahre ist aller Erfahrung nach der nächste Konjunkturabschwung mit einer entsprechenden Verschärfung der Probleme auf dem Arbeitsmarkt zu erwarten.

Sowohl der bis heute langfristig fallende Trend des Wirtschaftswachstums wie auch die Angleichung der einzelnen nationalen Konjunkturzyklen stellen Parallelen zur Entwicklung vor der Weltwirtschaftskrise 1929/32 dar. Wesentliche Ursache der zeitlichen Angleichung der nationalen Konjunkturverläufe in den westlichen Industriestaaten ist die zunehmende Außenhandelsverflechtung dieser Länder untereinander.

Zu Zeiten der ersten Nachkriegskrise in der Bundesrepublik (1966/67) waren die einzelnen nationalen Konjunkturzyklen z. T. noch gegenläufig. Während die Bundesrepublik eine Krisenperiode durchlief, erlebten andere westliche Industriestaaten gerade eine Boomphase. Daher konnte die damalige Konjunkturkrise vor allem über eine Steigerung des Exports überwunden werden. Besonders in den USA, die zu jener Zeit den Vietnam-Krieg führten, waren diese zusätzlichen Exporte willkommen.

Für die praktische Wirtschaftspolitik ist die Angleichung der Konjunkturverläufe wichtiger kapitalistischer Industriestaaten von erheblicher Bedeutung, weil dadurch die Krisenüberwindung per Exportsteigerung – wie 1966/67 in der Bundesrepublik – kaum noch möglich ist. Vielmehr ruft das gleichzeitige Auftreten der Krise in den kapitalistischen Staaten die Gefahr hervor, daß die betroffenen Länder mit massiven Handelsbeschränkungen reagieren und damit die Krise noch verschärfen.

Für die theoretische Analyse der Krisenursachen kann aus der Regelmäßigkeit und neuerlichen Parallelität der nationalen Konjunkturverläufe gefolgert werden, daß es Ursachen für die Konjunkturzyklen geben muß, die offenbar im Wirtschaftssystem selbst angelegt sind. Alle Versuche, die Krisen jeweils mit besonderen nationalen Fehlentwicklungen, falschen wirtschaftspolitischen Entscheidungen einzelner Regierungen etc. erklären zu wollen, sind daher grundsätzlich in Frage zu stellen.

Kapitel 2
Kritik der vorherrschenden Erklärungsmuster für Krise und Massenarbeitslosigkeit

Zur Beantwortung der Frage nach den Ursachen von Krise und Arbeitslosigkeit sollen nun zunächst die gängigsten Thesen zum Rückgang des Wirtschaftswachstums auf ihren Erklärungswert hin untersucht werden. Dabei ist auch zu überprüfen, welche gewerkschaftspolitischen Schlußfolgerungen aus den einzelnen Krisenerklärungen gezogen (bzw. nahegelegt) werden. Auf diese Weise läßt sich darlegen, welche tarif-, wirtschafts- oder sozialpolitischen Absichten sich hinter den einzelnen Erklärungen für die Krise verbergen.

1. Die aktuelle Krise ist eine Strukturkrise

Häufig wird die Auffassung vertreten, die aktuellen Wirtschaftsprobleme ließen sich auch durch ein starkes Wirtschaftswachstum nicht mehr beseitigen. Insofern handele es sich nicht um eine normale Konjunkturkrise, die wiederum in einen anschließenden Boom münden werde, sondern um eine tiefgreifende Strukturkrise. Was dabei konkret unter »Struktur« zu verstehen ist, bleibt allerdings meist recht nebulös und wird von Fall zu Fall unterschiedlich interpretiert.

Selbstverständlich hat jede Konjunkturkrise ihre besonderen Erscheinungsformen – so sind die einzelnen Branchen, Regionen und Berufsgruppen jeweils in unterschiedlicher Stärke betroffen. Von der gegenwärtigen Krise sind z. B. die Stahl- und die Schiffbauindustrie überdurchschnittlich berührt, woraus sich eine bestimmte regionale Konzentration von Arbeitslosigkeit (Saarland, Nordseeküsten-Region, vgl. Schaubild Nr. 4) sowie eine bestimmte branchen- und berufsmäßige Verteilung der Arbeitslosigkeit ergibt.

Ferner sind gegenwärtig, anders als in früheren Krisen, auch Büroberufe stark von der Arbeitslosigkeit betroffen. 1966/67 betraf die Krise vor allem den Ruhrkohlebergbau, woraus sich seinerzeit eine andere regionale und berufsspezifische Verteilung der Arbeitslosigkeit ergab. Insofern ist es keineswegs berechtigt, wenn sich die gegenwärtigen CDU- bzw. CSU-Landesregierungen in Baden-Württemberg und Bayern die vergleichsweise niedrige Erwerbslosenquote in

Schaubild 4
Arbeitslose und Arbeitslosenquoten nach Ländern
·Ende September 1985

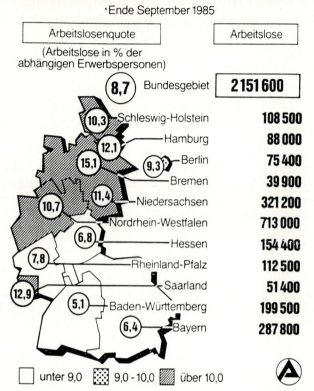

Quelle: Handelsblatt, 14.11.85

ihren Regionen kurzerhand als Verdienst der eigenen regionalen Wirtschaftspolitik gutschreiben wollen. Schließlich gab es in der Vergangenheit gute objektive Gründe dafür, daß sich die von der gegenwärtigen Krise besonders stark betroffenen Branchen Schiffbau und Stahlindustrie in den Küstenregionen bzw. im Saarland (wegen des Rohstoffs Kohle) und nicht etwa im Schwarzwald oder in den bayerischen Bergen angesiedelt haben. Von dem massenhaften Arbeitsplatzverlust in diesen Branchen sind die beiden südlichen Bundesländer deshalb logischerweise kaum betroffen.

Daß sich im Laufe der Zeit Veränderungen in den Proportionen der einzelnen Wirtschaftszweige vollziehen, ist ein völlig normaler Prozeß. Nach Angaben des Ifo Instituts haben sich »in den letzten 20

Jahren ... die meisten Branchen ziemlich dauerhaft entweder als Anteilsgewinner oder -verlierer erwiesen. Denn der Wandlungsprozeß innerhalb der Industrie hat sich relativ kontinuierlich vollzogen« (Handelsblatt vom 28. 4. 1983).

Schaubild 5
Wandlungen der Wirtschaftsstruktur

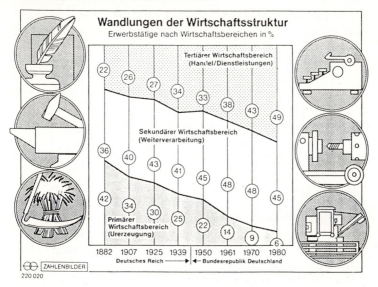

Schaubild Nr. 5 veranschaulicht, daß sich dieser Wandlungsprozeß über ein Jahrhundert hinweg auch zwischen den drei großen Wirtschaftsbereichen relativ gleichmäßig entwickelt hat. Allerdings ist hier zu beachten, daß nur die jeweilige prozentuale Aufteilung der Beschäftigten angegeben ist – daraus ist nicht ersichtlich, wieviel Arbeitsplätze in den einzelnen Bereichen tatsächlich geschaffen bzw. abgebaut worden sind. Die Entwicklung der absoluten Beschäftigtenzahlen zeigt Schaubild Nr. 6, allerdings nur für einen wesentlich kürzeren Zeitraum.

Während der 60er und Anfang der 70er Jahre hat es in der Bundesrepublik eine starke Verlagerung der Beschäftigung weg von den Bereichen Landwirtschaft und Forsten bzw. verarbeitendes Gewerbe (seit Anfang der 70er Jahre) und hin zum Dienstleistungsbereich gegeben. Erst mit Beginn der Krise 1973/74 ist dieser sogenannte Tertiärbereich nicht mehr stark genug gewachsen, um den Arbeitsplatzabbau aus den beiden anderen Wirtschaftsbereichen voll auszugleichen.

In Boomphasen ändern sich die Verhältnisse zwischen den einzelnen Wirtschaftszweigen vor allem durch eine rasche Ausdehnung sogenannter Wachstumsbranchen, in Krisenperioden vollziehen sich diese Veränderungen hauptsächlich durch das beschleunigte »Absterben« überholter Produkte oder Produktionsverfahren.

Die Tatsache, daß in der aktuellen Krise (wiederum) bestimmte Berufsgruppen, Branchen und Regionen stärker betroffen sind als andere, rechtfertigt es keineswegs, von einer besonderen »Strukturkrise« im Gegensatz zur herkömmlichen Konjunkturkrise zu sprechen. In ihrem Kern unterscheidet sich die aktuelle Krise nämlich nicht von den vorangegangenen Konjunkturkrisen. Die Bezeichnung der gegenwärtigen Krise als »Strukturkrise« trägt nichts zur Klärung der Krisenursachen bei, sie hat im Gegenteil eindeutig eine verschleiernde Funktion. Mit diesem neuen Begriff wird nämlich der Anschein erweckt, als ob es sich um einen gänzlich neuen Typ von Krise handele. Damit wird so getan, als würden die herkömmlichen Konjunkturschwankungen weitgehend beherrscht, es wird also von der Unfähigkeit der Wirtschaftspolitik abgelenkt, den Konjunkturverlauf so zu steuern, daß Konjunkturkrisen nicht mehr auftreten. Auf diese Weise wird an die Geduld der Bevölkerung appelliert, den Politikern Zeit zuzugestehen, um auch den neuen Typ von Wirtschaftskrise zu regulieren und zukünftig verhindern zu lernen.

Wird die derzeitige Krise dagegen klar als ein weiteres Glied in der langen Kette der Konjunkturkrisen des Kapitalismus bezeichnet, so wird deutlich: die staatliche Wirtschaftspolitik ist bis heute nicht in der Lage, die Konjunktur zu steuern und Konjunkturkrisen zu vermeiden. Statt dessen verschärfen sich seit Ende des 2. Weltkrieges die Krisen wieder, und zwar in Dauer und Tiefe. Wenn keine wesentlichen Eingriffe in den gegenwärtigen Wirtschaftsablauf erfolgen, ist zu erwarten, daß das Problem der Massenarbeitslosigkeit wieder zum Normalfall in unserem Wirtschaftssystem wird. Die relativ kurze Phase der Vollbeschäftigung während der 60er und Anfang der 70er Jahre stellte dann lediglich eine historische Ausnahme von dieser Regel dar. (In diesem – zynischen – Sinne verdient die Periode des westdeutschen »Wirtschaftswunders« in der Tat ihren Namen.)

Schaubild 6
Erwerbstätige nach Wirtschaftsbereichen

in Millionen Personen, log. Maßstab

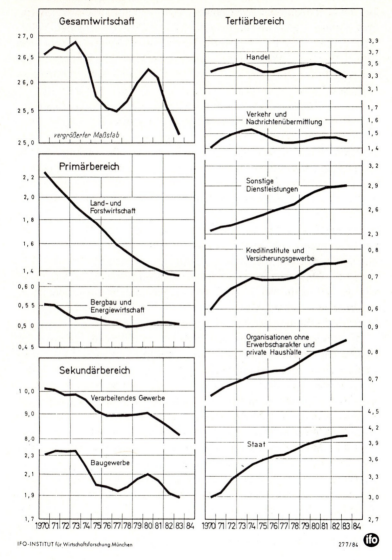

IFO-INSTITUT für Wirtschaftsforschung München 277/84

2. Die Krise ist importiert

Vor allem die Vertreter der jeweiligen Regierungsparteien verweisen bei der Erklärung von Wirtschaftskrisen gern auf außenwirtschaftliche Einflüsse. Es wird unterstellt, daß die Krise der eigenen Volkswirtschaft durch eine mangelnde Auslandsnachfrage verursacht, also letztlich »importiert« sei. Folglich wären die Ursachen für bestehende wirtschaftliche Probleme nicht im Inland, sondern im Ausland zu suchen.

Für die Bundesrepublik, die etwa 28% ihrer heimischen Produktion exportiert, ist es in der Tat von Bedeutung, wie sich die Auslandsnachfrage entwickelt. Bei der gegebenen hohen Außenhandelsverflechtung kann es nicht folgenlos bleiben, wenn die wichtigsten Abnehmerländer westdeutscher Exporte sich gleichzeitig in einer schweren ökonomischen Krise befinden und wenn sie deshalb vor allem weniger Investitionsgüter – ein Schwerpunkt westdeutscher Exporte – abnehmen.

Für die Erklärung z. B. des Konjunktureinbruchs 1973/74 in der Bundesrepublik gibt die Entwicklung des Exports dennoch nicht allzu viel her: Es trifft zwar zu, daß nach Abzug der Preissteigerungen 1975 etwa 6% weniger exportiert worden ist als im Vorjahr – trotzdem ist, wie das Schaubild Nr. 7 zeigt, auch in jenem Jahr ein großer Handelsbilanzüberschuß verblieben; er betrug 1973 = 33 Mrd. DM, 1974 = 50 Mrd. DM und 1975 = 37 Mrd. DM.

Die Beschäftigungslage in der Bundesrepublik wird durch die andauernden Exportüberschüsse also in Wirklichkeit »geschönt«; ohne den mit der Warenausfuhr verbundenen Export von Arbeitslosigkeit in andere Staaten wäre die Arbeitslosenquote hierzulande noch höher ausgefallen, als sie es ohnehin schon ist. Für jene Länder dagegen, die die westdeutschen Außenhandelsüberschüsse als Warenimportüberschüsse aufnehmen, bedeutet das tatsächlich zugleich den Import von Arbeitslosigkeit. Insofern ist es wenig überzeugend, wenn ausgerechnet von Vertretern der Bundesrepublik, also einem Land, das eine hausgemachte Arbeitslosigkeit durch andauernde Außenhandelsüberschüsse teilweise »exportiert«, das Argument der »importierten Krise« ins Spiel gebracht wird.

Wollte man den Konjunktureinbruch in der Bundesrepublik mit einem Rückgang des Exports erklären, so müßte man zugleich begründen, wodurch denn in den Importländern der Rückgang der Nachfrage ausgelöst worden ist. Natürlich könnten auch diese Staaten auf eigene Exportprobleme verweisen. Die Analyse der Krisenursa-

**Schaubild 7
Saldo der Leistungsbilanz**

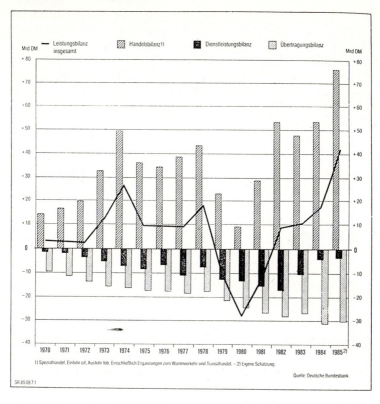

chen wäre damit also keinen Schritt vorangekommen; sie würde lediglich ständig von einem Land in ein anderes verlagert.

Außerdem hat die Bundesrepublik auch schon in den 50er und 60er Jahren Wachstumskrisen durchlaufen, obwohl die Exportentwicklung seinerzeit keineswegs rückläufig war. In den Krisenjahren 1966/67 z. B. stieg der Export real um etwa 10% bzw. 13%. Eine realistische Krisenerklärung muß also auch ohne den Verweis auf verminderte Exporte auskommen.

Eine andere Variante der These von der importierten Krise besagt, daß die Krise in der Bundesrepublik vor allem durch eine verstärkte Auslandskonkurrenz hervorgerufen worden sei – gemeint ist hier vor allem Japan. Wollte man den Nachrichten der Tagespresse etc. Glauben schenken, so müßte der Anteil Japans am Weltmarkt mittlerweile weit größer sein als jener der Bundesrepublik.

Schaubild 8
Die größten Exporteure des Westens

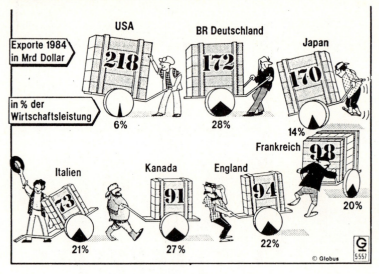

Quelle: Tagesspiegel vom 30.4.85

Wie das Schaubild Nr. 8 veranschaulicht, exportierte die Bundesrepublik (61 Mio. Einwohner) im Jahre 1984 Waren im Werte von 172 Mrd. Dollar und damit sogar geringfügig mehr als Japan mit seiner fast doppelt so großen Einwohnerzahl (119 Mio.) und nur etwas weniger als die USA mit einer fast vierfachen Bevölkerungszahl (234 Mio.) – und während Japan gerade 14 % seiner Inlandsproduktion exportiert, ist diese Quote für die Bundesrepublik mit 28 % doppelt so hoch!

Das in den bürgerlichen Medien mehr oder weniger bewußt gezeichnete »Horrorbild« von einer japanischen Exportwalze hat offenbar Methode – zumindest drängt sich dieser Eindruck auf, wenn man bedenkt, welche Eigenschaften den japanischen Arbeitnehmern gleichzeitig zugeschrieben werden: sie arbeiten angeblich viel länger für erheblich weniger Lohn. Wollten die bundesrepublikanischen Arbeitnehmer »ihren« Weltmarktanteil zurückerobern, so müßten sie demnach in (Lohn-)Konkurrenz treten mit den schlechter bezahlten japanischen Arbeitnehmern.

In Wirklichkeit aber erzielt die Bundesrepublik auch so weiterhin laufend hohe Exportergebnisse (vgl. Schaubild Nr. 9a) und wach-

Schaubild 9a
Export der Bundesrepublik

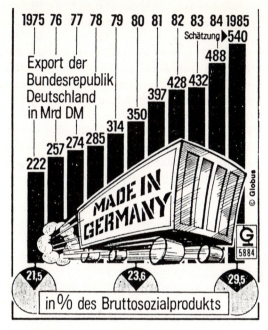

Quelle: Süddeutsche Zeitung vom 30.12.85

sende Handelsbilanzüberschüsse (vgl. Schaubild Nr. 7).

Noch deutlicher wird die enorm hohe Konkurrenzfähigkeit der bundesrepublikanischen Industrie, wenn man sich ihre internationale Position speziell im Handel mit Industriegütern, also unter Ausschaltung z. B. von landwirtschaftlichen Produkten, vergegenwärtigt:

Schaubild 9b
Anteile am Welthandel mit Industriegütern 1982

Anteile in %

Bundesrepublik Deutschland	16,7
USA	15,4
Japan	14,7

Quelle: BMWI-Dokumentation, Nr. 263, Juli 1984, S. 31.

Von einer Notwendigkeit, Lohnzurückhaltung zu üben, um die angeblich verlorengegangene oder bedrohte internationale Konkurrenzfähigkeit wiederherzustellen, kann also nicht die Rede sein.

Eine weitere, sehr verbreitete Erklärung für Krise und Massenarbeitslosigkeit beruht auf den beiden »Ölpreisschocks« 1973 bzw. 1980, als die »Ölscheichs« bzw. die OPEC-Staaten das Rohöl drastisch verteuert haben. Indem für das Rohöl nun wesentlich mehr gezahlt werden müsse, so das Hauptargument der Verfechter dieser Meinung, werde der Bundesrepublik Kaufkraft entzogen, die dann für die Nachfrage im Inland fehle.

Wäre die Wirtschaftskrise 1974/75 tatsächlich dadurch verursacht worden, daß den Inlandsmärkten in den Industriestaaten zu viel Kaufkraft entzogen worden ist, dann hätte sich das in jenen Ländern am deutlichsten bemerkbar machen müssen, die am stärksten von Rohöleinfuhren abhängig sind; das gilt z. B. für die Bundesrepublik und noch mehr für Japan. Die USA dagegen versorgen sich überwiegend aus heimischen Ölquellen, während England sogar als Exporteur von Rohöl auftritt. Die Massenarbeitslosigkeit müßte also in Japan und in der Bundesrepublik entsprechend ihres hohen Anteils an Rohölimporten besonders stark ausgeprägt sein, während sie in den USA und vor allem in England vergleichsweise milde ausfallen müßte. Das genaue Gegenteil ist jedoch der Fall: sowohl Japan als auch die Bundesrepublik stehen im internationalen Vergleich der Arbeitslosenquoten weit besser da als die USA bzw. als England!

Außerdem gibt es eine Reihe von Belegen (rückläufige Auftragseingänge etc.) dafür, daß sich der konjunkturelle Einbruch schon einige Zeit vor der ersten Rohölpreiserhöhung abgezeichnet hat; somit kann sie auch nicht als Ursache für die Krise herhalten.

Aufschlußreich war in diesem Zusammenhang auch die erste Reaktion von bundesrepublikanischen Unternehmervertretern auf den späteren Preisverfall für das Rohöl: Nun wurde nicht etwa in Umkehrung des »alten« Arguments angekündigt, daß aufgrund der Verbilligung des Rohöls mehr Kaufkraft im Inland verbleibe und es daher zu einem wirtschaftlichen Aufschwung in den Industriestaaten kommen werde. Vielmehr wurde jetzt erneut behauptet, daß die Preisänderung für das Rohöl die inländische Konjunktur belaste – diesmal aber wegen der sinkenden Kaufkraft der OPEC-Staaten! Egal also, ob der Rohölpreis steigt oder fällt – er ist allemal »gut« als Rechtfertigung für konjunkturelle Probleme im Inland.

Es ist zwar zutreffend, daß auch die Bundesrepublik pro Tonne Rohöl mehr bezahlen muß als vor 1973, allerdings fließt ein sehr großer Teil der Mehreinnahmen der OPEC-Staaten als Nachfrage nach Investitionsgütern in die Bundesrepublik (und nach Japan) zurück. Diese beiden Staaten sind daher indirekt sogar Nutznießer der Ölpreisverteuerungen. Fragt man nach der Schlußfolgerung, die aus der Behauptung abgeleitet wird, die Krise sei durch die OPEC-Rohölpreiserhöhung hervorgerufen, so stößt man auf folgende Konsequenz: die Arbeitnehmer müßten sich mit ihren Forderungen zurückhalten, weil das, was zusätzlich an die OPEC-Staaten gezahlt werden müsse, nicht noch ein zweites Mal verteilt werden könne. Bei dieser Argumentation wird unterstellt, daß es einen fest umrissenen »Topf« von Waren und Dienstleistungen gebe, aus dem die in- und ausländischen Ansprüche bedient werden müßten. Tatsächlich aber ist dieser »Topf«, nämlich das Bruttosozialprodukt, keine unveränderliche Größe. In der Bundesrepublik sind die vorhandenen Produktionsanlagen nur unterdurchschnittlich ausgelastet. Da es auch an verfügbaren Arbeitskräften nicht fehlt, könnte die Produktion gesteigert, der »Topf« also vergrößert werden. Die erhöhten Zahlungen für das Rohöl könnten abgedeckt werden durch zusätzliche Produktion, so daß es zu keiner Verschlechterung der inländischen Marktversorgung (und schon gar nicht zu einer Senkung der Masseneinkommen) kommen müßte. Daß es zu einer solchen Ausdehnung der Produktion nicht kam, obwohl alle stofflichen Voraussetzungen (Arbeitskräfte, unausgelastete Produktionskapazitäten und Rohstoffe) dafür gegeben waren, belegt, daß es sich um eine Krise handelt, die im System des Wirtschaftens begründet ist.

3. Die Krise ist Folge einer falschen Wirtschaftspolitik

Nachdem nun herausgearbeitet worden ist, daß die gegenwärtige Wirtschaftskrise weder als eine Krise mit völlig neuer Qualität noch einfach als ein vom Ausland »importiertes« Problem zu verstehen ist, sollen nun solche Erklärungsmuster analysiert werden, die auf die Verhältnisse innerhalb der Bundesrepublik eingehen. Zunächst werden Thesen untersucht, wonach die Krise eine Folge bewußten Fehlverhaltens oder des persönlichen Versagens der Unternehmensmanager bzw. der Wirtschaftspolitiker sei. Anschließend geht es um spezielle Fragen der staatlichen Haushaltspolitik, d. h. der Staatsverschuldung.

Die Krise ist beabsichtigt

Bisweilen wird unterstellt, die Unternehmer bzw. die Wirtschaftspolitiker hätten die Krise absichtlich verursacht, um Druck auf die Löhne, die freiwilligen Sozialleistungen und auf die »Arbeitsmoral«, u. a. auf das Arbeitstempo in den Betrieben, ausüben zu können. Darüber hinaus würden in der Krise vor allem kleine und mittlere Unternehmen pleite gehen oder sie würden von größeren Unternehmen aufgekauft. Somit vermindere sich die Zahl der Konkurrenten; die »überlebenden« Unternehmen verfügten anschließend über eine größere Marktmacht.

Indem angenommen wird, die Krise sei bewußt herbeigerufen worden, wird unterstellt, daß sich die Unternehmensleitungen bzw. die Wirtschaftspolitiker auch anders hätten entscheiden können, daß sie sich aber aus Profitgründen für die Wirtschaftskrise entschieden haben. Die Radikalität, mit der die hier gemeinten wirtschaftspolitischen Entscheidungsträger als persönlich Schuldige angeprangert werden, erweist sich aber keinesfalls als Ansporn, gegen ein solch unsoziales Verhalten anzukämpfen – zumal die Arbeitgeberseite damit quasi als allmächtig hingestellt wird. Die Folge einer solchen »Erklärung« der Krise ist eher Resignation unter abhängig Beschäftigten. Insofern ist es sinnvoll, diese Art der Krisenerklärung zu untersuchen.

Es kann natürlich nicht in Abrede gestellt werden, daß die Reallöhne wegen der Schwächung der Gewerkschaften in der Krise seit 1980 sinken, obwohl die Produktivität der Arbeit bzw. das Arbeitstempo gleichzeitig laufend gestiegen ist. Auch die zunehmenden Unternehmenszusammenschlüsse (vgl. Schaubild Nr. 10) bzw. die massenhaften Firmenpleiten stehen völlig außer Zweifel.

Dennoch überwiegen die Fakten, die gegen die These sprechen, daß die Krise absichtlich herbeigeführt worden sei:

■ Wirtschaftliche Krisen sind bekanntlich u. a. durch rückläufige Umsatzzahlen und damit auch durch eine sinkende Auslastung der Produktionsanlagen gekennzeichnet. Das hat zur Folge, daß sich bestimmte (fixe) Kosten wie Mieten, Abschreibungen, Zinsen etc. auf eine geringere Produktionsmenge verteilen, so daß die Herstellungskosten je verbleibende Produktionseinheit steigen. Gleichzeitig verschärft sich die Konkurrenz bei rückläufiger Nachfrage, so daß es den Unternehmen nicht mehr so leicht wie im Boom gelingt, Kostensteigerungen im Preis zu überwälzen; der Preisanstieg verlangsamt sich daher. Die Scherenbewegung aus steigenden (Fix-)Kosten und verlangsamtem Preisanstieg (d. h. geringere Einnahmen der Unter-

Schaubild 10
Firmenkonzentration in der Bundesrepublik

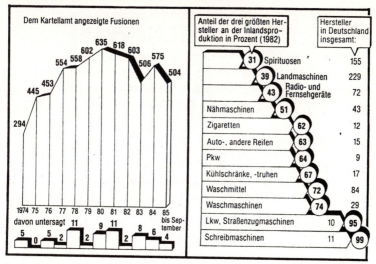

Quelle: Der Spiegel, Nr. 47, 18.11.1985

nehmen) führt dazu, daß die Gewinne je Produktionseinheit (bzw. im Handel die Gewinne je Umsatzeinheit) sinken. Da die verminderten Stückgewinne wegen der niedrigen Umsatzzahlen zudem weniger oft anfallen, sinkt auch der Gesamtprofit der Unternehmen (vgl. dazu Schaubild Nr. 11).

■ Natürlich erfolgt der Rückgang der Nachfrage und damit auch der Profite in der Krise nicht in jeder Branche bzw. in allen Unternehmen einer Branche gleichmäßig, sondern höchst unterschiedlich. Es gibt sogar Bereiche (gegenwärtig z. B. der Bankensektor), die inmitten einer Wirtschaftskrise ihr Geschäftsergebnis verbessern können; um so stärker ist daher der Rückgang der Gewinne in anderen Branchen oder in einzelnen Unternehmen bestimmter Branchen. Die bereits angesprochene Zunahme von Unternehmensaufkäufen und -pleiten (vgl. hierzu Schaubild Nr. 12) sind ein Resultat dieses Einbruchs bei den Profiten.

■ Welche Unternehmen in welchen Branchen von einer Krise besonders stark betroffen sein werden, kann normalerweise nicht vorhergesehen werden; prinzipiell kann es jedes Unternehmen treffen – auch Großunternehmen, wie jüngere Beispiele aus der Stahl-, Automobil-, Bau- und Schiffsbauindustrie und selbst aus dem Handel belegen. Wenn aber grundsätzlich alle Unternehmen in der Krise von rückläu-

**Schaubild 11
Entwicklung der Unternehmensgewinne**

Quelle: Süddeutsche Zeitung vom 7.1.1982

figen Gewinnen und letztlich sogar vom Konkurs bedroht werden können – warum sollten dann die Unternehmer die Risiken einer Krise freiwillig heraufbeschwören?

■ In vielen Staaten haben einzelne Wirtschaftskrisen in der Vergangenheit ein so starkes Ausmaß angenommen, daß sie zu sozialen Unruhen führten, mitunter war sogar die Existenz dieses Wirtschaftssystems in Frage gestellt. Weil das natürlich nicht im Interesse der Unternehmer war bzw. ist, belegen diese Fälle, daß die Arbeitgeber keinesfalls über die Macht und die Fähigkeiten verfügen, den Konjunkturverlauf bzw. die Krise nach Belieben zu steuern.

■ Wenn die Unternehmer die Krise absichtlich herbeigeführt haben, nur um dadurch mehr Druck auf die Lohnkosten und auf die Arbeitsbedingungen ausüben zu können – warum sollten sie dann andererseits regelmäßig konjunkturelle Aufschwünge zulassen?

■ Das Interesse der Unternehmer an der Existenz eines Arbeitslosenheeres darf nicht gleichgesetzt werden mit dem Wunsch nach

Schaubild 12
Konkurse und Vergleichsverfahren in der Bundesrepublik

Unterauslastung der bestehenden Produktionskapazitäten, wie sie für die Krise typisch ist. Anders als unbeschäftigte Arbeitnehmer verursachen ihnen die ungenutzten Anlagen nämlich immense Kosten. Warum also sollten die Unternehmen wider besseres Wissen massenhaft Kapazitäten aufbauen, die sie (in der Krise) gar nicht auslasten »wollen«, durch die aber die Profite so weit geschmälert werden, daß sogar die eigene Existenz gefährdet wird?

Zutreffend ist, daß die Arbeitgeber nicht unmittelbar an einer Vollbeschäftigung der Arbeitnehmer interessiert sind (weswegen sie sich auch so massiv gegen die Einführung der 35-Stunden-Woche sperren), weil Arbeitslosigkeit die Gewerkschaften schwächt. Vor die (nur theoretisch existierende) Wahl gestellt, ob sie eine gegebene Produktions- bzw. Umsatzmenge lieber unter den Bedingungen der Vollbeschäftigung oder unter den Voraussetzungen einer gewissen Arbeitslosenquote abwickeln wollen, ist für die Unternehmerseite daher allemal die letztere Variante die bessere. Wie die Phasen der

Vollbeschäftigung in der jüngeren Vergangenheit beweisen, hindert das die Unternehmen jedoch nicht, bei steigender Nachfrage nötigenfalls auch mehr Arbeitskräfte zu beschäftigen, selbst wenn dadurch Vollbeschäftigung erreicht und damit auch die Position der Gewerkschaften wieder verbessert wird.

Die Unternehmer sind zwar stets an einem »Bodensatz« von Arbeitslosigkeit, nicht aber an einer Konjunkturkrise und damit am Rückgang von Produktion und Umsatz interessiert. Auch sie sind im kapitalistischen Wirtschaftssystem den Schwankungen der Konjunktur ausgesetzt – allerdings mit dem erheblichen Unterschied, daß sie sich in der Regel besser aus den Problemen herauslavieren können, indem sie den Großteil der Krisenlast z. B. durch Lohndrückerei etc. auf die Arbeitnehmer abwälzen, die ohnehin schon die schlechtere Ausgangsbasis haben. Im Rahmen der kapitalistischen Wirtschaftsordnung könnte ein sozialeres Verhalten der Unternehmer daher allenfalls zu einer gleichmäßigeren Verteilung der Krisenlasten führen – Krisen verhindern würde es allerdings nicht.

Mißmanagement in den Betrieben

Vor allem unter den Belegschaften von solchen Betrieben, die vom Konkurs betroffen oder bedroht sind, ist die Auffassung sehr weit verbreitet, daß die aktuellen wirtschaftlichen Schwierigkeiten auf das Versagen des Managements auf betrieblicher und/oder der Wirtschaftspolitiker auf gesamtwirtschaftlicher Ebene zurückzuführen seien. Derartige Auffassungen knüpfen an der Beobachtung an, daß in der Tat vor allem solche Unternehmen vom Konkurs betroffen sind, die gegenüber den unmittelbaren Konkurrenten in einer vergleichsweise schlechten Position sind – sei es, weil diese über bessere Produkte, ein überlegenes Marketing, über eine günstigere finanzielle Basis oder über effizientere Produktionsanlagen verfügen.

Wegen solcher Unterschiede zwischen den einzelnen Unternehmen erfolgt der Rückgang der Nachfrage nicht gleichmäßig verteilt auf alle existierenden Betriebe, sondern konzentriert bei den vergleichsweise unterlegenen Firmen und führt dort im Extremfall zum Konkurs. Würde sich aber z. B. die AEG in einer wesentlich besseren Verfassung präsentieren, als sie es derzeit tut, dann würde sich die gegebene Nachfrageschwäche auf dem Elektromarkt eben anders verteilen, d. h. sie würde sich weniger bei der AEG als vielmehr in anderen Konkurrenzunternehmen der AEG als Unterauslastung der Produktionsanlagen niederschlagen. (Entsprechend würde dann das Management jener Unternehmen der Unfähigkeit bezichtigt.) Insofern wird tatsächlich durch die relative Stärke bzw. Schwäche im Konkurrenzkampf entschieden, welche Unternehmen gegebenenfalls aus dem Markt ausscheiden müssen – nicht aber über die vorgelagerte Frage, ob Firmenzusammenbrüche stattfinden oder nicht. Nach den »Spielregeln« unseres Wirtschaftssystems werden in jeder Konjunkturkrise sehr viele »überschüssige« Produktionskapazitäten vernichtet und dabei auch massenhaft komplette Unternehmen geschlossen, bis sich in etwa ein neues Gleichgewicht zwischen Angebot und zahlungsfähiger Nachfrage herausgebildet hat. Die keineswegs zu bestreitenden Managementfehler sind demzufolge nicht die Ursache für zunehmende Betriebsschließungen in der Krise, sondern lediglich mitentscheidend dafür, welche Betriebe vom Zusammenbruch konkret betroffen sind. Die gleichen Managementfehler, die in der Krise ein Anlaß für den Zusammenbruch bestimmter Firmen sein können, führen in Boomzeiten allenfalls dazu, daß die Profite der betreffenden Unternehmen unterdurchschnittlich sind.

Die These, daß Firmenzusammenbrüche oder Betriebsschließungen erst durch persönliche Fehlleistungen des Managements verursacht würden, ist vergleichbar mit der Unterstellung, die Arbeitslosen hätten ihre Arbeitslosigkeit dadurch selbst verschuldet, daß sie sich beruflich entweder gar nicht, nicht ausreichend oder falsch qualifiziert hätten. Zwar ist es zutreffend, daß die weniger qualifizierten Arbeitskräfte überdurchschnittlich betroffen sind von der Arbeitslosigkeit – doch haben sie vor Ausbruch der Krise in der Regel mit dem gleichen Qualifikationsniveau sehr wohl einen Arbeitsplatz erhalten. Das wird u. a. dadurch belegt, daß die Masse der heute Arbeitslosen vormals beschäftigt war und erst im Zuge von Rationalisierungen oder Betriebsschließungen ihren Arbeitsplatz verloren hat.

Ob es zu Firmenpleiten und Arbeitslosigkeit in großem Umfang kommt oder nicht, ist wesentlich bestimmt von der konjunkturellen gesamtwirtschaftlichen Entwicklung. Die Frage der »richtigen« beruflichen Qualifikation oder der Qualität des Managements entscheidet in einer gegebenen Krisensituation allenfalls darüber, welche Arbeitnehmer von Arbeitslosigkeit bzw. welche Unternehmen vom Konkurs betroffen sind und welche nicht.

Die staatliche Wirtschaftspolitik war falsch

Die These des Mißmanagements als Krisenursache findet sich auf gesamtwirtschaftlicher Ebene wieder in der Form, daß die jeweilige

Regierung für das Ausbrechen einer Krise unmittelbar verantwortlich gemacht wird. Der Machtverlust der CDU im Zusammenhang mit der ersten schweren Nachkriegskrise von 1966/67 bzw. der Machtverlust der SPD im Zusammenhang mit der aktuellen Krise ist wesentlich darauf zurückzuführen, daß die Mehrheit der Wähler der Ansicht war, daß die Krise von der Regierung zu verantworten sei – und in der Tat hat die von der Regierung betriebene Wirtschaftspolitik die Krise ja zumindest nicht verhindert. Um so glaubhafter erscheint daher die (schon vorher ständig wiederholte) Behauptung der jeweiligen parlamentarischen Opposition, daß die Wirtschaftskonzepte der Regierungspartei(en) falsch seien und sie, die Opposition, über die größere Fachkompetenz verfüge.

Im ersten Kapitel ist dargestellt worden, daß die Konjunkturkrisen in allen westlichen Industriestaaten mit hoher Regelmäßigkeit auftreten. Schon allein diese ausgeprägte Abfolge von Boom- und Krisenphasen sollte die Unhaltbarkeit der These deutlich machen, daß die Krisen durch eine falsche Wirtschaftspolitik bzw. durch Managementfehler verursacht würden. Andernfalls müßte man eine Begründung dafür geben, warum das Management der einzelnen Unternehmen bzw. warum die Wirtschaftspolitiker in derart regelmäßigen Abständen abwechselnd »richtige« und dann wieder »falsche« Entscheidungen treffen – und das auch noch in allen westlichen Industriestaaten mehr oder weniger gleichzeitig. Konjunkturkrisen treten ganz unabhängig davon auf, ob die jeweilige Regierung gerade von Konservativen oder von fortschrittlicheren Parteien gestellt wird. Weder konnte die CDU mit ihren wirtschaftspolitischen Rezepten die Krise von 1966/67 verhindern, noch die SPD/FDP-Koalition den Konjunktureinbruch von 1974/75.

Auch in den USA z. B. kam es schon mehrfach sowohl unter der Regierungsverantwortung der »Demokraten« wie auch der »Republikaner« zu Wirtschaftskrisen; England erlebte den Ausbruch von Konjunkturkrisen sowohl unter der Regentschaft der konservativen »Torries« als auch der Labour-Party.

Mit diesem Hinweis soll aber nun nicht unterstellt werden, daß es für den Wirtschaftsablauf und insbesondere für die Arbeitnehmer gleichgültig wäre, welche Wirtschaftspolitik betrieben wird. Ob eine arbeitnehmerorientierte Politik der Nachfragesteuerung oder eine kapitalorientierte Politik der Angebotsförderung verfolgt wird: zu Konjunkturkrisen kommt es in beiden Fällen. Der Unterschied zwischen den beiden wirtschaftspolitischen Strategien liegt allerdings darin, wie stark die Krisen ausgeprägt sind – und vor allem, wie die Lasten der Krise auf die einzelnen Bevölkerungsgruppen verteilt werden. Unter diesem Gesichtspunkt sind recht erhebliche Unterschiede zwischen fortschrittlichen und konservativen Regierungen festzustellen.

Die Vorstellung, daß die Krisen allein durch Fehlverhalten oder Fehlentscheidungen der Manager bzw. der Wirtschaftspolitiker verursacht würden, versperrt den gedanklichen Zugang zu den tieferliegenden Ursachen: nämlich zur Funktionsweise unseres Wirtschaftssystems. Ähnlich wie z. B. bei Vereinen der Fußball-Bundesliga, die bei einem schlechten Tabellenplatz und drohendem Abstieg mit schöner Regelmäßigkeit den Trainer verantwortlich machen und kurzerhand austauschen, so legt die These vom wirtschaftlichen Fehlverhalten die Konsequenz nahe, in der Krise den »Trainer«, sprich die Manager bzw. die Regierungspartei(en) zu wechseln (vgl. dazu Schaubild Nr. 13).

Schaubild 13
Kanzler zwischen Krise und Konjunktur

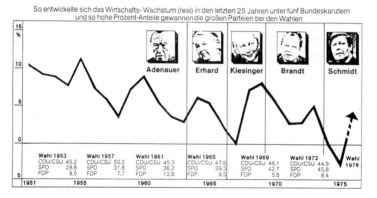

Tiefergehende Eingriffe in das Wirtschaftssystem selbst scheinen demnach nicht erforderlich. Obwohl den Kapitalbesitzern und Wirtschaftsmanagern bei einem solchen Verständnis der Krisenursachen die Schuld unmittelbar persönlich zugeschrieben wird, kann ihnen eine derartige »Erklärung« nur recht sein: Für die Arbeitgeberseite ist es nämlich allemal zweckmäßiger, einzelne Personen auszutauschen oder nötigenfalls – und vorübergehend – eine stärker arbeitnehmerorientierte Regierung zu akzeptieren, als Eingriffe in das Wirtschaftssystem und insbesondere in die unternehmerische Entscheidungsfreiheit bezüglich der Investitions- und Personalpolitik etc. zu riskieren.

Die Staatsverschuldung ist zu hoch

Das Thema »Staatshaushalt« oder »Staatsverschuldung« ist an sich eine so »trockene« und komplizierte Materie, daß sich die Mehrheit der Bevölkerung lange Zeit überhaupt nicht dafür interessierte. Diverse Parteien und Interessenverbände haben es jedoch mit Unterstützung der Medien offenbar fertiggebracht, binnen kürzester Frist den Bürgern das Gefühl zu vermitteln, in punkto Staatsverschuldung hinreichend sachverständig zu sein. Es ist ihnen gelungen, die breite Masse der Bevölkerung davon zu überzeugen, daß die Verschuldung des Staates gefährlich sei und deshalb so rasch wie nur irgendmöglich abgebaut werden müsse – selbst um den Preis einer weiteren Zunahme der Arbeitslosigkeit.

Was sind die Hintergründe für diese Behauptung? Grundsätzlich ist zu unterscheiden zwischen einer Verschuldung des Staates nach »innen« und nach »außen«. Eine Staatsverschuldung nach »innen« bedeutet, daß der Staat im Inland Kredite aufgenommen, sich also bei seinen eigenen Bürgern verschuldet hat. Eine Verschuldung nach »außen« besagt entsprechend, daß die staatliche Kreditaufnahme im Ausland erfolgt ist.

Doch zunächst zur Frage, wie es zum raschen Anstieg der Staatsverschuldung gekommen ist. Durch die unerwartete Schärfe und Dauer der gegenwärtigen Krise und durch die Schwäche des vorangegangenen Konjunkturaufschwungs sind die staatlichen Einnahmen (Steuern!) weit weniger gewachsen als ursprünglich erwartet. In realen Größen, also nach Abzug der Inflationsrate, sind die Staatseinnahmen zeitweilig sogar absolut gesunken. Die staatlichen Ausgaben sind im selben Zeitraum beständig gestiegen: insbesondere die Ausgaben für Rüstungszwecke sind real erhöht worden. In der Phase des lang anhaltenden Wirtschaftswachstums, also in der Periode rasch steigender Steuereinnahmen, hat der Staat zudem bestimmte Ausgabenblöcke beschlossen, die er jetzt, in der Krise, nicht einfach streichen bzw. die er nur allmählich wieder abbauen kann, weil er sonst erhebliche soziale Unruhen riskiert. Im Bereich der Sozialversicherung z. B. ist mit dem Rückgang der Beschäftigung die Zahl der Beitragspflichtigen gesunken, während gleichzeitig die der Zahlungsempfänger gestiegen ist. So hat sich eine Schere geöffnet zwischen den sinkenden realen Einnahmen und den erhöhten Ausgaben des Staates. Haupttriebfeder der zunehmenden Staatsverschuldung war nicht etwa eine Ausweitung des Leistungsangebotes der öffentlichen Hand, sondern der krisenbedingte Rückgang der realen Einnahmen sowie die z. T. ebenfalls krisenbedingte Steigerung bestimmter Staatsausgaben. Die

Staatsverschuldung ist also nicht Ursache, sondern ein Resultat der Wirtschaftskrise.

Im Rahmen einer am Interesse der Arbeitnehmer orientierten antizyklischen Haushaltspolitik sollte der Staat in der Krise jedoch nicht versuchen, diese quasi passiv entstandene Verschuldung umgehend abzubauen. Statt dessen müßten die Staatsausgaben trotz sinkender Staatseinnahmen nicht nur bewußt stabilisiert, sondern sogar aktiv erhöht werden. Auf diese Weise könnten ökonomisch brachliegende private Spargelder eingesetzt werden, um den Nachfrageausfall der Unternehmen und Konsumenten auszugleichen. Dadurch würde zwar einerseits der Prozeß der zunehmenden Verschuldung zunächst beschleunigt – doch würde andererseits ein weiterer Rückgang der Konjunktur bzw. der Beschäftigung verhindert. Wenn danach im konjunkturellen Aufschwung die staatlichen Einnahmen wieder ansteigen und die private Nachfrage rasch wächst, kann der Staat nach diesem Konzept problemlos seine Ausgaben vermindern und die in der Krisenperiode aufgelaufenen Schulden begleichen (vgl. Schaubild Nr. 14). Eine solche Politik der Steigerung der staatlichen Ausgaben in der Krise und ihrer Verminderung im Boom wird deshalb als »antizyklische Haushaltspolitik« bezeichnet, weil sie zum Ziel hat, jeweils gegen den vorherrschenden Trend im Konjunkturzyklus zu steuern, um so die konjunkturellen Ausschläge nach oben bzw. nach unten zumindest zu glätten.

Schaubild 14
Prinzip einer antizyklischen Haushaltspolitik

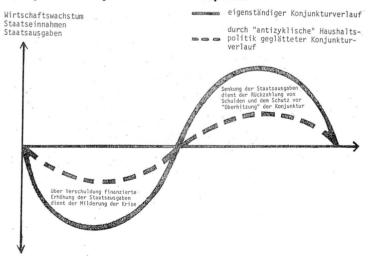

Die Durchführung einer solchen Politik erfordert die Einsicht und den politischen Willen trotz bzw. gerade wegen sinkender Staatseinnahmen die staatlichen Ausgaben gezielt zu erhöhen. Politisch durchgesetzt hat sich gegenwärtig – nicht nur in der Bundesrepublik – die genau entgegengesetzte Auffassung, nämlich daß der Staat auch in der Krise seinen Haushalt »konsolidieren«, d. h. ausgleichen müsse. In einer Phase krisenbedingter Mindereinnahmen des Staates bedeutet das eine Drosselung seiner Ausgaben – und das in einer Periode, in der auch schon die private Nachfrage gesunken ist. Dadurch vermindert sich die gesamtwirtschaftliche Nachfrage noch stärker, die Produktion wird zusätzlich gedrosselt, die Lohneinkommen der Arbeitnehmer und die Steuereinnahmen des Staates gehen folglich noch weiter zurück. Auf diese Weise wird die Verschuldung des Staates gewissermaßen passiv erhöht; ein bewußt organisierter Beitrag zur Überwindung der Krise ist so nicht möglich.

Daß dieser Zusammenhang auch der Unternehmerseite nicht unbekannt ist, belegt z. B. eine Berechnung der Auswirkungen der staatlichen Sparpolitik auf die Bauwirtschaft durch die Wirtschaftsvereinigung Bauindustrie e. V. von Nordrhein-Westfalen (vgl. Schaubild Nr. 15).

**Schaubild 15
Sparen mit Nebenwirkungen**

Quelle: Wirtschaftsberichte Dresdner Bank Nr. 9/85

Aufgrund staatlicher Mindereinnahmen einerseits und erhöhter Ausgaben für zusätzliche Arbeitslose andererseits entsteht bei der Einsparung von z. B. 100 Mio. DM ein neues staatliches Defizit in Höhe von 66 Mio. DM!

Die Argumente, mit denen die angebliche Notwendigkeit der staatlichen Ausgabenkürzungen begründet wird, sind vielfältig: die Rede ist vom drohenden Staatsbankrott, von zu stark ansteigenden Zinslasten sowie von inflationären Impulsen und negativen Verteilungswirkungen. Die geläufigsten Argumente gegen eine Ausweitung der Staatsverschuldung sollen nun näher untersucht werden.

Die erste These besagt, daß ein weiterer Anstieg der Verschuldung des Staates zum Staatsbankrott führen könnte bzw. führen müßte. Dieses Argument fällt gerade bei der älteren Generation der Bundesbürger auf »fruchtbaren Boden«, weil sie jeweils im Anschluß an die beiden Weltkriege die Zahlungsunfähigkeit des Staates real erlebt hat. Unter den heute gegebenen Verhältnissen ist die Befürchtung, der Staat könne in absehbarer Zeit abermals zahlungsunfähig werden, jedoch völlig unnötig. Einmal ist die gesamte Staatsverschuldung der Bundesrepublik im Vergleich mit anderen westlichen Industriestaaten weit unterdurchschnittlich (vgl. dazu Schaubild Nr. 16).

Schaubild 16
Staaten als Schuldenmacher

Land	Steuerquote In % des BSP	Gesamtabgabenquote In % des BSP	Gesamtschuldenstand Ende 1983		Neuverschuldung 1983	
			in Mrd. DM	In % des BSP	in Mrd. DM	In % des BSP
Bundesrepublik	24	37	671	40	56	3,3
Frankreich ¹)	25	44	270	21	40	3,0
Großbritannien ¹)	33	40	680	60	56	4,9
Italien	21	40	660	72	110	12,2
Japan	19	27	1 482	50	195	6,6
Niederlande	27	45	230	68	32	8,9
Schweden	36	50	174	75	29	12,5
USA	22	30	4 938	59	336	4,0

¹) Schätzung. — Quelle: Finanzbericht der Bundesregierung. OECD. Eigene Berechnungen.

Zum anderen war der deutsche Staat nach den beiden Weltkriegen jeweils gegenüber dem Ausland zahlungsunfähig geworden. Eine solche Situation ist jedoch für die Bundesrepublik, die gegenüber vielen anderen Staaten die Rolle des Gläubigers innehat, derzeit keineswegs zu befürchten: vielmehr verfügt die Bundesrepublik, wie das Schaubild Nr. 17 zeigt, über enorme Devisenreserven.

**Schaubild 17
Währungsreserven**

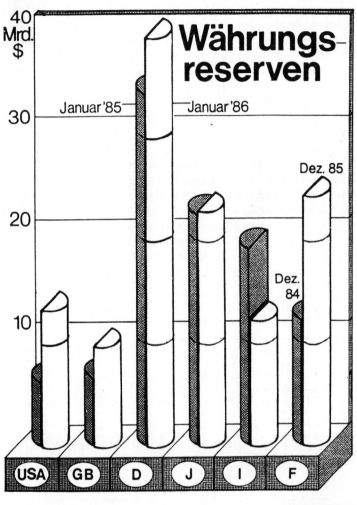

Quelle: Handelsblatt, 26.3.86

Von einer drohenden Zahlungsunfähigkeit der Bundesrepublik kann also nicht die Rede sein, weder nach innen noch nach außen.

Eine andere Kritik an einer Ausweitung der Staatsausgaben beruht auf der Behauptung, die Staatsverschuldung sei bereits so stark angestiegen, daß die Ausgaben für die Zinstilgungen fast die gesamte

**Schaubild 18
Neuverschuldung und Zinsaufwand**

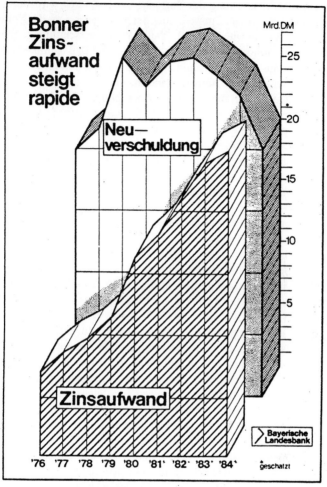

Wenn es mit der Kreditaufnahme des Bundes so weiter geht, dann reicht die Neuverschuldung bald nur noch aus, um die Zinsen bezahlen zu können.

Summe der staatlichen Neuverschuldung beanspruchen würden (vgl. dazu das Schaubild Nr. 18 mit dem zugehörigen Kurzkommentar der Bayerischen Landesbank).

Aus der Tatsache, daß der öffentlichen Hand kaum noch Geld für zusätzliche Ausgaben geblieben ist, wird die »Notwendigkeit« abgeleitet, die Zinsbelastung des Staates durch den Abbau seiner Verschuldung zu vermindern. Bei dieser Begründung handelt es sich um eine gezielte Verdrehung der Tatsachen. Absichtlich wird der Eindruck erweckt, daß die Zinslast schneller gestiegen sei als die Neuverschuldung. Verschwiegen wird, daß die Neuverschuldung gerade *nicht* erhöht, sondern stark gesenkt wurde und daß sich die beiden Größen nur aus diesem Grunde einander annähern konnten.

Erst die Senkung der Neuverschuldung hat dazu geführt, daß kaum noch freie Geldmittel für expansive Ausgaben des Staates zur Verfügung stehen. Dennoch wird merkwürdigerweise gefordert, die Neuverschuldung müsse noch weiter gedrosselt werden – was das Problem ja nicht beseitigen oder mildern, sondern im Gegenteil sogar verschärfen müßte. Nur wenn die Kreditnachfrage des Staates höher ist als die Zinszahlungen, wird es der öffentlichen Hand ermöglicht, die Konjunktur durch zusätzliche Nachfrageimpulse anzukurbeln.

Ein weiteres Argument gegen die Ausweitung der Staatsverschuldung besagt, daß der Staat bei einer Erhöhung seiner Nachfrage die Privaten aus dem Markt verdränge (»crowding out«). Dies geschehe entweder dadurch, daß die zusätzliche staatliche Kreditnachfrage das Zinsniveau in die Höhe treiben werde – oder dadurch, daß der Staat bei einer Ausweitung seiner Nachfrage zusätzliche Ressourcen (Arbeitskräfte, Produktionsanlagen etc.) beanspruche, die dann für den Aufschwung der Privatwirtschaft fehlten.

Daß die gegenwärtige Höhe des Zinsniveaus für einen konjunkturellen Aufschwung zumindest ausgesprochen ungünstig ist, dürfte allgemein unbestritten sein. Kontrovers sind lediglich die Meinungen zu den Ursachen des hohen Zinsniveaus. Indem die Gegner einer höheren Staatsverschuldung auf deren zinssteigernde Wirkung verweisen, geben sie zu erkennen, daß sie davon ausgehen, daß das aktuelle Zinsniveau aus einer schon jetzt zu hohen Kreditnachfrage resultiert. Wann die Kreditnachfrage »zu hoch« ist, kann jedoch nicht abstrakt beurteilt werden, sondern immer nur mit Blick auf das Verhältnis von Angebot und Nachfrage nach Krediten.

Was nun die aktuelle Höhe der Kreditnachfrage angeht, so ist festzustellen, daß die privaten Unternehmen gegenwärtig bekanntlich in geringem Umfang investieren. Sie benötigen daher vergleichsweise wenig Kredite. Da sie aber selbstverständlich auch in der Krise weiterhin laufende Einnahmen zu verzeichnen haben, sind sie mangels realer Möglichkeiten, diese Gelder in neue Anlagen zu investieren, sogar in der Lage, alte Kredite frühzeitig zu tilgen, um so die Zinskosten zu sparen. Die Kreditnachfrage ist aus diesem Grund im Augenblick nicht sehr hoch – außer bei den Unternehmen, die wegen sinken-

**Schaubild 19
Schere zwischen Eigenkapital- und Fremdkapitalverzinsung**

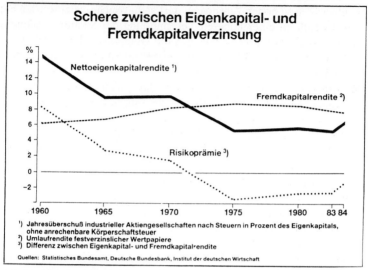

Quelle: Handelsblatt, 20.2.86

der Umsätze in Zahlungsschwierigkeiten geraten sind. (Diese Kreditwünsche werden aber von den Banken nur höchst ungern erfüllt, da sie ein großes Risiko beinhalten.)

Die aktuelle Höhe des Zinsniveaus in der Bundesrepublik ist also mitnichten durch einen Anstieg der Kreditnachfrage zu begründen – vielmehr beruht sie auf der von der Deutschen Bundesbank bewußt verfolgten »Politik des knappen und damit teuren Geldes«.

In ihrer Geldpolitik lehnt sich die Deutsche Bundesbank eng an die Strategie der US-amerikanischen Notenbank an, die zur Drosselung der Inflation eine Hochzinspolitik betreibt und dabei eine Verschärfung der Konjunkturprobleme bewußt in Kauf nimmt. Würde die Bundesbank dagegen ihre Politik in Verbindung mit anderen EG-Staaten von der US-Zinspolitik abkoppeln, wäre es möglich, das Geldangebot zu erhöhen, um auf diese Weise das inländische Zinsniveau endlich nachhaltig zu senken.

Für einen konjunkturellen Aufschwung ist es ein nahezu unüberwindliches Hindernis, wenn die Unternehmen bei einer Kapitalanlage auf dem Geldmarkt eine wesentlich höhere Rendite erzielen als bei einer Sachinvestition.

Wie das Schaubild Nr. 19 veranschaulicht, verdienen die Geldanleger zur Zeit jedoch weit mehr, wenn sie ihr Geld als Fremdkapital verleihen (Fremdkapitalrendite), als wenn sie es unmittelbar in Unternehmen investieren (Nettoeigenkapitalrendite). Die Kritik an dem gegenwärtig zu hohen Zinsniveau darf nicht gleichgesetzt werden mit einer Kritik an einer höheren Verschuldung des Staates – vielmehr muß sie sich korrekterweise gegen die Geldpolitik der Bundesbank richten, die bewußt das Kreditangebot knapp und damit das Zinsniveau hoch hält.

■ Gegen eine Ausweitung der staatlichen Nachfrage wird auch das Argument vorgebracht, sie würde die Inflation beschleunigen. Es wird also unterstellt, daß die Unternehmen auf eine Erhöhung der staatlichen Nachfrage weniger mit einer Ausweitung der Produktion als vielmehr mit einer Erhöhung der Preise reagieren würden. Zur Beurteilung dieses Problems ist zu unterscheiden zwischen einer Steigerung der staatlichen Nachfrage in Krisen- bzw. in Boomperioden. Sind die Produktionskapazitäten im Boom nämlich voll oder nahezu voll ausgelastet, dann ist das Argument nicht von der Hand zu weisen, daß jede weitere Nachfragesteigerung, sei es durch den Staat oder durch wen auch immer, vor allem zu beschleunigten Preiserhöhungen führen wird, sofern die Produktion nicht schnell genug ausgeweitet werden kann. Die überschüssige Nachfrage wird dann durch entsprechende Preissteigerungen »abgeschöpft«. Anders ist die Lage jedoch in einer Krisensituation: Gegenwärtig z. B. sind die Produktionsanlagen nur zu etwa 84 % ausgelastet und auch Arbeitskräfte stehen massenhaft zur Verfügung. Es kann daher erwartet werden, daß die Erhöhung der Nachfrage zu einem wesentlichen Teil in eine Ausweitung der Produktion umgesetzt würde. Für die Behauptung, eine Erhöhung der staatlichen Nachfrage werde in der heutigen Situation vor allem zu Preiserhöhungen führen, gibt es keine Anhaltspunkte – außer man unterstellt, daß die Unternehmen auf Nachfragesteigerungen grundsätzlich nur noch mit Preiserhöhungen reagieren werden. Wenn dem so wäre, dann würde es *erstens* in diesem Wirtschaftssystem wohl generell nie wieder einen Konjunkturaufschwung geben können. *Zweitens* würde nach dieser These z. B. auch eine erhöhte Nachfrage der Unternehmen nach Investitionsgütern nur zum beschleunigten Preisanstieg, nicht aber zu vermehrter Produktion führen. Die Gegner einer Ausweitung der staatlichen Nachfrage müßten sich demnach mit dem gleichen Argument auch gegen jede Förderung der Investitionsgüternachfrage der Unternehmen wenden. Daß sie dies gemeinhin aber nicht tun, macht deutlich, daß ihre »Sorge« um die Preisentwicklung lediglich vorgeschoben ist.

■ *Drittens* würde mit der Behauptung, daß die zusätzliche Staatsnachfrage selbst bei erheblich unterausgelasteten Kapazitäten von den Unternehmen ausschließlich zu Preissteigerungen genutzt würde, unterstellt, daß die Anbieter in der Lage seien, eine monopolistische Preissetzung zu betreiben. Wenn dies der Wahrheit entspräche, dann wäre es höchste Zeit, über das Preis- und damit auch über das Wirtschaftssystem in der Bundesrepublik etwas grundsätzlicher nachzudenken, denn immerhin gehört es zu seinen (theoretischen) Grundprinzipien, daß nicht irgendeine Institution, sondern der Markt (über die kaufkräftige Nachfrage) bestimmen soll, was und wieviel produziert wird. Könnten aber die Unternehmenszentralen jegliche Erhöhung der Nachfrage durch Machtpreisbildung »abschöpfen« und damit eine Ausweitung der Produktion verhindern, wäre die Lenkungsfunktion des Marktes zerstört – das System der »freien Marktwirtschaft« wäre in seinen Fundamenten erschüttert.

■ Schließlich wird gegen die Ausweitung der Staatsverschuldung ein sog. Verteilungsargument vorgebracht, das sich recht »sozial« gibt: es wird nämlich (zu Recht) darauf verwiesen, daß es vor allem die Bezieher höherer Einkommen sind, die über größere Geldvermögen verfügen. Wenn der Staat sich stärker verschuldet, nimmt er Teile dieser Gelder über das private Bankensystem als Kredit auf – und zahlt dafür zunächst Zinsen. Die Zinszahlungen gelangen somit – ebenfalls über das Bankensystem – zu einem Großteil an die Besitzer größerer Geldvermögen. Spätestens bei der Rückzahlung der Kredite muß der Staat auf echte Staatseinnahmen zurückgreifen. Die Masse der Staatseinnahmen (Steuern) wird aber von den Lohnabhängigen aufgebracht. Insofern bewirkt die Staatsverschuldung über die Zins- bzw. über die Kreditrückzahlungen einen Einkommenstransfer von den Beziehern unterer zu den Beziehern oberer Einkommen.

Ob eine Ausweitung der Staatsverschuldung wegen dieser negativen Verteilungswirkungen als »unsozial« zu beurteilen und deshalb abzulehnen ist oder nicht, hängt von den realen Alternativen zu einer solchen Politik ab: Immerhin würde durch eine Ausweitung der staatlichen Nachfrage das Waren- und Dienstleistungsangebot verbessert und die Arbeitslosigkeit vermindert. Im Vergleich zu einer höheren Arbeitslosigkeit und dem Verzicht auf den möglichen Zuwachs an Sozialprodukt aus der Sicht der Arbeitnehmer sicherlich das kleinere Übel.

Es stellt sich aber auch die Frage, wie die staatlichen Ausgaben anders finanziert werden könnten. Würde das z. B. über eine Erhöhung der Lohn- oder Mehrwertsteuer geschehen, so ginge das wiederum auf Kosten der Arbeitnehmer, wäre also mitnichten sozialer als eine Erhöhung der Staatsverschuldung. Nur wenn die Alternative hieße, die zusätzliche staatliche Nachfrage über eine stärkere Besteuerung der Bezieher höherer Einkommen zu finanzieren, wäre eine in der Tat soziale Variante gefunden. Von einer stärkeren Besteuerung dieser Personengruppe ist bei den meisten Kritikern einer Ausweitung der Staatsverschuldung normalerweise jedoch nicht die Rede.

Eben weil es zutrifft, daß über die staatliche Verschuldung ein Einkommenstransfer zugunsten der Bezieher höherer Einkommen stattfindet, ist es unglaubwürdig, wenn gerade die Konservativen mit dem Verteilungsargument gegen eine höhere Staatsverschuldung auftreten. Dies gilt um so mehr, als den Kapitalbesitzern bei einer zunehmenden Verschuldung des Staates gerade in der Krise eine rentable Anlagemöglichkeit geboten wird, also in einer Zeit, in der im realen Bereich der Wirtschaft (Industrie, Handel etc.) nur wenige profitable Möglichkeiten zur Kapitalanlage bestehen.

Es drängt sich der Verdacht auf, daß die Diskussion um die Staatsverschuldung nur vorgeschoben ist, um ein politisches Klima zu erzeugen, in dem es möglich ist, die Staatsausgaben zu kürzen oder richtiger: umschichten zu können. Trotz ständiger »Sparhaushalte« steigen die Staatsausgaben nämlich laufend weiter an (vgl. Schaubild Nr. 20). Diese Aussage gilt im übrigen nicht nur für die Bundesrepublik, sondern z. B. ebenso für England und die USA.

Schaubild 20
Finanzplanung des Bundes 1984–1988

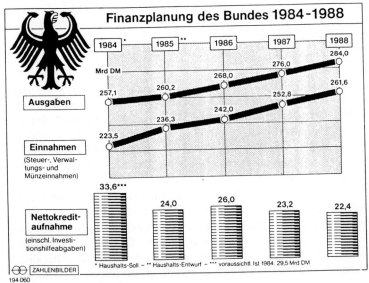

Schaubild 21
Finanzhilfen und Steuervergünstigungen des Bundes

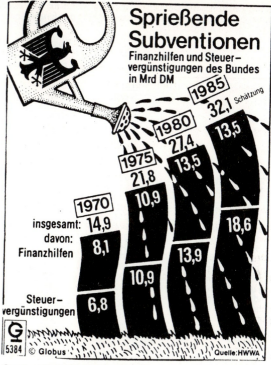

Quelle: Handelsblatt, 27.2.85

Trotz anderslautender Regierungspropaganda wird auch die Staatsverschuldung gegenwärtig keineswegs abgebaut. Der Rückgang der Nettokreditaufnahme z. B. von 33,6 Mrd. DM (1984) auf 24,0 Mrd. DM (1985) bedeutet nämlich keinesfalls, daß der Staat daraufhin weniger verschuldet sei: vielmehr wird als Nettokreditaufnahme die Neuverschuldung bezeichnet, die zu den »alten« Schulden in dem jeweiligen Jahr hinzukommt. Die Staatsverschuldung wurde also z. B. im Jahre 1985 nicht vermindert, sondern im Gegenteil um weitere 24 Mrd. DM erhöht!

Wenn dennoch bei der Masse der Bevölkerung der Eindruck besteht, daß die Regierung eine Sparpolitik betreibe, dann liegt das vor allem daran, daß in bestimmten Bereichen tatsächlich Ausgaben gekürzt werden bzw. gekürzt worden sind: nämlich bei den Löhnen und Gehältern der Beschäftigten im öffentlichen Dienst, bei den Renten, beim Bafög etc. Doch gibt es gleichzeitig andere Posten im öffentli-

Schaubild 22
Stoltenbergs Haushaltsplan

Der Entwurf von Finanzminister Gerhard Stoltenberg (CDU) für den Bundeshaushalt 1986, der am Donnerstag in Bonn bekannt wurde, sieht in den Einzelplänen, nach Ressorts geordnet, folgende Ausgaben vor:

Einzelplan	Soll 1985	Entwurf 1986	Veränderung zum Vorjahr
	— in Milliarden DM —		— in Prozent —
01 Bundespräsidialamt	0,017	0,018	+ 9,4
02 Bundestag	0,421	0,445	+ 5,8
03 Bundesrat	0,011	0,012	+ 7,2
04 Bundeskanzleramt	0,479	0,501	+ 4,5
05 Auswärtiges Amt	2,436	2,471	+ 1,4
06 Inneres	3,703	3,813	+ 3,2
07 Justiz	0,378	0,387	+ 2,3
08 Finanzen	3,812	3,476	— 8,2
09 Wirtschaft	5,021	4,090	—18,5
10 Ernährung, Landwirtschaft	6,581	6,815	+ 3,6
11 Arbeit und Soziales	56,847	58,832	+ 3,5
12 Verkehr	25,183	25,446	+ 1,1
13 Post- und Fernmeldewesen	0,015	0,0154	+ 2,7
14 Verteidigung	49,014	50,300	+ 3,1
15 Jugend, Familie, Gesundheit	16,074	18,206	+13,3
19 Bundesverfassungsgericht	0,013	0,0134	+ 3,9
20 Bundesrechnungshof	0,043	0,042	— 2,3
23 Wirtschaftliche Zusammenarbeit	6,615	6,784	+ 2,6
25 Raumordnung, Bauwesen	5,899	5,952	+ 0,9
27 Innerdeutsche Beziehungen	0,623	0,760	+21,9
30 Forschung und Technologie	7,193	7,449	+ 3,6
31 Bildung und Wissenschaft	4,020	4,015	— 0,2
32 Bundesschuld	33,135	34,520	+ 4,2
33 Versorgung	9,994	9,575	— 4,2
35 Verteidigungslasten	1,709	1,766	+ 3,4
36 Zivile Verteidigung	0,828	0,852	+ 2,9
60 Allgemeine Finanzverwaltung	19,276	17,379	— 9,8
Gesamtsumme	259,340	263,930	+ 2,4

chen Haushalt, die inmitten der sogenannten »Sparpolitik« eine kräftige Ausweitung erfahren. Zu nennen sind hier vor allem die Rüstung und die Subventionen für die Unternehmen (vgl. dazu die Schaubilder Nr. 21 und Nr. 22).

Eine solche Umverteilungspolitik muß den Arbeitnehmern bzw. allen denjenigen, die die »Zeche bezahlen« sollen, natürlich auch irgendwie plausibel gemacht werden, um sie zu veranlassen, die eigenen Einbußen zumindest »zähneknirschend« zu tolerieren. Wie die Erfahrungen zeigen, ist die Diskussion um die angeblich aus der Staatsverschuldung drohenden Gefahren bestens dazu geeignet, die Sparmaßnahmen in bestimmten Bereichen als »Sachzwang« erscheinen zu lassen. Erstaunlich ist allenfalls, daß die Erhöhung von Rüstungsausgaben und Subventionen an die Unternehmen einerseits und die Gewährung von Steuergeschenken an Großverdiener andererseits in diesem Zusammenhang oft »übersehen« werden.

4. Die Löhne sind zu hoch

Verschiedene, häufig vertretene Krisenerklärungen beruhen letztlich auf der These, daß das Lohnniveau in der Bundesrepublik zu hoch sei. Die heimischen Unternehmen würden deshalb entweder an internationaler Konkurrenzfähigkeit einbüßen oder dazu veranlaßt, ihre Produktion in das Ausland zu verlegen bzw. verstärkt zu rationalisieren. Bevor diese beiden Argumentationsstränge überprüft werden, ist zunächst die Stichhaltigkeit der These vom zu hohen Lohnniveau zu untersuchen. Als Vergleichsmaßstab zur Beurteilung des Lohnanstiegs wird von der Arbeitgeberseite wechselweise die Steigerung der Arbeitsproduktivität im Inland oder der Anstieg der Lohnstückkosten in den wichtigsten Konkurrenzländern der Bundesrepublik herangezogen.

Die Lohnstückkosten sind gestiegen

Die Behauptung, daß die Löhne in der Bundesrepublik während der letzten Jahre zu stark gestiegen seien, wird häufig mit dem Hinweis auf die erhöhten Lohnstückkosten »belegt«.

Was ist unter den Lohnstückkosten zu verstehen? Wie der Name sagt, handelt es sich hierbei um die Lohnkosten je Stück bzw. je Produktionseinheit; sie geben also das Verhältnis wieder zwischen dem nominellen Lohnaufwand und der damit erzeugten Produktionsmenge.

Steigt der Nominallohn zum Beispiel um 5%, dann erhöhen sich bei gleichem Arbeitszeitaufwand die Lohnkosten pro Stück ebenfalls um diesen Prozentsatz. Vermindert sich aber der erforderliche Arbeitszeitaufwand für die Erzeugung der gleichen Warenmenge etwa um 3%, dann verbleibt ein nomineller Lohnkostenanstieg von 5% minus 3% = 2%. Steigen also die Löhne nominal schneller als die Effektivität der Arbeit, erhöhen sich auch die Lohnstückkosten nominal.

Weder ist es in der Praxis möglich, noch ist es für gesamtwirtschaftliche Analysen sinnvoll, den Lohnaufwand für jede einzelne Produktart exakt zu ermitteln, weil die Produktpalette zum Beispiel eines Chemiekonzerns mehrere Tausend verschiedene Warenarten umfaßt. Normalerweise wird deshalb bei der Berechnung der Lohnstückkosten der gesamte Lohnaufwand z. B. der Chemieunternehmen ins Verhältnis gesetzt zum Umsatz dieser Industrie. Allerdings: der Umsatz wird dabei um den Faktor des Preisanstiegs vermindert! Somit wird also eine nominelle Größe mit einer realen verglichen, nämlich

der um die Preissteigerungen nominell aufgeblähte Lohnaufwand mit dem um die Inflationsrate verminderten Umsatz. (Siehe dazu Schaubild Nr. 23, Teil »Löhne und Gehälter je Produkteinheit«.)
Daß sich bei einer solchen merkwürdigen Berechnungsmethode die Lohnstückkosten zumindest nominell laufend erhöhen, liegt auf der Hand. Würden sich z. B. unter sonst gleichen Umständen alle Löhne und Preise exakt verdoppeln, so hätten die Arbeitnehmer zwar keinen

Schaubild 23
Entwicklung der Lohnkosten

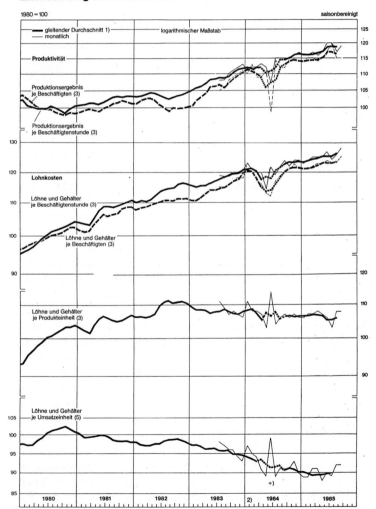

Pfennig mehr Reallohn als vorher – nach der beschriebenen Berechnungsmethode der Lohnstückkosten würde sich der Lohnaufwand für die Erzeugung einer bestimmten Warenmenge jedoch verdoppeln! Für ernsthafte ökonomische Analysen ist die Entwicklung der »Lohnstückkosten« insofern wertlos. In der öffentlichen Auseinandersetzung um die Lohnentwicklung erfüllt sie allerdings den Zweck, den Unternehmen als Argument gegen Lohnerhöhungen zu dienen.

Eine Methode, um zu realistischeren Aussagen über die Entwicklung der Lohnkosten zu gelangen, besteht darin, nicht nur den Nenner (Umsatz), sondern auch den Zähler (Lohnaufwand) um die Rate des Preisanstiegs zu bereinigen. Eine solche Berechnung der realen Lohnstückkosten-Entwicklung würde gegenwärtig keineswegs steigende, sondern sinkende Werte ergeben, weil z. B. eine Tonne Stahl mit einem beständig geringer werdenden Arbeitszeitaufwand – bei gleichzeitig fallenden Reallöhnen – erzeugt werden kann. Diese Aussage läßt sich auf die gesamte industrielle Produktion (und entsprechend auf den Handel) übertragen, da nämlich die Arbeitsproduktivität laufend steigt (jährlich um etwa 3–4 %), die Reallöhne in der Bundesrepublik aber seit 1980 fallen.

Eine realistische Alternative zu dieser Berechnungsmethode der Lohnkostenentwicklung besteht darin, sowohl den Umsatz, als auch den Lohnaufwand jeweils in ihren nominellen Größen, also beide einschließlich der reinen Preissteigerungen, zu bewerten. (Vgl. dazu Schaubild Nr. 23, Teil »Löhne und Gehälter je Umsatzeinheit«.) Die Bundesbank weist mit diesem Schaubild nach, daß der so berechnete Lohnanteil am Umsatz seit Jahren beständig sinkt! Das hindert sie aber keineswegs, die Gewerkschaften in schöner Regelmäßigkeit zur lohnpolitischen Zurückhaltung aufzufordern. Nun hat die Entwicklung der – wie und von wem auch immer berechneten – Lohnstückkosten sicherlich nicht als Richtschnur für die Lohnpolitik zu gelten. Sofern sie aber doch Berücksichtigung finden sollte, so wären auf Grundlage des – von der Bundesbank selber nachgewiesenen – sinkenden Anteils der Löhne und Gehälter am Umsatz nicht Argumente für eine zurückhaltende, sondern gerade umgekehrt für eine expansivere Lohnpolitik abzuleiten.

Die Löhne sind im Vergleich zum Ausland zu hoch

Internationale Lohnkostenvergleiche dienen häufig als »Nachweis« dafür, daß die Löhne in der Bundesrepublik im Vergleich zu den wichtigen Konkurrenzländern bereits zu hoch seien. Das Schaubild

Nr. 24 z. B. »belegt«, daß die Volkswirtschaft der Bundesrepublik bereits sehr hohe Arbeitskosten, d. h. einen sehr hohen Lohnaufwand je Beschäftigtenstunde zu verkraften habe.

Schaubild 24
Lohnkosten im Vergleich

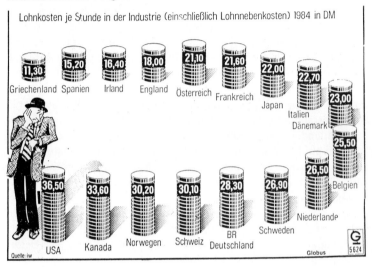

Quelle: Süddeutsche Zeitung vom 18.6.85

Da die Lohnzahlungen in unterschiedlichen Währungen erfolgen, ist ein internationaler Lohnkostenvergleich unmittelbar gar nicht möglich. Um eine Vergleichbarkeit zumindest formal herzustellen, muß der Lohnaufwand in den einzelnen Ländern auf eine gemeinsame Währung umgerechnet werden (im Schaubild Nr. 24 erfolgte das auf DM-Basis; es könnte aber auch in jeder anderen Währung durchgeführt werden, ohne daß dadurch etwas an den jeweiligen Verhältnissen verändert würde). Dadurch stellt sich aber zwangsläufig das Problem, daß sich Wechselkursänderungen der DM z. B. gegenüber dem US-Dollar oder der italienischen Lira beim internationalen Vergleich der Lohnkostenentwicklung niederschlagen, was für den Leser aber nicht ohne weiteres erkennbar ist.

Das Schaubild Nr. 25 veranschaulicht die Problematik:

Schaubild 25
Lohnkostenanstieg: national und international gemessen

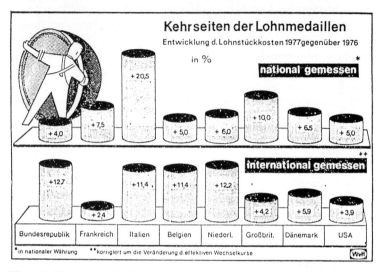

Wegen der Wechselkursentwicklung zeigen die dem Weltmarkt zugewandten Kehrseiten der Lohnmedaillen überall ganz andere Werte an als auf ihren nationalen Vorderseiten. Bei abgeschwächtem Produktivitätszuwachs schlug der Lohnanstieg 1977 ohnehin verstärkt auf die Lohnstückkosten durch. Der Kursverfall des Dollars zu Beginn des Jahres 1978 hat die Wettbewerbsposition der Bundesrepublik und anderer EG-Partner auf dem Weltmarkt weiter verschlechtert.
Quelle: EG-Kommission

Aus dem oberen Teil des Schaubildes wird deutlich, daß die Lohnstückkosten in der Bundesrepublik 1977 gegenüber dem Vorjahr um 4% gestiegen sind, in Frankreich um 7,5% etc. Bei einem Vergleich der Lohnstückkostenentwicklung, berechnet in der jeweiligen Landeswährung, rangiert die Bundesrepublik unter den aufgeführten Staaten an letzter Stelle; der Anstieg der Lohnstückkosten war hier am geringsten.

Im unteren Teil des Schaubildes ist der Anstieg der Lohnstückkosten nicht mehr in der jeweiligen Landeswährung, sondern auf einer gemeinsamen Währungsbasis errechnet worden, d. h. daß sich hier auch Veränderungen im Wechselkurs der einzelnen Landeswährungen bemerkbar machen. Da z. B. die DM im Jahre 1977 gegenüber den anderen Währungen durchschnittlich um 8,7% aufgewertet wurde, ergibt sich nun ein Anstieg der Lohnstückkosten von 12,7%. Im gleichen Zeitraum ist der französische Franc gegenüber der gemeinsamen Währungsbasis um 5,1% abgewertet worden, so daß im internationalen Vergleich der Lohnstückkostenentwicklung für dieses Land nur noch ein Anstieg von 2,4% ausgewiesen wird, obwohl auf Franc-Basis berechnet, der Lohnkostenanstieg 7,5% betragen hatte. Damit nimmt Frankreich, das im Vergleich auf nationaler Basis den drittstärksten Anstieg der Lohnstückkosten zu verzeichnen hatte, im internationalen Vergleich mit 2,4% den letzten Rang ein. Umgekehrt klettert die Bundesrepublik, die mit 4,0% (im Vergleich auf Landeswährungsbasis) den geringsten Anstieg der Lohnkosten zu verzeichnen hatte, durch die DM-Aufwertung um 8,7% mit insgesamt 12,7% auf den ersten Rang im internationalen Vergleich.

Das Ergebnis dieses – durch die erheblichen Wechselkursveränderungen also enorm verfälschten – Vergleichs der Entwicklung der Lohnstückkosten mit den Hauptkonkurrenzländern der Bundesrepublik wird von den Arbeitgebern mit der Forderung präsentiert, durch Zurückhaltung bei den Lohnforderungen dazu beizutragen, daß die Lohnstückkosten zukünftig nicht mehr so stark steigen. Doch wie würde sich eine Lohnzurückhaltung auf den internationalen Vergleich der Lohnstückkosten auswirken? Unterstellt man, daß als Folge einer Lohnzurückhaltung die deutschen Waren tatsächlich merklich billiger würden, dann wären viele ausländische Erzeugnisse auf dem Binnenmarkt der Bundesrepublik nicht mehr konkurrenzfähig; d.h. die Importe würden zurückgehen. Gleichzeitig würde der bundesrepublikanische Export steigen, weil die deutschen Waren auch im Ausland billiger und damit noch konkurrenzfähiger würden. Die Folge wäre in der Summe ein weiterer Anstieg des Exportüberschusses, der früher oder später zwangsläufig zu einer erneuten DM-Aufwertung führen müßte. Damit wäre aber nicht nur der durch Lohnverzicht teuer »erkaufte« Preisvorteil wieder verlorengegangen – sondern auch der Vorsprung beim internationalen Lohnstückkostenvergleich.

Wie schon im Schaubild Nr. 25 ersichtlich, würde die Bundesrepublik dann trotz eines geringen Lohnkostenanstiegs im internationalen Vergleich – durch den Wechselkursanstieg der DM bedingt – unter Umständen wieder die höchste Steigerungsrate aufweisen. Die Arbeitgeber könnten dann erneut mit der Forderung an die Arbeitnehmer herantreten, wegen des im internationalen Vergleich starken Lohnstückkostenanstiegs bei den laufenden Lohnforderungen Zurückhaltung zu üben. Dieses »Spiel« ließe sich im Prinzip endlos fortführen.

Internationale Vergleiche der Lohnstückkostenentwicklung bieten sich für die Arbeitgeber als lohnpolitisches Argument natürlich nur in Ländern an, deren Währungen aufgewertet wurden. In Staaten dagegen, deren Währungen abgewertet wurden, »verzichten« sie selbstverständlich auf den internationalen Vergleich, weil dort der Lohnstückkostenanstieg um den Abwertungssatz der jeweiligen Währung vermindert wird (Beispiele im Schaubild Nr. 25: Frankreich und England). In diesen Ländern könnte ein internationaler Vergleich der Lohnstückkostenentwicklung von der Arbeitnehmerseite nur allzu leicht »mißverstanden« werden als Aufforderung, mit den Arbeitnehmern in anderen Ländern gleichzuziehen. Umgekehrt übergehen die Arbeitgeber in der Bundesrepublik möglichst die Entwicklung der Lohnstückkosten auf nationaler Basis – schließlich würde den Arbeitnehmern und ihren Gewerkschaften nur bestätigt, daß die Lohnstückkosten hierzulande keineswegs zu stark gestiegen sind.

Die Entwicklung des Außenhandels sowie die häufigen Aufwertungen der DM belegen, daß die Stundenlöhne in der Bundesrepublik niedriger sind, als sie auf der Grundlage der Arbeitsproduktivität an sich sein könnten.

Zur realistischen Beurteilung der Wettbewerbsfähigkeit eines Landes ist es nämlich unzureichend, ausschließlich die Höhe der Stundenlöhne international zu vergleichen. Vielmehr muß gleichzeitig die Arbeitsleistung je Beschäftigtenstunde berücksichtigt werden.

Wie das Schaubild Nr. 26 zeigt, nimmt die Bundesrepublik in dieser Hinsicht eine Spitzenposition ein. Aufgrund der Tatsache, daß die

Schaubild 26
Stundenlöhne und Produktivität

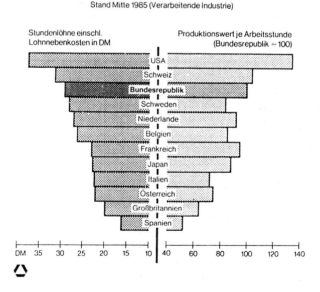

bundesrepublikanischen Arbeitnehmer mit einer im internationalen Vergleich sehr hohen Intensität und Produktivität arbeiten, können die heimischen Unternehmen auch ein im internationalen Vergleich weit überdurchschnittliches Stundenlohnniveau »verkraften«, ohne an Konkurrenzfähigkeit zu verlieren. Die Tatsache der jahrelangen DM-Aufwertungen ist ein Signal dafür, daß von der außenwirtschaftlichen Seite her sogar noch ein weiterer Spielraum für Lohnsteigerungen gegeben war, der von Seiten der Gewerkschaften in der tarifpolitischen Auseinandersetzung mit den Arbeitgebern jedoch nicht voll ausgeschöpft werden konnte.

Produktionsverlagerung in Niedriglohnländer

Seit 1974 ist der Kapitalexport aus der Bundesrepublik stark angestiegen. Die Bundesrepublik wurde von einem Netto-Kapitalimportland zu einem Netto-Kapitalexportland, was bedeutet, daß seither mehr Kapital von bundesrepublikanischen Unternehmen im Ausland angelegt wird als umgekehrt. Aufgrund der zeitlichen Parallelität des Wandels der Bundesrepublik zum Netto-Kapitalexportland mit dem raschen Anstieg der inländischen Arbeitslosigkeit könnte man vermuten, daß ein ursächlicher Zusammenhang zwischen beiden Entwicklungen besteht.

Über die Gründe des zunehmenden Kapitalexports aus der Bundesrepublik bestehen in der breiten Öffentlichkeit »klare« Vorstellungen: man nimmt an, insbesondere Branchen mit hohem Lohnanteil (z. B. die Bekleidungsindustrie) verlagerten ihre Produktion in sogenannte Niedriglohnländer (z. B. nach Tunesien oder Singapur), um Lohnkosten einzusparen. Träfe diese Argumentation zu, so wäre das inländische Lohnniveau offenbar zu hoch. Wollten die deutschen Gewerkschaften den Kapitalexport und damit den Verlust von Arbeitsplätzen stoppen, so müßten sie demnach einen weiteren Lohnanstieg vermeiden. Die Bundesrepublik würde faktisch mit den Niedriglohnländern um das niedrigste Lohnniveau konkurrieren.

Die von der Deutschen Bundesbank ausgewiesenen Daten zur Entwicklung des Kapitalexports und -imports zeigen nun aber folgendes:

■ Aufgrund des bisher angesammelten Produktionskapitals ausländischer Kapitalgeber in der Bundesrepublik einerseits und des bisher aufgehäuften deutschen Kapitals im Ausland andererseits ergibt sich nach überschlägiger Rechnung ein Nettoabfluß von Arbeitsplätzen in das Ausland in Höhe von etwa 100 000. Im Verhältnis zur offiziellen

Arbeitslosenzahl von über 2,5 Mill. schlägt diese Zahl nicht wesentlich zu Buche.

■ Die Masse des westdeutschen Kapitalexports geht nicht in sog. Niedriglohnländer, sondern in ausgesprochene Hochlohnländer, wie z. B. in die USA (29,2 Mrd. DM), in die Schweiz (8,5 Mrd. DM) oder Frankreich (8,4 Mrd. DM). Auf die Entwicklungsländer zusammen fällt dagegen mit 13,8 Mrd. DM ein geringerer Anteil als auf die Benelux-Staaten mit 15,4 Mrd. DM! (Vgl. dazu Schaubild Nr. 27.) Ferner weist die Bundesbank aus, daß die Masse der Direktinvestitionen keineswegs von den Branchen mit überdurchschnittlichem, sondern im Gegenteil von denen mit unterdurchschnittlichem Lohnanteil am Umsatz vorgenommen werden, z. B. chemische und elektrotechnische Industrie und Fahrzeugbau (vgl. Schaubild Nr. 28).

Eine Analyse der Investitionen von Ausländern in der Bundesrepublik zeigt zudem, daß aus den Ländern, in die der deutsche Kapitalexport vor allem fließt, auch umgekehrt die Masse der Kapitalimporte in

Schaubild 27
Auslandsvermögensstatus der Bundesrepublik nach Ländergruppen, wichtigen Ländern und Anlagebereichen

Stand Ende 1983; Mrd DM

Ländergruppe/Land	Unmittelbare deutsche Direktinvestitionen im Ausland			Unmittelbare ausländische Direktinvestitionen in der Bundesrepublik			Saldo 1)		
	ins- gesamt	darunter in Unternehmen des		ins- gesamt	darunter in Unternehmen des		ins- gesamt	darunter in Unternehmen des	
		Verarbei- tenden Gewerbes	Handels		Verarbei- tenden Gewerbes	Handels		Verarbei- tenden Gewerbes	Handels
EG-Länder	32,9	10,8	8,9	23,7	9,5	4,7	+ 9,2	+ 1,3	+ 4,2
darunter:									
Belgien	3,8	2,5	0,6	1,1	0,3	0,4	+ 2,7	+ 2,2	+ 0,2
Frankreich	8,4	3,6	3,8	5,3	1,6	1,8	+ 3,1	+ 2,0	+ 2,0
Großbritannien	4,4	1,1	1,9	6,8	3,3	0,6	− 2,4	− 2,2	+ 1,3
Italien	2,9	1,3	1,2	0,7	0,3	0,2	+ 2,2	+ 1,0	+ 1,0
Luxemburg	5,9	0,1	0,0	0,8	0,1	0,2	+ 5,1	−	− 0,2
Niederlande	5,7	1,3	0,9	8,1	3,5	1,2	− 2,4	− 2,2	− 0,3
Übrige europäische Länder	16,5	6,0	3,1	15,2	7,8	3,5	+ 1,3	− 1,8	− 0,4
darunter:									
Österreich	3,3	1,7	0,9	1,1	0,4	0,3	+ 2,2	+ 1,3	+ 0,6
Schweiz	8,5	1,1	1,4	11,5	6,4	2,3	− 3,0	− 5,3	− 0,9
Spanien	3,1	2,4	0,4	0,1	0,0	0,0	+ 3,0	+ 2,4	+ 0,4
Außereuropäische industrialisierte Länder	39,3	14,1	6,1	38,0	26,3	5,2	+ 1,3	− 12,2	+ 0,9
darunter:									
Vereinigte Staaten von Amerika	29,2	10,2	4,2	33,7	25,8	3,0	− 4,5	− 15,6	+ 1,2
Entwicklungsländer	13,8	8,3	1,0	1,3	0,3	0,3	+ 12,5	+ 8,0	+ 0,7
darunter:									
Off-shore-Finanzzentren 2)	3,0	0,2	0,5	0,9	0,3	0,1	+ 2,1	− 0,1	+ 0,4
Lateinamerikanische Länder (ohne Off-shore-Finanzzentren)	8,1	7,1	0,3	0,3	0,0	0,1	+ 7,8	+ 7,1	+ 0,2
darunter:									
Brasilien	5,8	5,2	0,1	0,1	0,0	0,0	+ 5,7	+ 5,2	+ 0,1
Übrige Entwicklungsländer	2,7	1,0	0,2	0,1	0,0	0,1	+ 2,6	+ 1,0	+ 0,1
OPEC-Länder	3,5	0,7	0,2	0,8	0,2	0,0	+ 2,7	+ 0,5	+ 0,2
Staatshandelsländer	0,0	0,0	0,0	0,6	0,0	0,3	− 0,6	− 0,0	− 0,3
Regional nicht aufteilbar 3)	−	−	−	1,0	0,6	0,1	− 1,0	− 0,6	− 0,1
Insgesamt	106,0	39,9	19,3	80,6	44,5	14,1	+ 25,4	− 4,8	+ 5,2

1 + = Überschuß der deutschen Direktinvestitionen im Ausland. — Westindien. — 3 Unmittelbare Darlehen der Kapitaleigner von Tochter-
2 Bahamas, Bahrain, Barbados, Bermuda, Hongkong, Kaimaninseln, gesellschaften an Enkelgesellschaften.
Libanon, Liberia, Niederländische Antillen, Panama, Singapur, Vanuatu,

Quelle: Monatsberichte der Deutschen Bundesbank 3/85

Schaubild 28
Auslandsvermögensstatus der Bundesrepublik nach Wirtschaftszweigen

Stand Ende 1983; Mrd DM

Wirtschaftszweig	Unmittelbare deutsche Direktinvestitionen im Ausland		Unmittelbare ausländische Direktinvestitionen in der Bundesrepublik	Saldo 1) nach der Branche der jeweiligen Investitionsobjekte
	nach der Branche des		nach der Branche des	
	deutschen Investors	ausländischen Investitionsobjekts	deutschen Investitionsobjekts	
Bergbau 2)	4,6	5,8	0,2	+ 5,6
Verarbeitendes Gewerbe	61,5	39,9	44,7	− 4,8
Chemische Industrie	17,5	13,7	7,5	+ 6,2
Mineralölverarbeitung	1,1	0,1	7,8	− 7,7
Herstellung von Kunststoff- und Gummiwaren	0,8	0,6	1,8	− 1,2
Gewinnung und Verarbeitung von Steinen und Erden, Feinkeramik und Glasgewerbe	1,6	1,2	1,0	+ 0,2
Eisen- und Stahlerzeugung 3)	2,3	1,3	1,0	+ 0,3
Maschinenbau	7,2	3,8	3,5	+ 0,3
Herstellung von Büromaschinen, Datenverarbeitungsgeräten und -einrichtungen	1,6	0,4	4,7	− 4,3
Straßenfahrzeugbau	11,3	6,7	5,2	+ 1,5
Elektrotechnik	11,5	7,4	4,1	+ 3,3
Feinmechanik und Optik, Herstellung von EBM-Waren usw. 4)	1,6	1,2	2,3	− 1,1
Ernährungsgewerbe	0,7	0,7	2,7	− 2,0
Sonstige Unternehmen des Verarbeitenden Gewerbes	4,3	2,8	3,1	− 0,3
Baugewerbe	2,0	1,3	0,2	+ 1,1
Handel	4,2	19,3	14,1	+ 5,2
Verkehr und Nachrichtenübermittlung	1,3	1,3	0,8	+ 0,5
Kreditinstitute	8,1	7,4	5,8	+ 1,6
Beteiligungsgesellschaften und sonstige Vermögensverwaltung	11,1	20,1	10,5	+ 9,6
Sonstige Dienstleistungen 5)	6,4	9,8	3,8	+ 6,0
Sonstige Unternehmen	1,6	1,1	0,5	+ 0,6
Privatpersonen	5,2	—	—	—
Insgesamt	106,0	106,0	80,6	+25,4

1 + = Überschuß der deutschen Direktinvestitionen im Ausland. — 2 Einschl. Mineralölgewinnung. — 3 Einschl. Ziehereien, Kaltwalzwerke, Stahlverformung, Oberflächenveredelung, Härtung und Mechanik. — 4 Einschl. Herstellung von Musikinstrumenten, Sportgeräten, Spiel- und Schmuckwaren. — 5 Einschl. Finanzierungsinstitutionen, Versicherungsunternehmen, Wohnungsunternehmen und sonstiges Grundstückswesen.

die Bundesrepublik kommt. Dabei handelt es sich zudem überwiegend um die gleichen Branchen. Ein konkretes Beispiel: ein Großteil der Auslandinvestitionen deutscher Chemie-Konzerne geht in die

USA, während gleichzeitig US-amerikanische Chemie-Konzerne umfangreiche Investitionen in der Bundesrepublik tätigen. Diese sogenannten »cross-investments« (»Über-Kreuz-Investitionen«) können wohl kaum mit Lohnkosten-Differenzen zwischen diesen beiden Staaten erklärt werden.

Tatsächlich gibt es eine ganze Reihe von Faktoren, welche die Standortwahl eines Unternehmens beeinflussen; die Höhe der Lohnkosten ist dabei nur einer unter vielen. Zu beachten ist, daß nicht die Differenzen bei den Stundenlöhnen, sondern allenfalls diejenigen bei den Lohnkosten je Produkteinheit von Bedeutung sind. Weil in der Bundesrepublik je geleistete Beschäftigtenstunde eine relativ große Warenmenge erzeugt wird, kann sie sich problemlos ein hohes Stundenlohnniveau leisten.

Die sogenannten Niedriglohnländer sehen sich dagegen gezwungen, massive Steuervorteile, weitgehende Zollfreiheit etc. anzubieten, um Auslandskapital anzulocken. Natürlich verzichten auch diese Staaten nicht gern auf Steuer- und Zolleinnahmen, sie sehen sich aber zu einem solchen Verzicht gezwungen, weil der Zufluß von Auslandskapital sonst – trotz der Differenzen im Lohnniveau – noch weit schwächer ausfallen würde, als er es ohnehin ist.

Für eine verstärkte Produktion bundesdeutscher Unternehmen im Ausland ist die Sicherung des Absatzmarktes ein viel wichtigeres Motiv als etwaige Lohnkostendifferenzen. Gerade weil hiesige Unternehmen einen Großteil ihrer Produktion im Ausland verkaufen, sind ihre Absatzmärkte gegenwärtig besonders gefährdet: als Folge der Krise bauen viele Länder Zollschranken und andere Hemmnisse für Importe auf – das gilt übrigens auch für die Bundesrepublik selbst. Sofern deutsche Unternehmen in einer solchen Phase zunehmender Handelsbeschränkungen ihren Absatz im Ausland sichern wollen, sind sie praktisch dazu gezwungen, direkt in jenen Staaten zu produzieren, in denen sie bisher einen großen Absatz erzielt haben, um so die bestehenden bzw. drohenden Handelsschranken zu unterlaufen. Die zunehmenden Direktinvestitionen bundesrepublikanischer Unternehmen im Ausland sind also weniger Ursache als vielmehr Folge der bestehenden Krise sowie der starken Abhängigkeit von ausländischen Absatzmärkten, in die sich viele Unternehmen begeben haben.

Wenn die Produktion vor allem dorthin verlegt oder zumindest vor allem dort ausgeweitet wird, wo die großen Absatzmärkte für die betreffenden Unternehmen sind, dann kann daraus für die Tarifpolitik folgender Schluß gezogen werden: eine zurückhaltende Lohnpolitik würde den heimischen Absatzmarkt schrumpfen lassen und damit Arbeitsplätze im Inland gefährden. Eine expansive Lohnpolitik dagegen führt zu einer Ausweitung der Inlandsnachfrage und macht es für die Unternehmen um so »interessanter«, auch hier im Inland zu produzieren.

Rationalisierungswelle: Die neuen Technologien sind »Jobkiller«

Angesichts zahlreicher aktueller Berichte über grundlegend neue Technologien wie Microprozessoren, CNC-Maschinen, EDV-Anlagen und Roboterstraßen kann es nicht verwundern, daß die Ansicht weit verbreitet ist, die heutige Wirtschaftskrise bzw. die gegenwärtige Massenarbeitslosigkeit beruhe auf einer beschleunigten Rationalisierung, also auf dem massiven Einsatz neuer Technologien. Die sog. menschenleere Fabrik und die allgemein wohlbekannte Halle 54 des VW-Werkes sind nahezu zum Inbegriff der gängigen Vorstellungen über die aktuelle technologische Entwicklung geworden – doch sind sie für die Gegenwart oder zumindest für die absehbare Zukunft auch typisch? Oder sind derartige spektakuläre Fälle nicht vielmehr gerade deshalb so »berühmt«, weil sie meilenweit dem voraus sind, was gegenwärtig als üblich zu gelten hat?

Durch die Bezeichnung »Rationalisierungswelle« jedenfalls wird die Vorstellung vermittelt, daß die Investitionen mit dem Ziel der Rationalisierung in den letzten Jahren sprunghaft zugenommen hätten. Die Tagespresse z. B. verstärkt diesen Eindruck ständig, u. a. mit der Veröffentlichung von Schaubildern, die, wie das Schaubild Nr. 29, einen rasch zunehmenden prozentualen Anteil der Rationalisierungen an den Gesamtinvestitionen ausweisen.

Für die nähere Analyse der Investitionsentwicklung ist es sinnvoll, zunächst folgende drei Investitionstypen zu unterscheiden:

a) *Ersatzinvestitionen* dienen dem Ersatz abgenutzter Produktionsanlagen oder Maschinen. Dieser Austausch von sog. fixem Kapital erfolgt definitionsgemäß auf gleicher technologischer Stufe und mit gleicher Produktionskapazität. Auf seiten der Anwender haben die Ersatzinvestitionen daher keinerlei Einfluß auf die Beschäftigung.

b) *Rationalisierungsinvestitionen* dienen dem Zweck, eine bestimmte Warenmenge mit weniger Arbeit und/oder sonstigem Aufwand, wie z. B. Energie, herzustellen; sie haben daher in der Regel einen negativen Beschäftigungseffekt.

c) *Erweiterungsinvestitionen* dienen dem Zweck, die Produktionskapazitäten auf gleicher technologischer Stufe zu erhöhen, also die Produktion auszudehnen; entsprechend haben sie einen positiven Beschäftigungseffekt.

**Schaubild 29
Hauptziele der Investitionen**

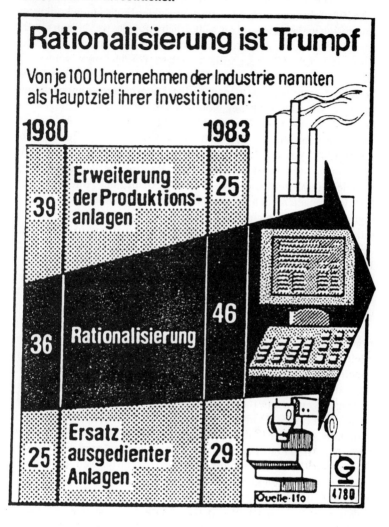

In der Realität lassen sich die hier dargestellten Typen von Investitionen natürlich nicht immer klar voneinander trennen. So wird eine Investition, die ihrem Hauptzweck nach dem Ersatz einer abgeschriebenen Anlage dienen soll, gewöhnlich unter Verwendung der zum gegebenen Zeitpunkt effektivsten Technologie erfolgen. Eine Ersatzinvestition ist daher in der Regel auch mit einem gewissen Rationalisierungseffekt verbunden. Rationalisierungsinvestitionen haben außerdem häufig auch einen kapazitätserweiternden Effekt. In Zweifelsfällen muß die Zuordnung einer bestimmten konkreten Investition mehr oder weniger willkürlich erfolgen, wobei man jedoch darauf vertrauen kann, daß sich diesbezügliche Zurechnungsfehler zumindest zum Teil gegenseitig aufheben. Da das Zurechnungsproblem zudem in jeder Phase des Konjunkturzyklus in gleicher Weise besteht, lassen sich aus den von den Unternehmern angegebenen Motiven zur Durchführung von Investitionen tatsächlich gewisse Feststellungen ableiten. Bei der Darstellungsform in Schaubild Nr. 29 ist der Gesamtumfang der laufenden Investitionen in jedem Jahr gleich 100% gesetzt. Daher ist aus dem Schaubild keinesfalls eine tatsächliche (absolute) Zunahme der Rationalisierungen, sondern lediglich ein prozentualer, also relativer Anstieg des Anteils der Rationalisierungen an den Gesamtinvestitionen abzulesen. Konkret besagt das Schaubild nicht mehr, als daß von den 1980 getätigten Gesamtinvestitionen 39% mit dem Ziel der Erweiterung und 36% mit dem der Rationalisierung vogenommen worden sind. Von den drei Jahre später durchgeführten Gesamtinvestitionen (mit insgesamt allerdings geringerem Umfang, was aus diesem Schaubild jedoch gar nicht abzulesen ist) dienten nur noch 25% der Erweiterung, 46% dagegen der Rationalisierung.

Das Schaubild Nr. 30 zeigt nun, daß die absolute Höhe der Investitionsausgaben mit dem Ziel der Rationalisierung (siehe die gestrichelte Linie) seit Beginn der Krise 1973/74 keineswegs nennenswert zugenommen hatte. Wesentliches Merkmal der Entwicklung war vielmehr der massive Rückgang der Erweiterungsinvestitionen (siehe die durchgezogene Linie) von über 18 Mrd. DM (1970/71) auf unter 6 Mrd. DM (1975). Damit rangierte das Motiv der Kapazitätsausweitung nun an letzter Stelle, während die Rationalisierungen automatisch den ersten Platz übernahmen. Relativ ist der Anteil der Rationalisierungen also gestiegen, aber wohlgemerkt nicht, weil sie mengenmäßig zugenommen haben, sondern weil die Erweiterungsinvestitionen stark zurückgegangen sind.

Wie auch dem Schaubild Nr. 31 zu entnehmen ist, hat sich dieser Prozeß weiter fortgesetzt: im Zuge der erneuten Produktionsrückgänge ab 1980 sind wiederum die Erweiterungsinvestitionen stark zurückgefallen (um etwa 40%). Gleichzeitig sind die Ausgaben für Rationalisierungszwecke absolut in etwa gleich geblieben, ihr *relativer* Anteil an den schrumpfenden Gesamtinvestitionen ist somit erneut gestiegen.

Schaubild 30
Struktur der Investitionen in der verarbeitenden Industrie

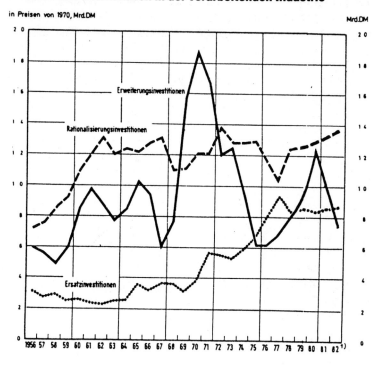

1) Geschätzt.

Quelle: Ifo-Investitionstest, Berechnungen des Ifo-Instituts.

IFO-INSTITUT für Wirtschaftsforschung München

139/83

Würde es gegenwärtig tatsächlich die so oft beschworene »Rationalisierungswelle« geben, so müßte sich das logischerweise in einer Beschleunigung des Produktivitätsfortschritts niederschlagen. Eine Rationalisierung besteht nämlich aus technischen Maßnahmen, wie z. B. dem Einsatz verbesserter Maschinen, die eine Steigerung der Produktion je geleistete Beschäftigungsstunde zum Ziele hat. Das Schaubild Nr. 32 zeigt, daß sich der Anstieg der Arbeitsproduktivität in der Volkswirtschaft der Bundesrepublik jedoch keineswegs beschleunigt, sondern sogar etwas verlangsamt hat.

(Die kurzfristigen Schwankungen in der Produktivitätsentwicklung werden vor allem durch die wechselhafte Auslastung der Produktionsanlagen hervorgerufen, denn bei sinkendem Auslastungsgrad verlangsamt sich der Anstieg der Produktivität, während er sich bei

**Schaubild 31
Die Investitionsmotive**

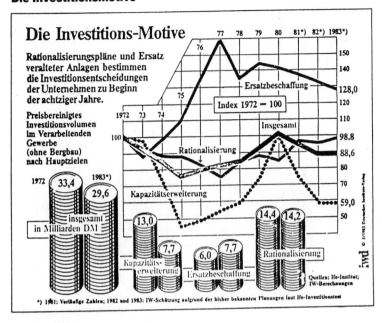

**Schaubild 32
Die Arbeitsproduktivität 1951–1980**

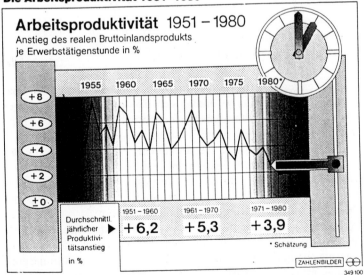

einer Verbesserung der Kapazitätsauslastung wieder beschleunigt.) Für den langfristig fallenden Trend der Produktivitätssteigerung, der sich übrigens in gleicher Weise z. B. auch in den USA oder in Japan zeigt (vgl. Schaubild Nr. 33), muß es aber noch andere Ursachen geben. Wesentlich dürfte sein, daß durch das abgeschwächte Wirtschaftswachstum immer weniger neue Produktionsanlagen zu den bereits bestehenden hinzukommen. Da die Erweiterungsinvestitionen normalerweise mit der jeweils neuesten Technologie durchgeführt werden, bedeutet ein geringes Niveau von Erweiterungsinvestitionen auch einen geringeren »Zuwachs« an hochproduktiven Anlagen.

Dies erklärt auch folgenden Tatbestand, der in offensichtlichem Widerspruch zur These vom beschleunigten technischen Fortschritt steht: würden die technischen Anlagen gegenwärtig tatsächlich besonders rasch umstrukturiert, so müßte sich das u. a. in einer durchschnittlichen Verjüngung des Anlagevermögens niederschlagen. Tatsächlich aber steigt dessen Durchschnittsalter (vgl. Schaubild Nr. 34); Fachleute sprechen deshalb mitunter auch von einer »Vergreisung« des Anlagevermögens.

Eine weitere Ursache für die Verlangsamung des Produktivitätsanstiegs ist darin zu sehen, daß gegenwärtig vor allem aus dem industriellen, weiterverarbeitenden Sektor der Wirtschaft immer mehr

Schaubild 33
Jährlich durchschnittlicher Anstieg der Produktivität

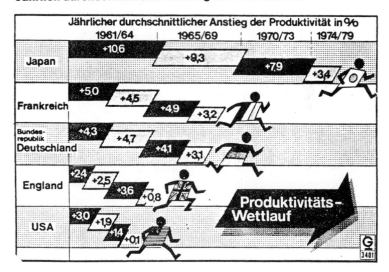

Schaubild 34
Alter des Anlagevermögens in der Industrie

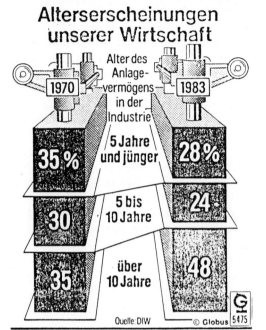

JEDE ZWEITE MASCHINE IST ALT. Waren 1970 noch 35 Prozent des Anlagevermögens „jung" (höchstens fünf Jahre alt), so schrumpfte dieser Anteil bis 1983 auf 28 Prozent. Der Anteil des „alten" Anlagevermögens (elf Jahre und älter) erhöhte sich im gleichen Zeitraum von 35 auf 48 Prozent. Vereinfacht gesagt, ist also jede zweite Maschine über zehn Jahre alt. Mit solchen Veteranen läßt sich der Wettkampf auf den Weltmärkten schwerlich gewinnen. (SZ)

Erwerbspersonen ausgegliedert werden. Zu einem Großteil finden bzw. fanden diese Arbeitskräfte eine neue Beschäftigung im wachsenden Dienstleistungssektor, der sich bisher jedoch noch weniger leicht rationalisieren läßt als der Produktions- bzw. der Verwaltungsbereich.

An der Tatsache, daß sich der Anstieg der Arbeitsproduktivität allmählich verlangsamt hat, kann nach Lage der Daten gar kein Zweifel bestehen. Warum aber konnte sich dennoch im allgemeinen

Bewußtsein die Vorstellung eines beschleunigten Produktivitätsanstiegs herausbilden?

Die Annahme der Existenz einer »Rationalisierungswelle« entspringt offensichtlich der Erfahrung seit der Krise 1974/75, daß Rationalisierungen immer häufiger Entlassungen und Dauerarbeitslosigkeit zur Folge haben. In der Phase des hohen Wachstums der Produktion (in den 50er und 60er Jahren) bedeutete der Verlust eines bestimmten Arbeitsplatzes keinesfalls immer die Entlassung aus dem »angestammten« Unternehmen und schon gar nicht dauerhafte Arbeitslosigkeit. Neben den Rationalisierungen wurden nämlich gleichzeitig auch umfangreiche Erweiterungsinvestitionen durchgeführt, so daß die von einer Rationalisierung betroffenen Arbeitnehmer sofort einen neuen Arbeitsplatz erhielten – oft sogar im gleichen Unternehmen. Da die im Vergleich zu heute weitaus stärkeren Rationalisierungen im Verlaufe der 50er und 60er Jahre nicht zu dem sozialen Problem der Massenarbeitslosigkeit führten, drangen sie kaum in das allgemeine Bewußtsein. Heute dagegen führen Rationalisierungen wegen der geringen Erweiterungen zum Entstehen von Dauerarbeitslosigkeit, sie werden entsprechend intensiver wahrgenommen und als Ursache der Arbeitslosigkeit interpretiert. Das Schaubild Nr. 35 zeigt den beschriebenen Prozeß in vereinfachter Form.

Schaubild 35
Trends von Wirtschaftswachstum und Arbeitsproduktivität

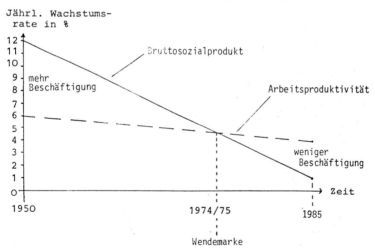

In den 50er und 60er Jahren lag das Wirtschaftswachstum (vgl. Schaubild Nr. 1) deutlich über dem gleichzeitigen Anstieg der Arbeitsproduktivität, d. h. der Leistung pro Beschäftigtenstunde (vgl. Schaubild Nr. 32). Während die Produktion wegen der rasch wachsenden kaufkräftigen Nachfrage um 12% erhöht wurde, stieg die Stundenleistung des einzelnen Beschäftigten »nur« z. B. um 6%. Entsprechend mußten immer mehr Erwerbspersonen beschäftigt werden. Die zunächst bestehende (nachkriegsbedingte) Arbeitslosigkeit wurde allmählich abgebaut (vgl. Schaubild Nr. 2). Danach wurden weitere Arbeitskräfte aus dem Ausland angeworben.

Allerdings verringerte sich das Wirtschaftswachstum schneller, als das Wachstum der Arbeitsproduktivität zurückging. Am Schnittpunkt der beiden Linien stieg die Gesamtproduktion nur noch genauso stark wie die Produktion je Beschäftigtenstunde. Es wurden keine zusätzlichen Personen mehr beschäftigt. Im weiteren Fortgang der Entwicklung fiel die Rate des wirtschaftlichen Wachstums sogar unter diejenige der Produktivität. Während die Leistung des einzelnen Beschäftigten im Stundendurchschnitt noch um 3% steigt, erhöht sich das Volumen von Produktion und Dienstleistungen z. B. nur noch um 2%. Daher wird immer weniger Arbeitszeit für die Herstellung des nur noch gering wachsenden Bruttosozialprodukts benötigt. Bei etwa gleichbleibender Regelarbeitszeit bedeutet das den Abbau von Beschäftigung, also zunehmende Arbeitslosigkeit.

Mit diesen Ausführungen soll keineswegs bestritten werden, daß sich in zahlreichen Industrien (z. B. Roboter in der Automobilindustrie), im Handel (Warenwirtschaftssystem) und vor allem in den Verwaltungen (EDV) gegenwärtig massive technologische Umwälzungen anbahnen bzw. schon vollziehen. Diese Neuerungen werden möglicherweise zur Folge haben, daß sich der Anstieg der Produktivität beschleunigt. Sofern das Tempo des Wirtschaftswachstums bzw. der Verkürzung der Arbeitszeit mit dem Tempo des technischen Fortschritts nicht mithalten sollte, wird das zu weiter ansteigender Arbeitslosigkeit führen.

Klar zu trennen von diesen zukünftig zu erwartenden Entwicklungen sind jedoch die Ursachen für die bereits seit mehr als 10 Jahren bestehende Massenarbeitslosigkeit in der Bundesrepublik. Sie kann schlechterdings nicht mit technologischen Umwälzungen erklärt werden, die sich erst im Verlaufe der kommenden Jahre oder Jahrzehnte allgemein durchsetzten werden und die sich folglich erst zu einem späteren Zeitpunkt spürbar auf die Beschäftigung niederschlagen können.

Für die tarifliche Willensbildung der Arbeitnehmer hat die Begründung der Massenarbeitslosigkeit mit angeblich rapide angestiegenen Rationalisierungen eine eindeutig negative Konsequenz: nach weitverbreiteter Ansicht werden Rationalisierungsinvestitionen ja nur deshalb getätigt, um Lohnkosten einzusparen. Von den Unternehmen würden die Kosten für eine Maschine verglichen mit den Lohnkosten, die durch die Anschaffung der Maschine eingespart werden können. Je höher das Lohnniveau, desto größer demnach die Gefahr, daß die Unternehmen weitere Arbeitskräfte durch Maschinen ersetzen. Träfe diese Argumentation zu, dann könnten beschleunigte Rationalisierungen ebenfalls als ein Signal dafür gewertet werden, daß das gegenwärtige Lohnniveau zu hoch ist. Eine praktische Schlußfolgerung daraus wäre das, was die Arbeitgeber in diesem Zusammenhang ja auch tatsächlich fordern: eine äußerste Zurückhaltung der Gewerkschaften in der Lohnpolitik; jedenfalls solange Arbeitslosigkeit herrscht.

Wie die Daten zur Entwicklung der einzelnen Investitionsarten zeigen, stellt sich die Frage nach den Ursachen der Arbeitslosigkeit jedoch völlig anders: zu klären ist nicht, warum Rationalisierungen zugenommen, sondern warum Erweiterungsinvestitionen so stark abgenommen haben.

Erweiterungsinvestitionen werden von den Unternehmen nur dann durchgeführt, wenn die vorhandenen Anlagen weitgehend ausgelastet sind und darüber hinaus noch Nachfrage besteht bzw. ein weiterer Anstieg der Nachfrage erwartet werden kann. Folglich deutet der Rückgang der Erweiterungsinvestitionen darauf hin, daß zu Beginn einer Krise die Auslastung der bestehenden Kapazitäten rückläufig bzw. insgesamt zu gering ist. Diese Auffassung wird durch das Schaubild Nr. 36 bestätigt, das einen engen Zusammenhang zwischen der Entwicklung der Kapazitätsauslastung und der Entwicklung der Investitionen erkennen läßt.

Aus der Tatsache, daß die Investitionen im allgemeinen und die arbeitsplatzschaffenden Erweiterungsinvestitionen im besonderen stark abhängig sind von der Entwicklung der Nachfrage, kann nun der Schluß gezogen werden, daß die gewerkschaftliche Lohnpolitik keineswegs zurückhaltender, sondern gerade umgekehrt eher aktiver gestaltet werden müßte. Über steigende Reallöhne und die damit verbundene Erhöhung der Nachfrage werden arbeitsplatzschaffende Erweiterungsinvestitionen angeregt und damit Beschäftigungsmöglichkeiten gesichert. Es zeigt sich also, daß es von großer Bedeutung für die Lohnpolitik der Gewerkschaften ist, wie die Entwicklung der einzelnen Investitionsarten interpretiert wird. Die einseitige Hervor-

**Schaubild 36
Kapazitätsauslastung und Investitionstätigkeit in der Gesamtindustrie**

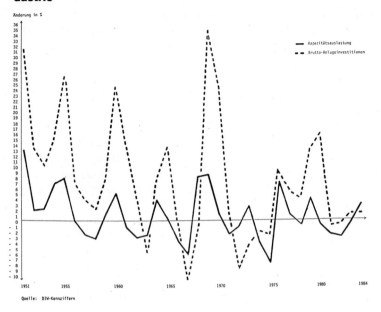

Quelle: DIW-Kennziffern

hebung des *relativen* Anstiegs der Rationalisierungsinvestitionen deutet auf eine gewisse Absicht in den bürgerlichen Medien hin: den Arbeitnehmern soll offenbar eingeredet werden, daß sie mit weiteren Lohnforderungen nur zusätzliche Rationalisierungen auslösen und damit noch mehr Arbeitsplätze gefährden, und zugleich sollen sie so von der Durchsetzung ihrer berechtigten Lohnansprüche abgehalten werden.

5. Die Profite der Unternehmen sind zu gering

Sehr verbreitet ist die Anschauung, die schlechte Konjunkturlage sei durch einen Rückgang der Profite verursacht worden.

Insbesondere sei der Anteil des Volkseinkommens, der für den Konsum verwendet wird, mittlerweile so groß geworden, daß für die Investitionen kaum noch etwas übrig bleibe (vgl. Schaubild Nr. 37).

In letzter Zeit wird die Krise auch oft mit dem Hinweis auf die gesunkene Eigenkapitalausstattung der Unternehmen erklärt. Beide Begründungszusammenhänge sollen untersucht werden.

Schaubild 37
Verhältnis von Verbrauch und Investitionen

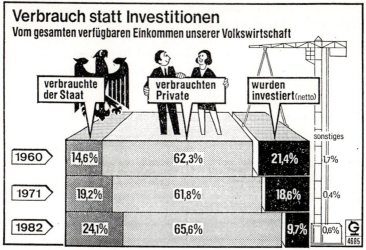

INVESTITIONEN *sind seit Jahren zu kurz gekommen. Der Tadel, den die Bundesbank in ihrem Geschäftsbericht 1982 ausspricht, ist deutlich: Die Bundesrepublik (damit sind wir alle gemeint) hat in den letzten Jahren über ihre Verhältnisse gelebt. Wir haben zuviel konsumiert und dabei die Investitionen zu kurz kommen lassen. Die Kapitalverwendung entspricht damit längst nicht mehr den Erfordernissen eines stetigen und arbeitsplatzsichernden Wachstums. Die Quittung für diese Fehlentwicklung liegt auf dem Tisch: Die Zahl der Arbeitslosen kletterte in den letzten Jahren immer höher. Nur eine Rückkehr zu mehr Investitionen kann diesen Trend brechen.* (SZ)

Quelle: Süddeutsche Zeitung vom 7.5.83

Die Gewinne von heute sind die Investitionen von morgen...

»Die Gewinne von heute sind die Investitionen von morgen und die Arbeitsplätze von übermorgen« – so lautet eine sehr griffige, aber nichtsdestoweniger unzutreffende »Formel« zum Zusammenhang von Gewinnen und Beschäftigung. Entsprechend dieser »Formel« begründet die Arbeitgeberseite, und mit ihr z. B. auch die Bundesbank (vgl. Schaubild Nr. 37), die bestehende Massenarbeitslosigkeit mit der These, die Profite seien zu gering; daher könnten die Unternehmen nicht mehr ausreichend investieren und damit auch keine neuen Arbeitsplätze schaffen.

Es wird also unterstellt, daß die Betriebe zusätzliche Beschäftigungsmöglichkeiten schaffen würden, wenn sie mehr finanzielle Mittel zur Verfügung hätten. Auf dieser Grundlage formulieren die Arbeitgeber konkrete Forderungen: die Arbeitnehmer müßten durch Lohnverzicht den Kostendruck in den Unternehmen mildern und der Staat müsse die Gewinne steuerlich entlasten. Ferner müßten kostenwirksame Umweltschutzauflagen etc. gelockert bzw. beseitigt und die Investitionen auf verschiedenste Art subventioniert werden.

Anhand des Schaubildes Nr. 11 ist bereits veranschaulicht worden, daß die Gewinne in Krisenphasen tatsächlich stark rückläufig sind. Sehr umstritten ist nun allerdings die Frage, wodurch dieser Rückgang der Profite ausgelöst worden ist. Nach Auffassung der Arbeitgeberseite beruht er nicht auf einem Mangel an kaufkräftiger Nachfrage und entsprechend rückläufiger Auslastung der Anlagen; ihrer Meinung nach waren es, wie gesagt, zu hohe Ansprüche der Arbeitnehmer (Löhne) bzw. des Staates (Steuern, Abgaben), die die wirtschaftlichen Probleme hervorgerufen haben.

Diese Position der Arbeitgeber ist jedoch wenig überzeugend: bei hoher Nachfrage, also bei guter Auslastung der Produktionsanlagen, ist die Konkurrenz zwischen den Unternehmen relativ schwach; daher gelingt es ihnen in einer solchen Situation allemal, etwaige Kostensteigerungen voll im Preis zu überwälzen. Sind sie dazu nicht mehr in der Lage, dann hat sich die Konkurrenz offenbar verschärft – d. h., daß die Unternehmen dazu übergehen mußten, verstärkt um Marktanteile zu kämpfen. Dies geschieht jedoch nur dann, wenn die vorhandenen Kapazitäten nicht mehr voll ausgelastet sind bzw. eine verminderte Auslastung droht. Der Rückgang der Profite ist also nicht die Ursache, sondern eine Folge der Krise, die ausgelöst worden ist durch eine sinkende Auslastung der Produktionsanlagen.

Es ist nun zu klären, ob die Unternehmen (a) wegen des Rückganges der Profite nicht mehr investieren können, oder ob sie (b) trotz vorhandener Finanzierungsmittel wegen unzureichender Gewinnchancen gar nicht investieren »wollen«.

Zu (a): Gegen die These, daß die Unternehmen auch unter den gegebenen Verhältnissen von Angebot und Nachfrage an sich gern investieren würden, dies jedoch wegen mangelnder Finanzierungsmittel nicht könnten, sprechen mehrere Fakten:

■ Bei der augenblicklichen durchschnittlichen Kapazitätsauslastung von 84 % gibt es nur sehr wenige Bereiche, in denen eine Erweiterung der Produktionsanlagen sinnvoll erscheint. Wegen der geringen Nachfrage besteht für die Unternehmen gar kein »Bedarf« an zusätzlichen Kapazitäten.

■ Der Rückgang der Bruttoinvestitionen während der Krisenjahre 1966/67 und 1974/75 kann, wie dem Schaubild Nr. 38 zu entnehmen ist, keineswegs auf einen Rückgang der eigenen Finanzierungsmittel der Unternehmen zurückgeführt werden (vgl. den oberen Teil des Schaubildes). Die Selbstfinanzierungsquote, also der Anteil der Eigenmittel an den insgesamt getätigten Investitionsausgaben (vgl. den

Schaubild 38
Eigene Finanzierungsmittel und Bruttoinvestitionen

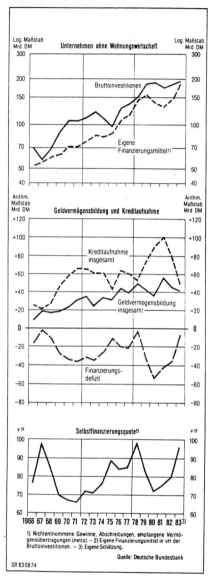

1) Nichtentnommene Gewinne, Abschreibungen, empfangene Vermögensübertragungen (netto). – 2) Eigene Finanzierungsmittel in vH der Bruttoinvestitionen. – 3) Eigene Schätzung.

Quelle: Deutsche Bundesbank

unteren Teil des Schaubildes) hat vielmehr in diesen Jahren jeweils sogar Spitzenwerte erreicht: das, was seinerzeit investiert wurde, konnte von den Unternehmen fast vollständig »aus der eigenen Tasche« finanziert werden; die Finanzierungsdefizite (vgl. den mittleren Teil des Schaubildes Nr. 38) waren nahezu Null! Erfahrungsgemäß würden die Unternehmen unter den Bedingungen besserer Absatzchancen mit der selbst in den Krisenperioden gegebenen Masse an eigenen Finanzierungsmitteln weit mehr Investitionen tätigen (vgl. dazu etwa die Jahre 1969–71 und 1979/80 im unteren Teil des Schaubildes).

■ Ein Großteil der laufenden Gewinneinnahmen der Unternehmen wird gegenwärtig nicht für den Ausbau der technischen Anlagen, sondern für reine Geldgeschäfte eingesetzt, weil sich auf dem Geldmarkt im Moment sehr hohe Zinseinkommen erzielen lassen (vgl. Schaubild Nr. 19).

■ Wie bereits dargelegt, haben die Unternehmen der Bundesrepublik, insbesondere seit Beginn der Krise 1974, einen starken Anstieg der Direktinvestitionen im Ausland zu verzeichnen.

■ Im Verlaufe der letzten Jahre hat die private Geldentnahme aus den Unternehmen stark zugenommen.

Die Gelder, die im Ausland investiert, auf dem Kapitalmarkt angelegt oder privat entnommen worden sind, hätten prinzipiell für Erweiterungsinvestitionen im Inland zur Verfügung gestanden. Es kann also nicht die Rede davon sein, daß die Unternehmen der Bundesrepublik gegenwärtig aus Mangel an Finanzierungsmitteln nicht mehr investieren können.

Zu (b): Erweiterungsinvestitionen sind nur dann rentabel, wenn für die zusätzlichen Kapazitäten auch eine ausreichende Auslastung vorhanden ist. Diese Bedingung ist nicht erfüllt, wenn schon die bereits bestehenden Anlagen nur ungenügend ausgelastet sind. Es ist daher eindeutig so, daß die Unternehmen gar keine Erweiterungsinvestitionen tätigen »wollen«. Aus der Sicht vieler Einzelunternehmen ist es gegenwärtig sogar zweckmäßiger, einen Teil der vorhandenen Produktionskapazitäten abzubauen, um so die verbleibenden Anlagen besser auszulasten und damit deren Rentabilität zu erhöhen.

Die Eigenkapital-Ausstattung ist zu gering

Von der Arbeitgeberseite wird neuerdings gern das Argument vorgebracht, die Krise sei durch einen dramatischen Rückgang der Eigenkapitalausstattung der Unternehmen (mit-)verursacht. Tatsächlich ist

Schaubild 39
Eigenkapitalausstattung der deutschen Unternehmen

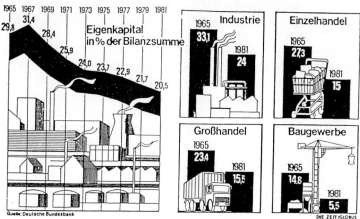

Eigenmittel: Die Basis wird schwächer

der durchschnittliche Anteil des ausgewiesenen Eigenkapitals am Gesamtkapital in den Unternehmen der Bundesrepublik zwischen 1965 = 29,8% auf 1981 = 20,5% gefallen (vgl. Schaubild Nr. 39).

Der wachsende Anteil von Fremdkapital führe zu einer starken Zinsbelastung der Unternehmen. Zur Stärkung der Investitionsbereitschaft und -fähigkeit der Unternehmen sei es daher erforderlich, die Eigenkapitalausstattung der Betriebe wieder zu verbessern, d. h. konkret: Senkung der Lohnkosten und der Unternehmenssteuern. Vor allem aber wird eine negative Auswirkung der niedrigen Eigenkapitalausstattung darin gesehen, daß den Unternehmen zu wenig sog. Risikokapital zur Verfügung stünde. Das hindere sie daran, Investitionen mit hohem Risiko durchzuführen, also die Entwicklung und Markteinführung neuer Produkte zu wagen. Das wiederum habe zur Folge, daß nicht genügend Nachfrage in Gang gesetzt werde, weil vor allem die privaten Haushalte mit den schon bekannten Produkten bereits zu einem sehr hohen Prozentsatz ausgestattet seien.

Entsprechend wird von zahlreichen Wissenschaftlern und Politikern die Forderung der Arbeitgeber nach einer verstärkten Forschung und beschleunigten Entwicklung neuer Produkte und Produktionsverfahren unterstützt. Der Bundesetat für Forschung und Entwicklung gehört neben dem Rüstungsetat denn auch zu den wenigen Posten des Bundeshaushaltes, die selbst jetzt, inmitten der propagierten Sparpolitik, real ansteigen.

Am Beispiel der Bauindustrie, die zu den von der Krise am meisten betroffenen Branchen gehört, läßt sich die Fragwürdigkeit der These vom zu geringen Eigenkapital besonders deutlich darstellen:

Das Baugewerbe hatte 1965 eine Eigenkapitalausstattung von 14%. Diese Quote ist bis 1981 auf 5,5% gefallen. Der zeitliche Zusammenhang zwischen dem Rückgang der Eigenkapitalausstattung und der Verminderung der Beschäftigung ist nicht zu bestreiten. Doch handelt es sich um einen ursächlichen Zusammenhang? Niemand wird ernsthaft behaupten wollen, die Krise der Bauindustrie liege darin begründet, daß diese Branche zu wenig neuartige Produkte hervorgebracht und deshalb zu wenig Nachfrage ausgelöst habe. Was in der Bauindustrie fehlt und zur Krise geführt hat, ist nicht ein Mangel an neuartigen Produkten, sondern schlicht die notwendige Kaufkraft, die Interessenten in die Lage versetzt hätte, das bestehende und längst entwickelte Angebot in ausreichendem Maße nachzufragen. Die private Baunachfrage wird durch das hohe Zinsniveau stark eingeschränkt, weil die Abschreibungsfrist für Gebäude sehr lang und die Kreditfinanzierung entsprechend hoch ist. Hinzu kommt die Verminderung der öffentlichen Baunachfrage als Folge der »Sparpolitik« des Staates.

Bliebe das Argument der zu starken Zinsbelastung der Bauunternehmen durch den geringen Eigenkapitalanteil. Dazu ist zu bemerken, daß – trotz der im Vergleich zur Gesamtindustrie schon immer unterdurchschnittlichen Eigenkapitalquote – auch diese Branche zwischenzeitlich Boomphasen erlebt hat. Ist die Nachfrage nämlich ausreichend hoch, lassen sich auch erhöhte Zinskosten der Unternehmen im Preis überwälzen.

Weder die Banken noch die Produktionsunternehmen lassen sich bei starker Nachfrage davon abhalten, Erweiterungsinvestitionen mit Fremdkapital zu finanzieren, selbst wenn dadurch die Eigenkapitalquote der betreffenden Unternehmen zurückgeht. Wie wenig die Eigenkapitalquote über die konjunkturelle Entwicklung aussagt, läßt sich auch bei einem Blick über den nationalen »Tellerrand« erkennen (vgl. das Schaubild Nr. 40):

Die japanische Industrie, die von bundesrepublikanischen Unternehmen oft und gern als vorbildlich dargestellt wird, verfügt nur über eine Eigenkapitalquote von 13,7%; dennoch ist die konjunkturelle Lage in Japan günstiger als hierzulande. Die US-Industrie dagegen verfügt über eine Eigenkapitalquote von 58,3%; der konjunkturelle Einbruch 1981/82 aber war in den USA weit stärker ausgeprägt als in der Bundesrepublik oder in Japan (vgl. das Schaubild Nr. 3b).

Schaubild 40
Das Kapitalpolster der Unternehmen

Der Rückgang der Eigenkapitalquote in der Bundesrepublik wird von Unternehmerseite für Propagandazwecke gern als akutes Problem dargestellt; in der Realität aber leiden sie ganz offensichtlich nicht unter einem Mangel an verfügbarem Kapital. Wie anders wäre es sonst zu erklären, daß die Bundesregierung von der Arbeitgeberseite förmlich gedrängt wird, staatliche Unternehmen und Dienstleistungen zu privatisieren? Die »Arbeitsgemeinschaft Selbständiger Unternehmer« z. B. hat sich sogar die Mühe gemacht, einen regelrechten »Privatisierungs-Fahrplan« zu erstellen. Auf dieser Liste stehen Unternehmen wie die Veba, das Volkswagenwerk und die Lufthansa (vgl. Frankfurter Rundschau vom 16. 12. 1983).»Schwierigkeiten im Anlegerpublikum«, so wird zu diesem Thema von der Zeitschrift »Wertpapier« versichert,»stünden eigentlich nicht zu erwarten«. (Wertpapier, Zeitschrift für Kapitalanlage, Nr. 19, 31. Jg., Oktober 1983). Das heißt nichts anderes, als daß die Kapitalseite selber davon ausgeht, daß genügend privates Geldvermögen vorhanden ist, um die staatlichen Unternehmen aufzukaufen. Andernfalls ergäben die intensiven Bemühungen der gegenwärtigen Bundesregierung um neue Anlagefelder für privates Kapital auch keinen Sinn.

Die rückläufige Quote des auch formell ausgewiesenen Eigenkapitals am Gesamtkapital der Unternehmen hat verschiedene »technische« Ursachen wie steuerliche Gründe, Risikostreuung etc.; er ist auf keinen Fall ein Indiz für einen tatsächlichen Mangel an verfügbaren Eigenmitteln. Das heißt, daß die Unternehmen auch nicht erst durch eine zurückhaltende Lohnpolitik in die Lage versetzt werden müssen, vermehrt arbeitsplatzschaffende Erweiterungsinvestitionen tätigen zu können. Im Gegenteil würde durch eine solche lohnpolitische Strategie unter den gegebenen Verhältnissen ihre verfügbare Finanzmasse noch erhöht und damit der »Hunger« der Kapitaleigner nach Privatisierung staatlicher Unternehmen eher vergrößert.

6. Es wird zu wenig konsumiert

Den oben abgehandelten Krisenerklärungen liegt ein einheitlicher Tenor zugrunde: sie stellen die angeblich zu hohen Ansprüche der Arbeitnehmer als Ursache der aktuellen wirtschaftlichen Probleme dar und behaupten, die Arbeitnehmer und ihre Gewerkschaften hätten den Staat sowie die Unternehmen durch überzogene Forderungen an den Rand des Ruins gebracht. Alternativ dazu wird aber auch ein genau umgekehrtes Erklärungsmuster angedient: die These lautet dann, daß die Arbeitnehmer bzw. die Verbraucher viel zu wenig konsumieren. Als Ursache dafür wird entweder eine wachsende Sparneigung oder eine angeblich weit fortgeschrittene Marktsättigung angegeben.

Die Sparquote ist zu hoch

Eine erste Version der Behauptung, weitere Lohnerhöhungen würden keinen Beitrag zur Überwindung der Krise leisten können, beruht auf dem Verweis auf die hohe Sparquote. Bei einem weiteren Anstieg der Löhne, so die These, werde weniger die Konsumgüternachfrage steigen als vielmehr verstärkt gespart.

Wie das Schaubild Nr. 41 zeigt, hat sich die Sparquote in den letzten Jahren jeweils entgegengesetzt zur Konjunktur entwickelt. Als das Wirtschaftswachstum 1974 und 1975 mit +0,5 bzw. −1,6% den konjunkturellen Tiefpunkt durchlief, stieg die Sparquote auf Spitzenwerte von 14,6% bzw. 15,1% an. Die anschließende Zunahme des Bruttosozialprodukts war umgekehrt begleitet von einer Verminderung der Sparquote auf 13,4% im Jahre 1976 und 12,2% im Jahre 1977. Mit dem erneuten Rückgang der Konjunktur ab 1980/81 erhöhte sich die Sparquote wiederum.

Schaubild 41
Konjunktur und Sparen in der Bundesrepublik

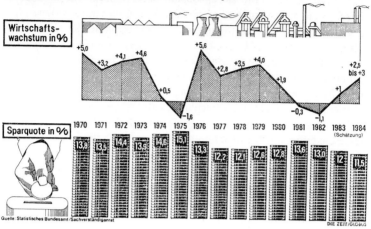

Quelle: DIE ZEIT vom 23.12.83

Daß ein zeitlicher Zusammenhang zwischen der Entwicklung der Sparquote einerseits und der Konjunktur andererseits besteht, ist offensichtlich. Umstritten ist jedoch die Frage nach dem Verhältnis von Ursache und Wirkung. Wenn man behauptet, daß der Anstieg der Sparquote die Ursache für den Ausbruch der Krise sei, dann muß man begründen, warum die Bevölkerung der Bundesrepublik z. B. gerade 1974/75 plötzlich verstärkt gespart hat – und aus welchem Grund die Sparquote in den Jahren 1976 bis 1978 wieder gesenkt wurde, bevor sie erneut zunahm.

Da auch in den anderen westlichen Industriestaaten ähnliche regelmäßige Schwankungen der Sparquoten zu beobachten sind, ist es unzweifelhaft, daß objektive und systematisch auftretende Ursachen dafür verantwortlich sein müssen. Daß das Argument der »Marktsättigung« in diesem Zusammenhang keinerlei Erklärungswert besitzt, wird im nächsten Kapitel behandelt. Ein Beweggrund, der die Schwankungen der Sparquote recht gut zu erklären vermag, ist das Motiv des »Angstsparens«. Wenn bei rückläufiger Konjunktur in den Unternehmen zunächst Überstunden abgebaut werden und teilweise kurzgearbeitet wird und wenn schließlich sogar Entlassungen drohen, dann setzt erfahrungsgemäß ein Prozeß des verstärkten Sparens ein. Erfahren die Beschäftigten nämlich, daß ihre Einkommen durch eine Verschlechterung der Auftragslage in »ihrem« Betrieb gefährdet sind, dann zögern sie die Anschaffung und vor allem den Ersatz insbesondere von langlebigen Konsumgütern hinaus. Die Konsumenten lassen Gelder, die sie ansonsten zur Finanzierung bestimmter Käufe von ihren Sparguthaben abgehoben hätten, »stehen«. Die Sparquote erhöht sich daher gerade in der Frühphase einer Krise. Auf diese Weise wird die beginnende Krise verschärft, weil das erhöhte Sparen den Rückgang der Nachfrage verstärkt. Der Anstieg der Sparquote in der Frühphase der Krise ist demnach nicht Ursache, sondern eine Folge der Krise, die allerdings durch den damit verbundenen Rückgang der Nachfrage verschärft wird.

Im übrigen ist die Sparquote abhängig von der Höhe des Einkommens: je höher das Einkommen, desto höher ist in der Regel auch der Anteil, der gespart wird (vgl. Schaubild Nr. 42). Wollte man die Sparquote senken und die privaten Sparguthaben aus konjunkturpolitischen Gründen verstärkt in kaufkräftige Nachfrage »umwandeln«, dann böte es sich offensichtlich an, gerade die Bezieher höherer Einkommen stärker zu besteuern. Diese verausgaben nämlich einen relativ großen Teil ihres Einkommens ohnehin nicht. Die Einnahmen der zusätzlichen Besteuerung müßte der Staat zu 100% als öffentliche Nachfrage in den Wirtschaftskreislauf einschleusen: damit würden sowohl die Produktion und die Beschäftigung steigen, als auch die Versorgung mit Gütern und Dienstleistungen verbessert.

Mit der geplanten Herabsetzung des Spitzensteuersatzes bei der Einkommensteuer von jetzt 56% auf unter 50% bewirkt die jetzige Bundesregierung jedoch das exakte Gegenteil: die Steuereinnahmen des Staates werden entsprechend abnehmen, so daß sich unter sonst gleichen Bedingungen eine weitere Lücke im Staatshaushalt auftun wird. Im Rahmen der »Haushaltskonsolidierung« wird das vermutlich zu weiterem Sozialabbau führen.

Im Gegenzug verbleibt den besser Verdienenden durch die Senkung des Spitzensteuersatzes ein zusätzliches verfügbares Nettoeinkommen. Ihre ohnehin schon hohe Sparquote wird noch weiter steigen; das zusätzliche verfügbare Nettoeinkommen wird erfahrungsgemäß nicht in voller Höhe als Nachfrage wirksam werden. Der zu erwartende Rückgang der staatlichen Nachfrage (aufgrund der bewußt reduzierten Steuereinnahmen) wird also nicht in voller Höhe durch einen Anstieg der Nachfrage seitens der begünstigten Bezieher höherer Einkommen ausgeglichen werden – die gesamtwirtschaftliche Nachfrage wird durch die geplante Steuersenkung also nicht erhöht, sondern ganz im Gegenteil sogar vermindert werden. Die Senkung des Spitzensteuersatzes ist deshalb auch nicht als Element der Konjunkturankurbelung, sondern als Bestandteil der Umverteilungspolitik zugunsten der besser Verdienenden zu verstehen.

**Schaubild 42
Wer kann sparen?**

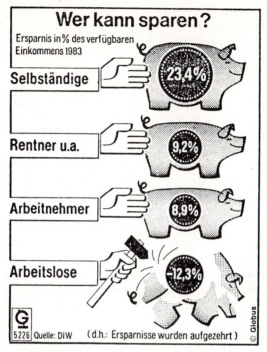

Quelle: Süddeutsche Zeitung vom 13.8.84

Viele Märkte sind »gesättigt«

Häufig werden die in der Krise typischen Probleme des Warenabsatzes als Konsequenz einer weitgehenden »Marktsättigung« interpretiert. Es wird angenommen, daß die Nachfrage trotz (angeblich) ausreichend vorhandener Kaufkraft schwach ist, weil die Ausstattung der privaten Haushalte vor allem mit langlebigen Konsumgütern bereits sehr weit fortgeschritten sei. Die Phase des langanhaltend hohen Wirtschaftwachstums während der 50er und 60er Jahre wird in diesem Zusammenhang mit dem starken »Nachholbedarf« in der unmittelbaren Nachkriegsperiode begründet. Diese Erklärung erscheint jedoch nur auf den ersten Blick einleuchtend, denn in unserer Wirtschaftsordnung ist nicht der Bedarf, sondern die zahlungsfähige Nachfrage und damit die Kaufkraft von ausschlaggebender Bedeutung. Anders wäre es z. B. völlig unerklärlich, warum ausgerechnet die Bauwirtschaft so unverhältnismäßig stark von der Krise betroffen ist, während gleichzeitig ein massenhaftes Bedürfnis nach mehr und besser ausgestattetem Wohnraum besteht. Es wäre auch nicht erklärlich, warum z. B. in England die gegenwärtige Krise weit schärfer ausgeprägt ist als in der Bundesrepublik, obwohl der Lebensstandard dort deutlich unter dem hiesigen liegt – d. h. die Märkte können dort nicht stärker gesättigt sein als hier.

Es bliebe auch unerklärlich, warum in einigen Regionen der USA im Jahre 1983 der Hungernotstand ausgerufen werden mußte, während gleichzeitig Prämien für die Nichtbestellung von Feldern an die Farmer bezahlt werden. Ferner könnte eine tatsächliche Sättigung der Märkte allenfalls erklären, warum die Marktversorgung mit bestimmten Produkten nicht mehr steigt. Gegenwärtig haben wir es jedoch nicht nur mit einer Stagnation bei einigen Waren, sondern seit 1981 mit einem absoluten Rückgang des Verbrauchs bzw. des Lebensstandards zu tun.

Die Marktsättigungsthese wird gewöhnlich mit Angaben über die Ausstattung privater Haushalte mit einzelnen langlebigen Konsumgütern »belegt«. So wird z. B. angeführt, daß in der Bundesrepublik 1983 nicht weniger als 90 % der Arbeiterhaushalte über eine Waschmaschine und 86 % über ein Telefon verfügten. Aus derartigen Daten wird dann gefolgert, daß die Haushalte mit den herkömmlichen Produkten gesättigt seien. Selbst bei weiter steigender Kaufkraft würde sich also die Nachfrage (und damit die Beschäftigung) nicht mehr erhöhen, zumal sich z. B. niemand einen – unnötigen – zweiten Kühlschrank in die ohnehin zu enge Küche stellen würde, selbst wenn er das nötige Geld dazu hätte. »Und mehr als satt essen«, so ein häufig gehörtes Argument, »kann man sich auch nicht«. Nun zeigt aber schon allein das Konsumverhalten höherer Einkommensschichten, daß der Lebenstandard der Masse der Bevölkerung sehr wohl wesentlich verbessert werden könnte. Es ist z. B. kaum anzunehmen, daß der unterschiedliche Ausstattungsgrad der nach Höhe ihres Durchschnittseinkommens gegliederten Haushalte mit Geschirrspülern etwa darauf zurückgeführt werden muß, daß bei niedrigerem Einkommen die »Lust« am Geschirrspülen per Hand einfach größer ist (vgl. Schaubild Nr. 43). Die Verbesserung des Lebensstandards müßte natürlich nicht in jedem Fall ein Mehr an Produkten, sie könnte häufig auch nur den Austausch minderer durch bessere Qualität bedeuten (z. B. bei Essen und Kleidung).

Mit den üblichen Zusammenstellungen derartiger Schaubilder zu diesem Thema ist im übrigen schon von vornherein sichergestellt, daß der Eindruck einer weitgehenden Marktsättigung entstehen muß: es

Schaubild 43
Ausstattung der Haushalte mit Konsumgütern

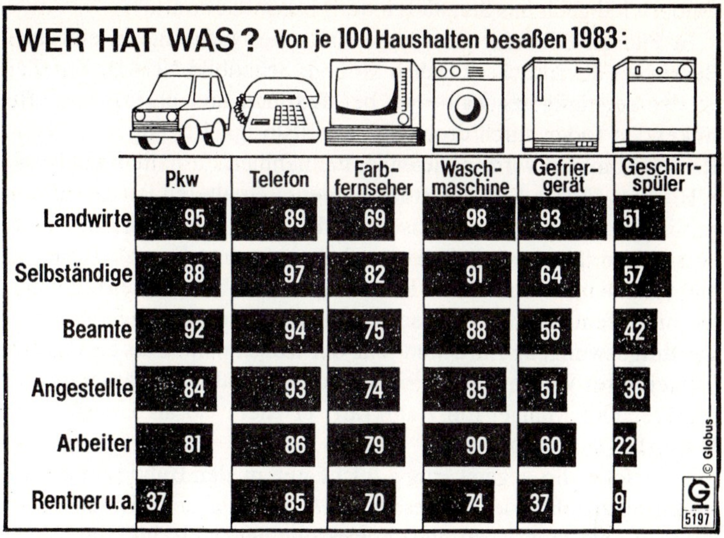

WER HAT WAS? Von je 100 Haushalten besaßen 1983:

	Pkw	Telefon	Farbfernseher	Waschmaschine	Gefriergerät	Geschirrspüler
Landwirte	95	89	69	98	93	51
Selbständige	88	97	82	91	64	57
Beamte	92	94	75	88	56	42
Angestellte	84	93	74	85	51	36
Arbeiter	81	86	79	90	60	22
Rentner u.a.	37	85	70	74	37	9

Quelle: Süddeutsche Zeitung vom 17.7.84

werden nämlich ausschließlich solche Produkte aufgeführt, die in der Bundesrepublik längst zum normalen Konsum der Arbeitnehmerhaushalte gehören. Nun unterscheiden sich die Haushalte der Arbeitnehmer von jenen der Vermögensbesitzer sicherlich nicht allein (und auch nicht überwiegend) durch einen unterschiedlichen Ausstattungsgrad mit Kühlschränken oder Bügeleisen. Diejenigen Produkte, die zwar von den Wohlhabenderen konsumiert, die für die Arbeitnehmer aber immer noch einen unerschwinglichen »Luxus« darstellen, tauchen in derartigen Schaubildern jedoch – zufälligerweise? – nicht auf!

Die Vergangenheit hat gezeigt, daß sich Lohnanhebungen keinesfalls als Nachfragesteigerung in allen Branchen bzw. Produktgruppen gleichmäßig niederschlagen. Vielmehr konzentriert sich eine real steigende Kaufkraft jeweils auf bestimmte (aber wechselnde) Waren- und Dienstleistungsgruppen. Diese Bereiche, in denen sich der Reallohnzuwachs als überdurchschnittliche Nachfragesteigerung konzentriert, stellen dann für eine gewisse Periode »Wachstumsbranchen« dar. Das, was heute noch als »Luxusgut« den unteren Einkommensschichten vorenthalten ist, kann dann zum normalen Konsumgut auch der Lohnempfänger werden. Die »Sättigungsgrenzen« verschieben sich also mit der Einkommensentwicklung. Ein insgesamt stagnierender Markt signalisiert eben keinesfalls eine befriedigende Versorgung der Masse der Bevölkerung mit Konsumgütern und Dienstleistungen, sondern lediglich das Stagnieren der Massenkaufkraft.

In Phasen fallender Reallöhne sinkt die Nachfrage in einzelnen Bereichen überdurchschnittlich ab (vgl. Schaubild Nr. 44). Zur Zeit ist das verstärkt der Fall etwa bei Textilien und bei Möbeln. Bei sinkenden (oder durch drohende Arbeitslosigkeit völlig unsicheren) Realeinkommen wird in vielen Arbeitnehmerhaushalten der Ersatz z. B. eines älteren Kleidungstückes oder einer älteren Polstergarnitur zeitlich hinausgeschoben. Das ältere Kleidungstück oder der ältere Sessel wird länger »gehalten«, so daß auch ohne Ersatzbeschaffung nicht gänzlich auf ein solches Konsumgut verzichtet werden mußt. Für die betreffenden Hersteller schlägt sich diese durch Reallohneinbußen aufgezwungene Zurückhaltung der Konsumenten als Unverkäuflichkeit ihrer Waren nieder – sie nehmen das wahr als »Sättigung« der Märkte. Der Mangel (an Kaufkraft) erscheint so als Überfluß (an Waren).

Hier setzt die gegenwärtig – nicht nur in der Bundesrepublik – praktizierte Politik des Staates an, die Aktivitäten der privaten Unternehmen im Hinblick auf die Entwicklung neuer Produkte massiv zu fördern, um so das Scheinproblem der Marktsättigung zu lösen. Man tut also so, als bedürfe es erst neuartiger Produkte, um die »Kauflust« der Bevölkerung wieder zu wecken.

Natürlich kann nicht bestritten werden, daß es Produkte gibt, bei denen die Nachfrage auch bei steigenden Reallöhnen nicht mehr zunehmen würde. Bei Gütern schlechterer Qualität würde die Nachfrage zugunsten besserer Qualitäten wahrscheinlich sogar absolut zurückgehen – z. B. würde etwa Butter gegen Margarine oder ein Farbfernseher gegen ein Schwarz-Weiß-Gerät ausgetauscht. Die Fälle, in denen bei steigenden Reallöhnen die Nachfrage stagniert oder gar zurückgeht, sind jedoch die Ausnahme, nicht die Regel.

Für die Mehrheit der Haushalte in der Bundesrepublik besteht das alltägliche Problem keineswegs darin, partout nicht zu wissen, was man sich mit seinem vorhandenen Geld noch kaufen sollte – das Problem liegt vielmehr darin, nicht zu wissen, wie man die als notwendig oder als wünschenswert erachteten Güter und Dienstleistungen mit dem verfügbaren Einkommen bezahlen soll.

Die Marktsättigungsthese ist in ihrem Kern der Versuch, der Bevölkerung die Krise und damit die – im Vergleich zu den Produktionsmöglichkeiten – zu geringe Massenkaufkraft auch noch als Kennzeichen des Überflusses und des Wohlstandes zu »verkaufen«.

Schaubild 44
Umsatzveränderungen im Einzelhandel

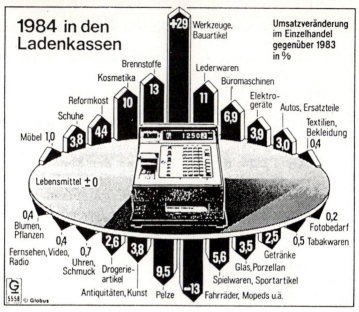

Die These von der Marktsättigung steht ferner in krassem Widerspruch zu der in Kap. 2.5. behandelten These, wonach die Bundesbürger »über ihre Verhältnisse leben«, also zu viel konsumieren würden. Die Tatsache, daß diese beiden Argumentationsstränge gleichzeitig bzw. wahlweise angewendet werden, macht die Beliebigkeit und Fragwürdigkeit jener Argumente besonders offensichtlich, die gegen eine aktive Lohnpolitik als Beitrag zur Konjunkturbelebung vorgebracht werden.

3. Kapitel
Wie die Konservativen die Krise bewältigen wollen – die Überwälzung der Krisenlasten

Nachdem die geläufigsten Erklärungen für Krise und Arbeitslosigkeit untersucht worden sind, sollen nun die – teilweise darauf beruhenden – Strategien der Arbeitgeberseite zur Überwindung der Krise analysiert werden. Seit Jahren sind die Arbeitgeber darum bemüht, einen für sie günstigen Weg aus der Krise zu finden – die Krise ist nämlich auch für die Unternehmer mit nachteiligen Folgen verbunden: sinkende Umsätze und verminderte Kapazitätsauslastung (und damit steigende Stückkosten) führen zum Rückgang der Profite bis hin zu Betriebsschließungen und Firmenpleiten.

Daher sind nicht nur die Arbeitnehmer, sondern auch die Arbeitgeber am wirtschaftlichen Aufschwung interessiert. Ihre jeweiligen Zielvorstellungen stimmen jedoch nur vordergründig überein – die Ausweitung der Produktion wird nämlich aus ganz unterschiedlichen Gründen angestrebt. Die bürgerlichen Medien jedoch behaupten: »Arbeitgeber und Arbeitnehmer sitzen im gleichen Boot«. Damit soll der Eindruck erweckt werden, als könnten sich die Arbeitnehmer ruhig dem wirtschaftlichen »Sachverstand« der Arbeitgeber anvertrauen: indem diese ihre eigenen Interessen verträten, würden sie automatisch auch im Interesse der Arbeitnehmer handeln. Eine solche Vorstellung ist jedoch eindeutig falsch.

Für die Arbeitnehmer steht die Sicherung und Verbesserung ihrer Versorgung mit Konsumgütern und Dienstleistungen im Vordergrund. Der angestrebte Grad der Befriedigung der materiellen Bedürfnisse soll den Umfang des erforderlichen Arbeitsaufwandes bestimmen. Das so ermittelte notwendige Arbeitsvolumen ist auf alle Erwerbspersonen möglichst gleichmäßig zu verteilen.

Wenn trotz zahlreicher, nur unzureichend befriedigter materieller Bedürfnisse die Produktion (z. B. im Wohnungsbau) regelmäßig im Konjunkturzyklus eingeschränkt wird, dann zeigt das, daß die Arbeitgeberseite offensichtlich nicht (bzw. nicht unmittelbar) an der bestmöglichen Versorgung der Bevölkerung mit Gütern und Dienstleistungen interessiert ist. Im Kern geht es den Arbeitgebern allein um die Steigerung ihrer Profite. Um dieses Ziel zu erreichen, streben sie allenfalls die Vollauslastung ihrer technischen Anlagen, nicht aber die

Vollbeschäftigung der Lohnabhängigen an. Eine Ausweitung der Produktion ist für die Arbeitgeberseite lediglich das Mittel zu ihrem eigenen Zweck – nämlich zur Erhöhung der Profite.

Sofern im Verlaufe eines Konjunkturaufschwungs neben der Unterauslastung der Anlagen auch die Arbeitslosigkeit beseitigt wird, ist das für die Arbeitgeberseite keineswegs positiv, sondern vielmehr eine unerwünschte Begleiterscheinung. Mit Erreichung der Vollbeschäftigung wird nämlich erfahrungsgemäß die Durchsetzungsfähigkeit der Arbeitnehmer und ihrer Gewerkschaften gestärkt – und das liegt bekanntlich ganz und gar nicht im Interesse der Arbeitgeber.

Aus Sicht der Arbeitgeberseite bieten sich für die Realisierung ihres tatsächlichen Zieles, also für die Steigerung der Profite, prinzipiell zwei Ansatzpunkte an: die Verminderung der Kosten und/oder die Steigerung der Produktions- und Umsatzzahlen.

1. Senkung der betrieblichen Kosten

Lohnabbau

Liest und hört man die bürgerlichen Medien, so kann man leicht den Eindruck gewinnen, die Chancen für einen neuen kräftigen Konjunkturaufschwung würden maßgeblich bestimmt von der Bereitschaft der Arbeitnehmer zur Lohnzurückhaltung. Nicht nur die Arbeitgeber selber, sondern auch die Bundesregierung und die Bundesbank analysieren die Krisenursachen offensichtlich aus der Froschperspektive eines einzelnen Unternehmens. Entsprechend fallen dann auch die meisten Strategievorschläge zur Überwindung von Krise und Arbeitslosigkeit aus: eine zentrale Forderung an die Arbeitnehmer lautet, Zurückhaltung bei den Lohnforderungen zu üben, um so einen Beitrag zur Senkung der (Lohn-)Kosten zu leisten. Der niedersächsische Ministerpräsident Albrecht zum Beispiel hat diese Forderung in seinen bekannten zehn Thesen zum Arbeitslosenproblem unter These 7 ohne Umschweife so formuliert: »Die Arbeitskosten müssen real gesenkt werden« (Handelsblatt vom 29. 8. 1983). Zweifel über das »Ob« kennt Herr Albrecht nicht, nur die Frage des »Wie« ist für ihn noch nicht ganz gelöst. So fährt er weiter fort: »Dies ist zweifellos eine politisch höchst brisanten Feststellung. Es wird deshalb sehr darauf ankommen, den richtigen Weg zu finden« (ebenda).

Die Arbeitgeberforderung nach einer Reallohnsenkung wird neuerdings oft mit dem modischen (propagandistisch nicht ungeschickt gewählten) Begriff »Lohnpause« umschrieben. Damit wird unterschwellig der Eindruck erweckt, als ginge es der Arbeitgeberseite nur in der jetzigen Notlage um einen zeitlich eng begrenzten Verzicht seitens der Arbeitnehmer. In Wirklichkeit aber hat es noch nie eine Situation gegeben, in der die Arbeitgeber quasi aus freien Stücken mehr Lohn gezahlt hätten. Was sich im Laufe der Zeit bzw. im Verlaufe des Konjunkturzyklus ändert, ist lediglich die Begründung der Arbeitgeber für ihre Forderung nach Lohnzurückhaltung: sind es in der Krise die geringeren Profite, die einen Lohnverzicht »notwendig« machen, so sind es im Boom die starken Preissteigerungen, die eine Milderung des Kostendrucks »erfordern«.

Aus der Sicht eines einzelnen Unternehmens ist es in der Tat vorteilhaft, wenn es geringere Löhne zahlen muß als die Konkurrenz (noch besser wäre es, die Arbeitnehmer brächten noch Geld von zu Hause mit!). – Sofern ein einzelnes Unternehmen aufgrund eines erheblichen Lohnverzichts seiner Belegschaft mit geringeren (Lohn-)Kosten produziert, kann es u. U. andere Konkurrenten vom Markt verdrängen. Das könnte für die Arbeitnehmer des betreffenden Unternehmens bedeuten, daß sie zwar ihre eigenen Arbeitsplätze zumindest teilweise (oder kurzfristig) retten – dafür würden jedoch bei den Konkurrenten (durch den Verdrängungsprozeß am Markt) Arbeitsplätze vernichtet. Die Beschäftigten in den nunmehr bedrohten Unternehmen könnten nun ihrerseits mit einem Lohnverzicht reagieren – die Arbeitnehmer würden so in eine offene Lohnkonkurrenz untereinander geraten. Am Ende dieses Prozesses hätten alle Arbeitnehmer weniger Lohn als vorher. Die damit verbundene Verringerung der Massenkaufkraft würde zu einer Drosselung der inländischen Konsumnachfrage führen – die Folge wäre ein weiterer Rückgang der Umsatzzahlen und damit auch der Produktion. Krise und Arbeitslosigkeit würden auf diese Weise nicht beseitigt, sondern letztlich sogar noch verschärft.

Die Sturheit, mit der die Arbeitgeber dennoch ständig die Forderung nach einer Lohnzurückhaltung erheben, ist nur aus dem Konkurrenzdenken des Einzelunternehmers heraus zu erklären. Für das einzelne Unternehmen ist es, wie gesagt, in der Tat günstig, geringere (Lohn-)Kosten aufzuweisen als die Konkurrenten. Für die Eigner der AEG z. B. wäre es zweifellos vorteilhaft, weniger Lohn zahlen zu müssen, als etwa die Siemens AG. Logischerweise wären die geringeren Lohnkosten der AEG für die Siemens AG jedoch nachteilig. Erst recht wären geringere Lohnzahlungen der AEG von Nachteil für den Einzelhandel, bei dem sich die sinkende Lohnsumme der AEG-Beschäftigten als Nachfrageausfall niederschlagen müßte. Was für das

Einzelunternehmen unter dem Kostengesichtspunkt günstig ist, muß also keinesfalls auch für den Wirtschaftsprozeß als ganzem von Nutzen sein.

Die Lohnpolitik der Gewerkschaften kann sich folglich nicht nach den (sich ohnehin widersprechenden) Interessen der vielen Einzelunternehmen richten, sie hat sich vielmehr an den Bedürfnissen der Arbeitnehmer zu orientieren. Zu berücksichtigen sind dabei allenfalls gesamtwirtschaftliche, aber nicht einzelbetriebliche Überlegungen.

Betrachtet man die Entwicklung der letzten Jahre in der Bundesrepublik, so wird deutlich, daß sich der Reallohnabbau (vgl. das Schaubild Nr. 45) keineswegs positiv auf die Beschäftigungslage ausgewirkt hat.

Das Schaubild zeigt, daß die Reallöhne in der Bundesrepublik seit 1980 um etwa 5,7% gefallen sind. Gleichzeitig ist die Zahl der Arbeitslosen in dieser Periode noch erheblich gestiegen (vgl. dazu das Schaubild Nr. 2). Diese Entwicklungen stehen offensichtlich in krassem Widerspruch zur Behauptung von Arbeitgeberseite und Bundesregierung, daß durch einen Lohnverzicht mehr Beschäftigung erreicht werden könnte.

Schaubild 45
Kaufkraft der durchschnittlichen Nettoverdienste

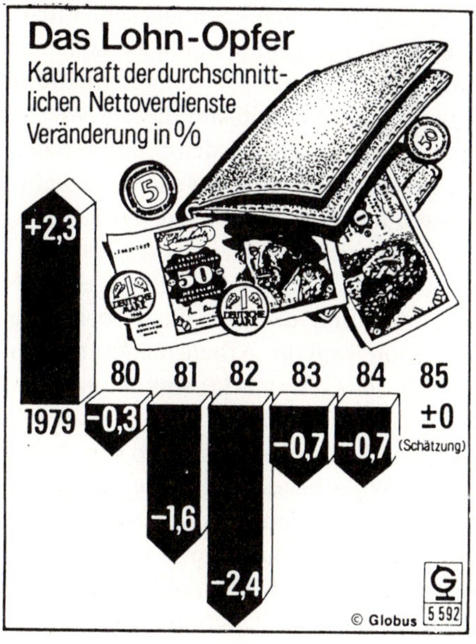

Quelle: ötv-magazin 7/85

Die Schlußfolgerung, die sie daraus ziehen, lautet aber schlicht: die Löhne müssen halt noch weiter sinken. Eine überprüfbare Aussage darüber, bei wieviel Prozent Lohnabbau denn die versprochene Mehrbeschäftigung einsetzen bzw. die Vollbeschäftigung wiedererlangt würde, trifft die Arbeitgeberseite natürlich wohlweislich nicht.

Der Sachverständigenrat (die fünf hochbezahlten sog. »Weisen«) macht es sich sehr einfach, wenn er behauptet, daß allein das Vorhandensein von Arbeitslosigkeit beweise, daß das Lohnniveau in der Bundesrepublik zu hoch sei. Bei sinkenden Löhnen, so seine Behauptung, steige die Nachfrage nach Arbeitskräften. Daher sollten seiner Ansicht nach die Tarifverträge so weit (nach unten) »flexibel« gestaltet werden, bis die bestehende Arbeitslosigkeit beseitigt sei.

Dazu sind im wesentlichen drei kritische Einwände angebracht:

a) Wenn der Sachverständigenrat mit Blick auf den Arbeitsmarkt behauptet, daß die Nachfrage nach Arbeitskräften zu gering ist, weil der Preis für die Ware Arbeitskraft (also der Lohn) zu hoch ist – wie verhält es sich dann mit dem Preis für die anderen Waren und Dienstleistungen? Warum empfiehlt der Sachverständigenrat nicht auch den Unternehmen in den schlecht ausgelasteten Industrie- und Dienstleistungsbereichen, die Preise ihrer Waren so weit zu senken, bis der sog. Gütermarkt vollständig geräumt, die Unterauslastung der Produktionsanlagen also beseitigt ist? Auf diese Weise könnte die Kostenbelastung der Unternehmen ebenfalls sehr rasch abgebaut werden – nämlich die Kostenbelastung durch leerstehende Kapazitäten!

Ein sinkendes Preisniveau der Konsumgüter hätte zudem den Vorteil, daß die Arbeitnehmer bereits auf diesem Wege eine Erhöhung ihrer Realeinkommen erzielen würden – entsprechend könnten sie auf nominelle Lohnsteigerungen weitgehend verzichten. Somit würden die Lohnkosten auch nominell nicht weiter steigen und die Arbeitgeber wären ihre angebliche Hauptsorge los!

b) Die Vorstellung, daß durch Lohnsenkungen die Nachfrage nach Arbeitskräften erhöht und dadurch die Arbeitslosigkeit abgebaut würde, ist eine Illusion, weil der Arbeitsmarkt anderen Gesetzmäßigkeiten unterliegt als der Gütermarkt: sinkt nämlich der Preis für ein bestimmtes Produkt auf dem Markt, so wird in der Regel die Nachfrage nach diesem Produkt steigen, während vor allem die unrentableren Anbieter dieser Ware bei dem niedrigeren Preis nicht mehr mithalten können und sich aus dem Markt zurückziehen. Als Folge der Preissenkung steigt also die Nachfrage, während sich das Angebot an dieser Ware vermindert. Diese Scherenbewegung kann dazu führen, daß Angebot und Nachfrage in Übereinstimmung gebracht werden.

Auf dem Arbeitsmarkt kann eine Verbilligung der Arbeitskraft zwar ebenfalls zu einer steigenden Nachfrage nach dieser Ware führen – dagegen hat die Lohnsenkung nicht zur Folge, daß sich gleichzeitig das Angebot an Arbeitskraft vermindern wird. Im Gegenteil: wenn der Stundenlohnsatz sinkt, so verstärkt sich erfahrungsgemäß die Bereitschaft der Lohnabhängigen zur Ableistung von Überstunden etc., um so den Einkommensverlust auszugleichen. Bei wachsendem Reallohnverlust etwa eines Alleinernährers einer Familie kommt es letztlich dazu, daß weitere Familienmitglieder dazu übergehen, ebenfalls ihre Arbeitskraft auf dem Arbeitsmarkt anzubieten, um so den Rückgang des Familieneinkommens aufzufangen.

Anders als eine Senkung der Warenpreise führt eine Senkung der Löhne also nicht zu einer Verminderung, sondern sogar umgekehrt, sogar zu einer Erhöhung des Angebotes (von Arbeitskraft). Selbst wenn die Unternehmen als Folge von Lohnsenkungen mehr Personen einstellen würden, so wäre dies nicht gleichbedeutend mit einer Verbesserung der Arbeitsmarktlage. Wegen des erzwungenen Zustroms von zusätzlichen Arbeitsuchenden kann die Zahl der Arbeitslosen sogar ansteigen. Exakt dies ist seit einer Reihe von Jahren in mehreren westlichen Industriestaaten der Fall: trotz steigender Beschäftigtenzahlen nimmt die registrierte Arbeitslosigkeit beständig zu – bei sinkenden Reallöhnen und sinkendem Lebensstandard der Masse der Bevölkerung!

Wie in einer Spiralbewegung führt der Reallohnverlust zur verstärkten Suche nach Jobs; das somit wachsende Angebot an Arbeitskräften wiederum drückt auf das Lohnniveau. Die Lohnabhängigen müssen ständig mehr arbeiten für immer weniger Geld. Wie die Erfahrungen aus der Frühphase des Kapitalismus, vor allem im Manchestertum, gezeigt haben, kommt ein solcher Prozeß »von allein« erst dann zum stehen, wenn faktisch die gesamte mehr oder weniger arbeitsfähige Masse der Lohnabhängigen in Arbeit ist, so daß das Arbeitskräfteangebot schon aus biologischen Gründen gar nicht mehr weiter steigen kann.

Für die Arbeitnehmer ist es deshalb von zentraler Bedeutung, den Eintritt in die beschriebene Spiralbewegung zu verhindern. Jede Abwehr von Reallohnverlusten in der Krise ist ein wichtiger Beitrag dazu.

c) Die Bundesrepublik ist in der Tat ein Land mit einem relativ hohen Stundenlohnniveau. Gleichzeitig ist die Arbeitslosenrate hierzulande im Vergleich zu den meisten anderen westlichen Industriestaaten unterdurchschnittlich. In Ländern mit niedrigerem Lohnniveau (z. B. England oder Italien) ist die Arbeitslosenquote höher als

**Schaubild 46
Anteil der Löhne und Gehälter am industriellen Umsatz**

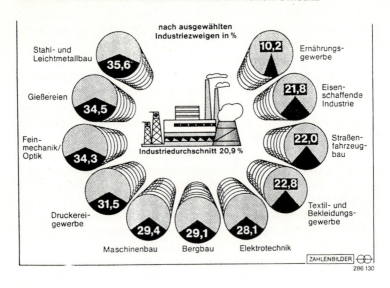

in der Bundesrepublik – von den Verhältnissen in den sogenannten Niedriglohnländern ganz zu schweigen. Es ist nicht zu übersehen, daß die Arbeitslosigkeit in den »Hochlohnländern« Bundesrepublik Deutschland, Schweden oder Schweiz, also in Ländern mit vergleichsweise großer Massenkaufkraft, geringer ist als in den Ländern mit niedrigerem Lohnniveau. Warum also sollten sich die Arbeitnehmer der Bundesrepublik auf eine Lohnverzichtspolitik einlassen?

Ferner ist zu bedenken, daß der Lohn für die Arbeitnehmer in der Regel die einzige, zumindest aber die wesentlichste Einnahmequelle ist, aus der sie ihre gesamte Nachfrage finanzieren müssen. Für die Arbeitgeber aber ist der Lohn nur ein Kostenfaktor unter vielen.

Das Schaubild Nr. 46 zeigt, daß der Lohnkostenanteil am Umsatz der Industrie durchschnittlich nur etwa 21% beträgt; 79% sind also Bestandteile anderer Art. Dem folgenden Schaubild ist zu entnehmen, daß im Handel der Personalkostenanteil am Umsatz sogar noch geringer ist. In beiden Wirtschaftsbereichen setzt sich der Rückgang des Lohnanteils weiter fort. Wäre es nicht verwunderlich, wenn das Wohl und Wehe der gesamten Volkswirtschaft allein oder überwiegend von diesem vergleichsweise geringen Prozentsatz der Lohnkosten am Umsatz abhinge?

Schaubild Nr. 47
Kostenstrukturen im Einzelhandel im Jahre 1981

Kostenart	Lebensmitteldiscounter	Verbrauchermarkt (SB-Warenhaus)	Service Supermarkt	Kleinpreiswarenhaus	Warenhaus	Fachgeschäfte Durchschnitt
			– in Prozent vom Umsatz –			
Personalkosten	4,5	5,0	8,5	12,0	19,0	16,5
Mieten	2,0	2,0	1,5	5,0	3,0	3,5
Abschreibungen	1,0	1,5	1,5	2,0	2,0	1,5
Werbung	1,0	1,0	1,0	1,0	1,5	1,5
Übrige Deckungskosten	1,0	4,0	1,0	6,0	4,5	4,0
Beitrag für zentrale Kosten	4,0	4,0	8,5	2,0	3,3	–

Quelle: Eigene Berechnungen des Handelsinstituts im Institut für empirische Wirtschaftsforschung an der Universität des Saarlandes.

Der in diesem Zusammenhang häufig vorgetragene Einwand, daß bei allgemeinen Lohnsteigerungen nicht nur die Lohnkosten der einzelnen Unternehmen unmittelbar, sondern auch die Einstandspreise für die Warenbezüge aus anderen Unternehmen verteuert würden, ist nicht zugkräftig.

Wenn es nämlich den Zulieferern, wie bei diesem Einwand unterstellt, gelingen sollte, die eigenen Lohnkostensteigerungen im Preis zu überwälzen, dann gilt das wohl im Prinzip auch für alle anderen Unternehmen. Der Anstieg der Lohnkosten würde also voll auf die Preise überwälzt und könnte daher die Unternehmen gar nicht belasten. Unterstellt man aber, daß den Unternehmen die Überwälzung der (Lohn-)Kostensteigerung im Preis nicht gelingt, dann können schlechterdings auch die Einstandspreise für die Warenbezüge nicht steigen.

Wenn im konkreten Fall ein Arbeitgeber behauptet, daß die Existenz eines Unternehmens – trotz des nur begrenzten Gewichts der Lohnkosten – von der Senkung der Lohnsumme um einige Prozent abhängig sei, dann kann das nur zweierlei bedeuten: entweder handelt es sich schlicht um eine weitere Strophe des »ewigen Liedes« von den zu hohen Löhnen und zu geringen Profiten – oder das betreffende Unternehmen ist tatsächlich am Rande des Ruins. Ist das der Fall, dann kann ein Lohnverzicht der Belegschaft jedoch keine wirksame »Überlebenshilfe« sein – eben weil der Lohnanteil an den Gesamtkosten nicht entscheidend ist. Je nach dem bestimmten Geschäftsbereich sind ganz andere Kosten (wie z. B. die Kosten für technische Anlagen, für Rohstoffe, Energie etc.) von zentraler Bedeutung. Ein Unternehmen, das in seiner Existenz angeblich auf wenige Prozent Lohnverzicht angewiesen sein soll, ist offenbar wirklich nicht mehr »lebensfähig«. Es wäre daher sinnlos, den Fortbestand eines solchen Unternehmens durch Lohnverzicht sichern zu wollen.

Es liegt auch keinesfalls im Interesse der Arbeitnehmer, eine einmal gegebene Struktur von Unternehmen und Arbeitsplätzen um jeden Preis zu erhalten. Das wird deutlich, wenn man sich z. B. vorstellt, daß während der letzten 40 Jahre eine solche Lohnverzichtspolitik so »erfolgreich« betrieben worden wäre, daß keiner der schon damals bestehenden Arbeitsplätze abgebaut bzw. keiner der damals existierenden Betriebe geschlossen worden wäre: wie sähe dann heute die Wirtschaftsstruktur in der Bundesrepublik aus – und wäre die heimische Industrie dann gegenüber dem Ausland noch konkurrenzfähig? Von der Höhe (oder richtiger: von der Tiefe) des Lohnniveaus, das dann mittlerweile wohl erreicht worden wäre, ganz zu schweigen.

Ein Lohnverzicht hat meist nur einen »Mitnahmeeffekt« auf Seiten des Arbeitgebers zur Folge. Das sei am Beispiel der Arbed-Saarstahl erläutert: Die jetzige Bundesregierung hat in diesem Fall die vielen schlechten Vorbilder der konservativen US-Regierung nachgeahmt, indem sie die Gewährung von staatlichen Beihilfen an die Arbed-Saarstahl von dem Abbau von Arbeitsplätzen und obendrein auch noch von dem »freiwilligen« Verzicht der betroffenen Belegschaft auf Lohnbestandteile abhängig gemacht hat. Bei dieser Technik der »Überlebensübung« für ein Großunternehmen handelt es sich um eine besonders rüde Form der doppelten bzw. der dreifachen Ausbeutung der Arbeitnehmer: die Bundesregierung zahlt an die Eigner der Arbed-Saarstahl nur dann Beihilfen, die ja letztlich aus Steuergeldern vor allem der Arbeitnehmer stammen, wenn die betroffenen Arbeitnehmer auf Lohnanteile verzichten und obendrein Massenentlassungen zustimmen. (Deutlicher kann das einseitige Zusammenspiel der jetzigen Bundesregierung mit der Arbeitgeberseite wohl kaum ausfallen.) Weil durch diesen Lohnverzicht bzw. durch die Gewährung von staatlichen Beihilfen die Auftragslage in der Stahlindustrie insgesamt natürlich nicht besser wird, ist nicht damit zu rechnen, daß durch den erzwungenen Lohnverzicht bei Arbed die Arbeitsplätze nachhaltig gesichert worden sind.

Abbau »freiwilliger« betrieblicher Zusatzleistungen

Mit den gleichen Kosten-Argumenten, mit denen die Arbeitgeber die »Notwendigkeit« der Reallohnsenkung begründen, versuchen sie, auch den Abbau von freiwilligen Sozialleistungen zu rechtfertigen. Das gilt ebenso für ihr Verlangen gegenüber der mehr oder weniger willfährigen Regierung, die Sozialgesetzgebung zu »entschärfen«.

In Boomzeiten haben sich viele Unternehmen dazu veranlaßt gesehen, z. B. Löhne zu zahlen, die über den tarifvertraglich vereinbarten Sätzen lagen – oder sie waren bereit, andere Zusatzleistungen zu gewähren. Der Grund dafür war seinerzeit keinesfalls ihre sozialere Gesinnung oder die Einsicht, daß die Einkommensverteilung ungerecht ist – Ursache für die Gewährung von Zusatzleistungen war vielmehr die Gefahr, daß konkurrierende Unternehmen knappe Arbeitskräfte abwerben könnten. Seitens der Arbeitnehmer bestand in der Phase der Vollbeschäftigung zudem die Möglichkeit, z. B. Gehaltsaufbesserungen mit größerem Nachdruck zu fordern, zumal die reale Chance bestand, im Zweifelsfalle den Arbeitgeber wechseln zu können.

Tarifvertraglich festschreiben mochten die Arbeitgeber diese »freiwilligen« Zusatzleistungen aus mehreren Gründen jedoch nicht:
■ Als Kenner unseres Wirtschaftssystems sind sie davon ausgegangen, daß die Grundlage ihrer freiwilligen Leistungen, nämlich die Vollbeschäftigung und damit die Konkurrenz der Unternehmen um Arbeitskräfte, nicht von Dauer sein würde. Unter den Bedingungen der Massenarbeitslosigkeit lassen sich freiwillige Zusatzleistungen relativ einfach wieder abbauen – die tarifvertraglich festgeschriebenen (nominellen) Löhne und Gehälter jedoch nur in Ausnahmefällen.
■ Freiwillige Zusatzleistungen geben dem Arbeitgeber erheblich differenziertere Gestaltungsmöglichkeiten als nur die gleichmäßige Anhebung des Effektivlohnes; z. B. können Betriebsrenten, zusätzliche Urlaubstage für bestimmte Arbeitnehmergruppen etc. vereinbart werden. Fühlen sich die Unternehmen im Zuge einer Verschlechterung der Arbeitsmarktlage später wieder stark genug, die freiwilligen Leistungen zurückzunehmen, dann erweist sich für sie eine breite Ausfächerung der Zusatzleistungen als vorteilhaft: würde nämlich ein allgemeiner Lohnzuschlag gestrichen, so wären alle Beschäftigten des Unternehmens in gleicher Weise, in gleichem Ausmaß und zum glei-

chen Zeitpunkt davon betroffen. Für die Arbeitgeber besteht deshalb die Gefahr, daß es im Betrieb zu geschlossenen Abwehrmaßnahmen der Belegschaft kommt. Werden dagegen z. B. zunächst nur die Betriebsrenten, später die zusätzlichen Urlaubstage oder besondere Lohnzuschläge etc. angegriffen, so sind von jeder Maßnahme jeweils nur Teile der Gesamtbelegschaft unmittelbar betroffen – die Wahrscheinlichkeit, daß es zu einheitlichen Abwehrmaßnahmen seitens der Arbeitnehmer kommt, ist daher geringer.

■ Indem die Arbeitgeber nicht die volle Lohnhöhe, die sie zu einem bestimmten Zeitpunkt faktisch zu zahlen bereit sind, tarifvertraglich festschreiben lassen, behalten sie einen Spielraum für individuelle Zusatzvereinbarungen mit den einzelnen Arbeitnehmern. Sie legen es darauf an, dem Arbeitnehmer dabei das Gefühl zu vermitteln, er selber könne durch hohe Leistungen im Betrieb und durch »ordentliches« Verhalten für sich einen besseren Lohn aushandeln als die zuständige Gewerkschaft. Mit der systematischen Förderung des »do-it-yourself«-Denkens wollen die Arbeitgeber die Bereitschaft der Arbeitnehmer untergraben, sich in den Gewerkschaften zu organisieren und zu engagieren.

Da mit der Verschärfung der Wirtschaftskrise der Arbeitskräftebedarf der Unternehmen erheblich gesunken ist, brauchen sie nicht weiter zu befürchten, daß ihnen Teile der Belegschaft von Konkurrenten abgeworben werden könnten. Die Arbeitnehmer wiederum haben mangels offener Stellen auch bei größerem Unmut über den Abbau von Sozialleistungen im »eigenen« Unternehmen kaum eine Chance, den Arbeitgeber zu wechseln. Es zeigt sich also, daß eine möglichst umfassende tarifvertragliche Festschreibung aller Lohnbestandteile im Interesse der Arbeitnehmer liegt, weil dadurch in Phasen hoher Arbeitslosigkeit das Zurücknehmen von Zusatzleistungen zwar nicht vollständig verhindert, wohl aber erheblich erschwert werden kann.

Steuersenkungen und Subventionen für die Unternehmen

Unter dem Vorwand, »Leistung muß sich wieder lohnen«, werden die Unternehmen gegenwärtig steuerlich stark entlastet. Das folgende Schaubild Nr. 48 zeigt, daß nach geltendem Steuerrecht die staatlichen Einnahmen aus der Vermögenssteuer bis 1987 um 20,4 % sinken werden. Das Aufkommen aus den Grundsteuern wird mit 21,3 % bedeutend langsamer steigen als das Steueraufkommen insgesamt (34,1 %). Die Summe der Lohnsteuern dagegen wird mit 48,3 %

**Schaubild 48
Umschichtungen in der Steuerlast**

überdurchschnittlich steigen – ebenso die zumindest überwiegend von den Arbeitnehmern getragene Umsatzsteuer mit 40,2 %.

Nach Angaben des Bundesverbandes der Deutschen Industrie (BDI) wurden die Unternehmen allein im Zeitraum von 1983–1985 um etwa 6 Mrd. DM steuerlich entlastet (vgl. Handelsblatt vom 17. 2. 1985). Dieses Steuergeschenk entspricht einem Viertel der gesamten Neuverschuldung des Jahres 1985.

Während also die Unternehmen systematisch steuerlich entlastet werden, unterliegen die Arbeitnehmer einer ständigen »heimlichen« Steuererhöhung. Wie das Schaubild Nr. 49 zeigt, verbleiben dem Arbeitnehmer gegenwärtig von jeder zusätzlich verdienten DM durchschnittlich nur noch 47 Pf als Netto-Lohnzuwachs; 1960 waren es noch 76 Pf.

Weil sich der Steuersatz allein nach der nominellen Lohnhöhe richtet, werden die Arbeitnehmereinkommen selbst dann mit einer steigenden Rate besteuert, wenn sie, wie in den letzten Jahren, real sinken. Auf diese Weise ist die Lohnsteuer mit etwa 33 % vom gesamten Steueraufkommen mittlerweile zur größten Einzelsteuer des Bundeshaushaltes geworden (vgl. dazu das Schaubild Nr. 50). Die Lasten der Finanzierung des Staatshaushaltes werden also immer eindeutiger auf die Schultern der abhängig Beschäftigten abgeladen.

**Schaubild 49
Abgaben vom Lohn**

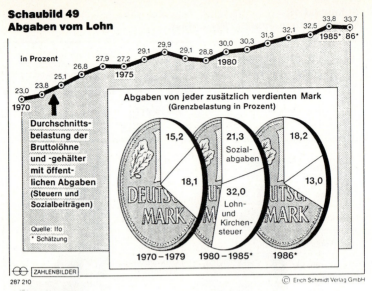

**Schaubild 50
Steuern in Prozent des Bruttosozialprodukts**

Steuerquoten

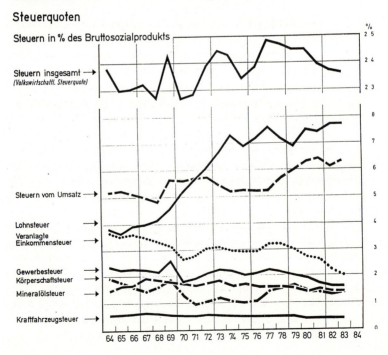

Gleichzeitig steigt der Umfang der Subventionen (Zuwendungen) des Staates an die Unternehmen. Inmitten der sog. Sparpolitik werden die direkten Zahlungen des Staates an die Unternehmen ständig erhöht (vgl. das Schaubild Nr. 21). Dem niedersächsischen Ministerpräsidenten Albrecht ist das noch längst nicht genug. In seinen bereits erwähnten Thesen zur Wirtschaftspolitik fordert er unter These 4: »Die Unternehmensbesteuerung muß spürbar, also etwa um 20 Prozent, gesenkt werden« (ebenda). Seine Forderung, den Unternehmen zusätzlich auch noch vermehrte direkte Zahlungen zukommen zu lassen, begründet er in These 8 so: »Die sozialen Lasten wirtschaftlicher Anpassungsvorgänge müssen überwiegend von der Allgemeinheit getragen werden. Sie dürfen das sich anpassende Unternehmen nicht so belasten, daß die Anpassung unterbleibt« (ebenda). Daß die erforderlichen finanziellen Mittel dafür seiner Ansicht nach insbesondere durch eine Erhöhung der Mehrwertsteuer (die besonders die »Allgemeinheit« der Arbeitnehmer trifft) beschafft werden sollten, kann schon nicht mehr überraschen.

Ein wichtiges Feld der staatlichen Subventionierung privater Unternehmen besteht in der regionalen Werbung um Industrieansiedlungen. Auf Grundlage der bundesstaatlichen Gliederung der Bundesrepublik konkurrieren die einzelnen Bundesländer mit eigenen Programmen gegeneinander um die Ansiedlung von neuen Produktionsstätten. Als Beispiele seien hier genannt die Zonenrand- und die Berlin-Förderung. Als Anreiz für die Unternehmen, einen Betrieb in diesem statt in jenem Bundesland anzusiedeln, dienen etwa besondere Steuererleichterungen, bauliche Vorleistungen oder drastisch verminderte Grundstückspreise bzw. -mieten. Innerhalb der Berliner CDU ist zeitweilig sogar erwogen worden, nach britischem Vorbild eine sog. »Industriezone« einzurichten. In Großbritannien werden in derartigen Zonen zahlreiche Umweltschutzauflagen, tarifliche oder arbeitsrechtliche Regelungen, Zoll- und Steuervorschriften etc. aufgehoben oder zumindest stark eingeschränkt. Es dürfte unmittelbar einsichtig sein, daß durch das gegenseitige Buhlen der einzelnen Regionen der Bundesrepublik zwar finanzielle Vorteile für die betreffenden Unternehmen, aber in der Summe keine zusätzlichen Arbeitsplätze entstehen.

Daß die regionale Anwerbungspolitik um Industrieansiedlungen in der Praxis mitunter sogar groteske Formen annimmt, zeigt folgendes Beispiel: vor einiger Zeit ist ein Teil der Tabakverarbeitung von Bremen nach Berlin verlagert worden. Der betreffende Konzern hatte bestimmte Rationalisierungen geplant, die neben der Anschaffung hochproduktiver, aber teurer Maschinen sicherlich auch umfangreiche und kostenträchtige bauliche Veränderungen an der alten Produktionsstätte erforderlich gemacht hätten. Wäre das alles an dem angestammten Sitz in Bremen durchgeführt worden, dann wären diese Investitionsmaßnahmen klar als Rationalisierung eingestuft und folglich kaum mit öffentlichen Geldern gefördert worden. Indem man nun aber die produktiveren Maschinen und Anlagen statt in Bremen in Berlin aufgestellt hat, konnte sie der Berliner Senat als »Industrieansiedlung« einstufen und entsprechend finanziell fördern. Die Frankfurter Allgemeine Zeitung zitiert einen Bremer Senator zu diesem Sachverhalt wie folgt: »Um so schmerzlicher sei es, wenn Brinkmann nun 350 Arbeitsplätze in Bremen abbaue, in Berlin aber nur 50 neue Arbeitsplätze schaffe... Da Brinkmann mit dem Umzug nach Berlin 300 Arbeitsplätze einspare, dennoch für die 50 neugeschaffenen Arbeitsplätze knapp 44 Millionen DM Hersteller- und Arbeitnehmerpräferenzen in Berlin kassiere, zahle der Staat für jeden wegfallenden Arbeitsplatz 140 000 DM« (Frankfurter Allgemeine Zeitung Nr. 171 vom 27. 7. 1983).

Andersherum läßt sich errechnen, daß der Berliner Senat für jeden der 50 in Berlin neu geschaffenen Arbeitsplätze der Brinkmann AG 880 000 DM gibt. Damit sind die Subventionen für jeden dieser Arbeitsplätze höher als die Lohnsumme, die mancher der betreffenden Arbeitnehmer in seinem gesamten Arbeitsleben jemals verdienen wird. Der Arbeitnehmerschaft wird also in Form von Steuern, die als Subvention an die Brinkmann AG fließen, mehr genommen, als aufgrund von Lohnzahlungen an die 50 Arbeiter je zurückkommen wird.

2. Demontage des Sozialstaates und Schwächung der Gewerkschaften

Abbau staatlicher Leistungen und sozialer Errungenschaften

Ähnlich wie auf einzelbetrieblicher, so vollzieht sich z. Z. auch auf staatlicher Ebene ein Abbau sozialer Leistungen und Errungenschaften. Die Bundesregierung ist gegenwärtig damit beschäftigt, das in der Periode der Vollbeschäftigung aufgebaute System der sozialen Sicherung zu demontieren und zahlreiche Arbeitnehmerschutzrechte zu beschneiden. Um nur einige Beispiele herauszugreifen:
■ In der Phase der Vollbeschäftigung gab es viele Einzahler in die

Schaubild 51
Einnahmen und Ausgaben der Bundesanstalt für Arbeit

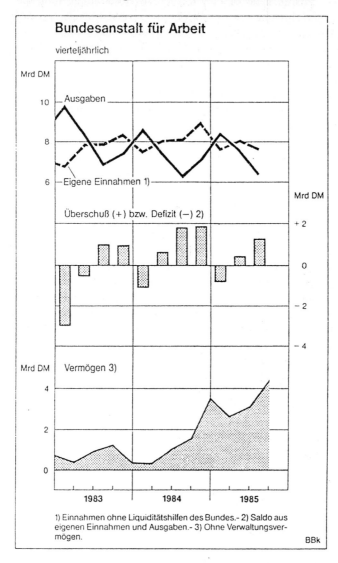

1) Einnahmen ohne Liquiditätshilfen des Bundes.- 2) Saldo aus eigenen Einnahmen und Ausgaben.- 3) Ohne Verwaltungsvermögen.

Arbeitslosenversicherung, aber nur wenige Empfänger von Arbeitslosengeld. Entsprechend »nobel« wurden die Bestimmungen für die Empfangsberechtigung sowie die Höhe des Arbeitslosengeldes festgelegt. Als es dann tatsächlich zu Massenarbeitslosigkeit kam, begann eine schrittweise Verschärfung der Anspruchsvoraussetzungen sowie die drastische Senkung der finanziellen Ansprüche des einzelnen Arbeitslosen. Trotz anhaltend hoher Massenarbeitslosigkeit ist die Zahl der Empfänger von Arbeitslosengeld bzw. von Arbeitslosenhilfe in letzter Zeit erheblich gesunken. Auf Kosten jener Arbeitsloser, die nunmehr entweder in die Sozialhilfe abgedrängt oder gar völlig ohne jedes eigene Einkommen gestellt sind, »erwirtschaftet« die Bundesanstalt für Arbeit gegenwärtig irrsinnigerweise sogar noch wachsende Überschüsse! (Vgl. dazu das Schaubild Nr. 51.)

■ Neben den Lohnabhängigen sind es vor allem Rentner, auf die die Krisenlasten abgewälzt werden. Das Schaubild Nr. 52 veranschaulicht die Entwicklung der Renten während der vergangenen Krisenjahre. Eine gängige Methode der Verminderung des Rentenanstiegs besteht darin, die dynamische Rentenanpassung zeitweise auszusetzen. Mit der Einführung und schrittweisen Erhöhung der Beitragspflicht der Rentenempfänger zur Krankenversicherung wurde 1983 eine weitere »Technik« zur Schmälerung der Renteneinkommen »entdeckt«. Im Zeitraum von 1979-1985 ist die reale Kaufkraft der Renten insgesamt um 4,6% gesenkt worden.

■ Als der Arbeitsmarkt »leergefegt« war und die Betriebe weitere Arbeitskräfte benötigten, wurden viele Mütter z. B. durch die Einrichtung von kostengünstigen Kindertagesstätten in die Lage versetzt, einer Erwerbstätigkeit nachzugehen. Mit zunehmender Arbeitslosigkeit jedoch verteuerte man die Kita-Plätze unter dem Vorwand, den öffentlichen Haushalt entlasten zu müssen. Für viele Mütter ist es dadurch wirtschaftlich nahezu unsinnig geworden, einerseits einer Erwerbstätigkeit nachzugehen und andererseits z. B. zwei teure Kita-Plätze zu bezahlen. Auf diese Weise werden viele Frauen »zurück an den Herd« verwiesen und die Arbeitslosenstatistik wird optisch »geschönt«, weil die Betroffenen in der offiziellen Arbeitsmarktstatistik nicht mehr geführt werden.

■ In der Periode der sozial-liberalen Koalition in Bonn ist das Bildungssystem quantitativ und qualitativ ausgebaut und insgesamt durchlässiger gemacht worden. Durch den Ausbau des 2. Bildungsweges ist es z. B. in deutlich größerem Umfang als vorher auch Kindern aus Arbeiterhaushalten gelungen, ein Hochschulstudium zu absolvieren. Mit der Bildungsreform wurde seinerzeit das Ziel der Chancen-

**Schaubild 52
Rentenanpassung**

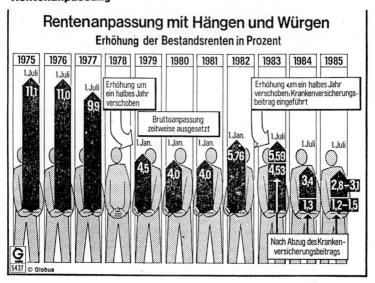

Quelle: Süddeutsche Zeitung vom 15.2.85

gleichheit im Bildungswesen zu einem gewissen Grad verwirklicht. Diese Zielsetzung wurde nun in ihr Gegenteil verkehrt: angeblich aus rein haushaltstechnischen Gründen wurde die Studienförderung – nur scheinbar schichtenneutral – massiv gekürzt. Natürlich sind es faktisch vor allem die Kinder aus Arbeitnehmerhaushalten, die von den Kürzungen der Ausbildungsförderung finanziell ernsthaft betroffen sind – und die nun häufig aus diesem Grund die Aufnahme z. B. eines Hochschulstudiums unterlassen müssen.

■ Die Jugendarbeitsschutzgesetze sind seinerzeit erlassen worden vor dem Hintergrund gesicherter arbeitsmedizinischer und sozialpolitischer Erkenntnisse über die Notwendigkeit, junge heranwachsende Menschen z. B. vor der schweren Nachtarbeit zu bewahren. Politisch durchgesetzt wurden die Jugendarbeitsschutzgesetze vor allem in der Phase der Vollbeschäftigung, also trotz Knappheit an Arbeitskräften – bzw. gerade umgekehrt: eben weil Arbeitskräfteknappheit bestand, war die Durchsetzungsfähigkeit der Arbeitnehmer bzw. ihrer Gewerkschaften vergleichsweise gut, so daß es gelang, die jugendlichen Arbeitnehmer vor bestimmten schweren Belastungen im Betrieb gesetzlich zu schützen. Nachdem nun wegen der Arbeitslosigkeit die Durchsetzungsfähigkeit der Arbeitnehmerseite geschwächt ist, werden die Jugendarbeitsschutzbestimmungen nach und nach ausgehöhlt, wie z. B. das Nachtbackverbot, obwohl von der Arbeitsmarktlage her gar keine Notwendigkeit besteht, den Kreis der möglichen Nachtarbeiter zu erweitern. Als Begründung dient der Regierung die Behauptung, sie könne auf diese Weise eine Ausweitung des Lehrstellenangebotes anregen. Zynischerweise wird somit die Ausbildungsmisere auch noch zum Vorwand für den Abbau von Jugendarbeitsschutzrechten.

Das sogenannte »Beschäftigungsförderungsgesetz«

Sinnigerweise zum 1. Mai 1985 hat die Bundesregierung das von ihr so betitelte »Beschäftigungsförderungsgesetz« in Kraft gesetzt. Vorgeblich will sie damit die zunehmende Überstunden-Praxis stoppen und den Betrieben die Neueinstellung von Arbeitnehmern erleichtern. Vorschriften zur stärkeren Beschränkung von Überstunden sind in dem Gesetz allerdings scheinbar »vergessen« worden. Tatsächlich enthalten sind in dem sogenannten »Beschäftigungsförderungsgesetz« vor allem folgende Regelungen:

■ Die Arbeitgeber können neue Arbeitsverhältnisse nunmehr bis zu einer Dauer von 18 Monaten befristen, ohne daß für die Befristung ein sachlicher Grund vorliegen muß. Auf diese Weise wird der Kündigungsschutz erheblich ausgehöhlt. Mehreinstellungen wird es deshalb mit Sicherheit nicht geben, vielmehr wird sich eine Praxis der quälend langen »Probezeit« herausbilden. Auf den zunächst nur befristet Beschäftigten wird ein enormer Leistungsdruck liegen, da die betroffenen Arbeitnehmer hoffen werden, bei überdurchschnittlichen Arbeitsleistungen und stark angepaßtem Verhalten möglicherweise in ein Dauerarbeitsverhältnis übernommen zu werden. Die Zunahme des Leistungsdrucks wird sich teilweise auch auf die Beschäftigten in Dauerarbeitsverhältnissen übertragen.

■ Die Betriebe können Leiharbeiter nunmehr sechs Monate (bisher maximal drei Monate) ununterbrochen beschäftigen. Logischerweise wird die Möglichkeit, bestimmte Leiharbeiter noch länger in ein und demselben Betrieb beschäftigen zu können, die betreffenden Arbeitgeber nicht dazu veranlassen, zusätzliche Dauerarbeitsplätze einzurichten. Im Gegenteil: die Heraufsetzung der Höchstdauer der Überlassung eines Leiharbeiters an denselben Entleiher wird die Vernichtung von Dauerarbeitsplätzen zur Folge haben.

■ Die Einrichtung von Teilzeitarbeit, Arbeit auf Abruf und Jobsharing wird, z. T. erstmals, gesetzlich geregelt. Der Ausbau verschie-

dener Formen der Teilzeitarbeit hat nicht die Schaffung von zusätzlichen Arbeitsplätzen, sondern die Aufspaltung von bisherigen Vollzeitarbeitsplätzen zur Folge. Teilzeitkräfte sind in vielfacher Hinsicht rechtlich schlechter gestellt als Vollzeitkräfte. Zusätzlich erzielen die Arbeitgeber einen Vorteil dadurch, daß Teilzeitbeschäftigte wegen der geringeren Dauer der Belastung am Arbeitsplatz eine deutlich höhere Effektivität der Arbeit aufweisen.
■ Die Förderung von Arbeitsbeschaffungsmaßnahmen (ABM) wird ausgebaut. So positiv es ist, daß einzelne Arbeitslose zumindest vorübergehend Arbeit und Lohn erhalten, so unverkennbar ist die Gefahr, daß durch die Einrichtung von ABM-Stellen Dauerarbeitsplätze vernichtet werden. So sind in Berliner Gartenbauämtern seit 1980 etwa 170 Planstellen gestrichen worden, während gleichzeitig mehr und mehr ABM-Kräfte beschäftigt werden. Ihre Zahl hat mittlerweile die Größenordnung von 2100 erreicht, was einem Anteil an der Gesamtbeschäftigtenzahl in den Gartenbauämtern von 57% entspricht.
■ Die Grenzen für die Erzwingbarkeit von Sozialplänen sind drastisch angehoben worden. »Reichte« bisher die Entlassung von 5% der Beschäftigten eines Unternehmens, um den Anspruch auf Aufstellung eines Sozialplanes zu begründen, so sind hierfür nunmehr Massenentlassungen im Umfang zwischen 10% und 29% (je nach Betriebsgröße) erforderlich.

Die Betriebe sehen sich nun noch weniger dazu veranlaßt, eine langfristig vorausschauende Personalplanung zu betreiben. Inwiefern man durch die Verbilligung und damit Erleichterung von Massenentlassungen zusätzliche Dauerarbeitsplätze schafft, bleibt vermutlich für immer das Geheimnis der jetzigen Regierungskoalition!

**Schwächung der Gewerkschaften
– z. B. die Änderung des § 116 AFG**

Aufgrund des derzeit gegebenen gesellschaftlichen Kräfteverhältnisses begnügen sich die Arbeitgeber gegenwärtig nicht damit, die direkten und indirekten Lohnkosten herabzudrücken und die eigenen Zahlungen an den Staat (Steuern etc.) zu vermindern – vielmehr versuchen sie darüber hinaus, im Zusammenspiel mit der konservativen Regierung die Durchsetzungsfähigkeit der Gewerkschaften grundsätzlich und nachhaltig zu untergraben.

Derartige Prozesse sind mehr oder weniger gleichzeitig auch in anderen westlichen Industriestaaten zu beobachten:
■ In den USA hat Präsident Reagan die Fluglotsen-Gewerkschaft

komplett zerschlagen und somit den anderen Einzelgewerkschaften die gegenwärtige Machtverteilung nachdrücklich demonstriert.

■ In England hat Premierministerin Thatcher die Bergarbeiter »ausgehungert« und ihre Gewerkschaft an den Rand des finanziellen Ruins gebracht. Das ist nicht ohne Eindruck auf die anderen Gewerkschaften geblieben.

■ In der Bundesrepublik nun versucht die Regierung Kohl mit der Änderung des § 116 AFG einen *juristischen* Weg einzuschlagen, der zu dem gleichen Ziel wie in den USA und in England führen soll. Konkreter Anknüpfungspunkt ist hierbei die IG Metall.

Die gewerkschaftliche Durchsetzungsfähigkeit in einem Tarifkonflikt steht und fällt mit der Möglichkeit, auf die Arbeitgeberseite nötigenfalls auch wirtschaftlichen Druck ausüben zu können. Gegen eine Weigerung der Arbeitgeber, in Tarifverhandlungen einzutreten bzw. ein verhandlungsfähiges Angebot zu unterbreiten, können sich die Arbeitnehmer letztlich nur mit einem Streik bzw. mit einer glaubhaften Streikdrohung zur Wehr setzen. Die Streikwaffe kann jedoch nur dann wirksam sein, wenn den Arbeitgebern tatsächlich ein merklicher wirtschaftlicher Schaden droht, noch bevor die gewerkschaftliche Streikkasse vollständig leer ist.

Sofern die betreffenden Unternehmen auf der Produktions- sowie auf den verschiedenen Handelsstufen über umfangreiche Lagervorräte verfügen und von dort aus ihre Kunden weiter beliefern können, tritt dieser Punkt relativ spät ein – das war z. B. der Fall im Tarifkonflikt 1978/79, als die IG Metall ihren ersten Versuch zur Einführung der 35-Stunden-Woche gestartet hatte und die Arbeitgeber den mehrwöchigen Streik ziemlich problemlos durchstehen konnten. Das Ergebnis seinerzeit war prompt, daß die Wochenarbeitszeit nicht verkürzt wurde! Umgekehrt ist die Streikwaffe von den Gewerkschaften dann am erfolgversprechendsten einzusetzen, wenn die betreffenden Unternehmen auf einen kontinuierlichen Fluß der Produktion angewiesen sind. Wegen der zunehmenden Anwendung eines neuartigen logistischen Systems (Kanban-System) vor allem in der Automobilindustrie entwickelt sich eine besondere Störanfälligkeit der Produktion: Zweck dieses neuen Systems ist es, die Lagerhaltung von Materialien und zugekauften Einbauteilen auf ein Minimum zu beschränken. Die angelieferten Teile werden daher möglichst direkt vom Lieferanten an die Produktionsbänder herangefahren. Durch die Minimierung der Lagerhaltung sollen erhebliche Kosteneinsparungen erzielt werden. Dieses System setzt allerdings die kontinuierliche und störungsfreie Anlieferung der benötigten Teile in gerade hinreichender Menge und zum exakt vorherbestimmten Zeitpunkt voraus. Jede

Unterbrechung der Zulieferung von Einzelteilen kann leicht zu einer größeren Störung der Produktion oder gar zu deren völligem Zusammenbruch führen. Für die gewerkschaftliche Streiktaktik könnten sich aus diesem Sachverhalt neue Perspektiven entwickeln: gegebenenfalls würde es ausreichen, einen wichtigen Zulieferer zu bestreiken, um bei einem Großbetrieb mit diesem logistischen System binnen kurzer Frist die Produktion lahmzulegen. Den Gewerkschaften, insbesondere der IG Metall, wird nun seitens der Arbeitgeber vorgeworfen, sie wolle mit einem minimalen Streikaufwand (bei einem kleinen Zuliefererbetrieb) einen maximalen ökonomischen Druck auf die großen Betriebe, etwa der Automobilindustrie, ausüben. Nach Darstellung der Arbeitgeber sei dies die neue »Minimax-Methode« der IG Metall.

Eine erhöhte Störanfälligkeit der Produktion bei Anwendung des neuen logistischen Systems ist aber wohl kaum den Gewerkschaften, sondern eher denjenigen anzulasten, die die Entscheidung für die Einführung dieses Systems zu verantworten haben. Die Arbeitgeberseite aber behauptet nun, die IG Metall hätte im Rahmen des Arbeitskampfes um die Einführung der 35-Stunden-Woche im Jahre 1984 durch eine neue Streiktaktik bei minimalem eigenen Aufwand einen maximalen Schaden in der Automobilindustrie angerichtet.

Doch während die IG Metall im Arbeitskampf von 1984 »nur« 55.000 Arbeitnehmer in den Streik führte, sperrten die Arbeitgeber mit 170000 Arbeitnehmern von sich aus etwa die dreifache Zahl von Beschäftigten aus. Der weit überwiegende Teil der zeitweiligen Produktionsausfälle während des Tarifkampfes ist also nicht durch gewerkschaftlich organisierte Streiks, sondern durch Aussperrungsmaßnahmen der Arbeitgeber verursacht worden. Im übrigen waren es nachweislich die Betriebsräte, die in Übereinstimmung mit der IG-Metall-Leitung zahlreiche Betriebe an weiteren Aussperrungen hinderten und die somit den ökonomischen Schaden des Tarifkonflikts zu begrenzen suchten.

Konkreter Hintergrund für das Verlangen der Arbeitgeberseite nach einer Änderung des § 116 AFG ist die Tatsache, daß zwei Landessozialgerichte (Bremen und Hessen) den sogenannten Franke-Erlaß vom 18. Mai 1984 per einstweiliger Anordnung aufgehoben hatten. Die Nürnberger Bundesanstalt für Arbeit wollte auf Grundlage dieses Erlasses, offenbar entgegen gesetzlicher Vorschriften und im Gegensatz zur bisherigen Praxis, kein Kurzarbeitergeld an kalt ausgesperrte Arbeitnehmer der Metallindustrie außerhalb des Kampfgebietes zahlen – die Gewerkschaftsseite wäre dadurch finanziell außerordentlich schwer belastet worden. Noch ehe der Rechtsstreit um den Franke-Erlaß, der bisher ja nur in einstweiligen Verfügungen behandelt wurde und nun vor dem Bundessozialgericht anhängig ist, endgültig entschieden werden konnte, setzte die Regierungskoalition in Bonn in ganz ungewöhnlicher Eile ein Verfahren zur Änderung des § 116 AFG in Gang.

Seitens der Arbeitgeber sowie der Regierungskoalition wird die Diskussion um die geplante Gesetzesänderung darum geführt, welcher Kreis von Arbeitnehmern zukünftig zusätzlich zur bisherigen Regelung von der Zahlung des Kurzarbeitergeldes ausgeschlossen werden soll, um so die »Neutralität« der Nürnberger Anstalt sicherzustellen. Durch ihre Zahlung von Kurzarbeitergeld an jene Arbeitnehmer außerhalb des Kampfgebietes, die durch eine sogenannte »Fernwirkung« des Arbeitskampfes vorübergehend arbeitslos geworden seien, hätte die Bundesanstalt für Arbeit nämlich neutralitätswidrig zugunsten der Gewerkschaften in den laufenden Tarifkonflikt eingegriffen. Deshalb müsse die Neutralität der Bundesanstalt für Arbeit im Zuge einer Neufassung des § 116 AFG wiederhergestellt werden. Dabei sei sicherzustellen, daß nicht die Bundesanstalt für Arbeit, sondern die Gewerkschaften auch für die (kalt) ausgesperrten Arbeitnehmer außerhalb des Kampfgebietes finanziell aufzukommen habe, sofern auch nur die theoretische Chance besteht, daß auch diese Arbeitnehmer zukünftig in den Genuß einer Tarifregelung kommen könnten, um die der laufende Tarifkampf geführt wird. Tatsächlich aber kann es eine wirkliche Neutralität der Bundesanstalt in einem Tarifkonflikt gar nicht geben: egal ob sie zahlt oder nicht – in jedem Fall sind die Tarifkontrahenten von einer konkreten Entscheidung unterschiedlich betroffen.

Zu bezweifeln ist ohnehin, ob der Bundesanstalt für Arbeit überhaupt die Möglichkeit der Zahlungsverweigerung eingeräumt werden dürfte; immerhin handelt es sich bei diesen Geldern um Versicherungsbeiträge der Arbeitnehmer, auf die sie bei Lohnausfall Anspruch haben. Das hierzu von der Arbeitgeberseite vorgebrachte Argument, daß diese Gelder arbeitskampf-neutral verwendet werden müßten, weil auch die Unternehmen einen Teil der Kosten der Arbeitslosenversicherung trügen, ist auch schon deshalb wenig überzeugend, weil diese Zahlungen an die Bundesanstalt regelmäßig in die Lohnkostenberechnung eingehen, also unbestreitbar Bestandteil des Lohnes sind. Der Unterschied zu anderen Lohnbestandteilen besteht hier lediglich darin, daß die entsprechenden Gelder direkt an die Bundesanstalt für Arbeit weitergeleitet werden – ähnliches gilt ja auch bei den Lohnsteuern, die ebenfalls Bestandteil des (Brutto-)Lohnes sind, aber vom Arbeitgeber direkt an die zuständige Behörde, in diesem Falle also an den Fiskus, weitergeleitet werden. Insofern kann ein Recht der Arbeitgeberseite auf eine nachträgliche Mitbestimmung bei der Verwendung der Gelder aus der Arbeitslosenversicherung mit gutem Grund prinzipiell bestritten werden.

Ein strategisches Ziel der Arbeitgeberseite in diesem Konflikt ist es offenbar, auf zukünftige Streiks selbst in kleinerem Rahmen sofort mit Massenaussperrungen antworten und Streiks damit letztlich total unterbinden zu können. Rein rechtlich ist die Möglichkeit zur kalten Aussperrung zwar auch jetzt schon gegeben, allerdings hat die gewerkschaftliche Streikkasse bisher nur für jene Arbeitnehmer aufzukommen, die selbst aktiv in den Arbeitskampf einbezogen sind. Die von den Arbeitgebern kalt ausgesperrten Arbeitnehmer außerhalb des Kampfgebietes dagegen beziehen bisher im Regelfall Kurzarbeitergeld von der Bundesanstalt für Arbeit. Den Arbeitgebern geht es nun darum, die Zahlungsverweigerung von Kurzarbeitergeld an die von ihnen kalt ausgesperrten Arbeitnehmer außerhalb des Kampfgebietes zum Regelfall zu machen. Würde die Zahlungsverweigerung an kalt ausgesperrte Arbeitnehmer außerhalb des Kampfgebietes tatsächlich zum Regelfall, so gerieten die Gewerkschaften unter Druck der davon betroffenen Mitglieder (und auch der Nicht-Mitglieder), einen laufenden Tarifkampf eventuell vorzeitig zu beenden, zumal dieser Personenkreis weder Gelder von der Bundesanstalt für Arbeit erhielte, noch Anspruch auf Unterstützung aus der Streikkasse hätte. Würden die Gewerkschaften deshalb auch an die kalt Ausgesperrten außerhalb des Kampfgebietes zahlen, dann wären sie finanziell überfordert. Die Arbeitgeberseite könnte in einem solchen Fall durch den Umfang ihrer Aussperrungsmaßnahmen sozusagen das Tempo bestimmen, in dem die Gewerkschaftskasse geleert und damit der Streik beendet würde!

Da unter den gegebenen bundesrepublikanischen Verhältnissen ein Arbeitskampf bei leeren Streikkassen kaum durchzuführen ist, berührt die beschriebene Abänderung des § 116 AFG faktisch die Streikfähigkeit der Gewerkschaften. Deshalb ist es eine reine Spiegelfechterei, wenn z. B. der Bundesarbeitsminister versichert, das Streikrecht sei doch gar nicht in Gefahr. Wenn nämlich zum abstrakten Streikrecht nicht auch die faktische, d. h. eben auch die finanziell abgesicherte Möglichkeit zur tatsächlichen Durchführung eines Streiks hinzukommt, ist das Streikrecht nur Makulatur. In jedem Falle würde die Gewerkschaftsbewegung in ihrer Durchsetzungsfähigkeit ganz erheblich eingeschränkt – und das ist auch das unausgesprochene Hauptziel des Arbeitgeberlagers in diesem Konflikt.

Die Änderung des § 116 AFG soll übrigens nicht nur die Streikfähigkeit der Gewerkschaften untergraben; sie soll vielmehr auch dazu dienen, die Gewerkschaften faktisch zu einer höchst unterschiedlichen Gestaltung ihrer Tarifforderungen zu zwingen. Damit will man sowohl das solidarische Handeln der Arbeitnehmer unterbinden, als auch eine regional stark differenzierte »Tariflandschaft« erreichen. Für die Arbeitnehmer hätte das u. a. ein regional starkes Auseinanderdriften der Arbeits- und Lebensverhältnisse zur Folge.

Starke Abweichungen der einzelnen Tarifforderungen will die Regierungskoalition durch eine Bestimmung erzwingen, derzufolge die Zahlung von Kurzarbeitergeld an ausgesperrte Arbeitnehmer außerhalb des Kampfgebietes ausdrücklich dann zu unterbleiben habe, wenn die betreffenden Arbeitnehmer möglicherweise zu Nutznießern einer Durchsetzung der gewerkschaftlichen Forderung im Arbeitskampfgebiet werden könnten. Dies soll nach den Vorstellungen der Regierungskoalition selbst dann angenommen werden können, wenn in den übrigen Tarifgebieten außerhalb des Kampfgebietes noch gar keine Tarifforderungen formuliert worden sind; es reiche aus, wenn ein »konkludentes Verhalten« angenommen werden könne. Unter »konkludentem Verhalten« ist ein schlüssiges Verhalten zu verstehen. Demnach würde z. B. eine tarifpolitische Orientierung auf einem Gewerkschaftstag ausreichen, um eine Forderung als »erhoben« anzusehen, die von den zuständigen Tarifkommissionen gar nicht beschlossen worden ist.

Um der Bundesanstalt für Arbeit keinen unmittelbaren Anlaß für die Verweigerung von Kurzarbeitergeld an ausgesperrte Arbeitnehmer außerhalb des Kampfgebietes zu liefern, müßten sich die Gewerkschaften vor der Möglichkeit des Verdachts »konkludenten Verhaltens« schützen. Das bedeutet nichts anderes, als daß sie weitestgehend unterschiedliche Forderungen aufzustellen und u. U. wider eigenen Willen für stark voneinander abweichende Zielsetzungen mobilisieren müßten. Der Versuch des massiven Eingriffs in die Tarifautonomie ist hier nicht zu übersehen.

Wie groß die Unterschiede z. B. zwischen den Lohnforderungen der einzelnen Tarifgebiete oder zwischen den Forderungen nach Arbeitszeitverkürzung zu sein hätten, bleibt ungewiß und im Streitfalle den Gerichten zur Entscheidung vorbehalten: Wann ist eine Lohnforderung einer anderen »nach Art und Umfang gleich oder annähernd gleich«? Müssen sich Forderungen nach einer Verkürzung der Arbeitszeit »nur« der Form (Wochen-, Jahres- oder Lebensarbeitszeit) oder auch dem Volumen nach unterscheiden – und wie stark jeweils?

Von der behaupteten Schaffung von mehr Rechtssicherheit durch die Änderung des § 116 AFG kann also nicht ernsthaft die Rede sein. Überspitzt formuliert müßten sich die einzelnen gewerkschaftlichen Tarifkommissionen bei der Formulierung ihrer eigenen Forderung immer erst mit dem Präsidenten der Bundesanstalt für Arbeit absprechen: so könnte möglicherweise vermieden werden, daß die Bundesanstalt für Arbeit die einzelnen Forderungen in den verschiedenen Tarifgebieten als »nach Art und Umfang gleich oder annähernd gleich« einstuft oder einfach »konkludentes Verhalten« unterstellt und deshalb die Zahlung von Kurzarbeitergeld an ausgesperrte Arbeitnehmer außerhalb des Kampfgebietes von vornherein ausgeschlossen wird.

Bei der beschriebenen Strategie der Arbeitgeberseite wird es abermals deutlich, daß das Ziel der Gewerkschaften nicht nur darin bestehen kann, die von den Arbeitgebern angestrebte Änderung des § 116 AFG zu verhindern. Wie von den DGB-Gewerkschaften seit langem gefordert, muß es langfristig darum gehen, ein generelles Verbot der Aussperrung zu erwirken, da Streik und Aussperrung bekanntlich zwei höchst ungleiche Waffen sind: die Kapitaleigner verfügen über riesige Vermögen, von denen sie auch in einem längeren Tarifkampf höchst komfortabel »zehren« können. Je nach den konkreten Verhältnissen in den einzelnen Branchen gelingt es ihnen zudem häufig, die Streik»verluste« nach Beendigung des Arbeitskampfes rasch wieder aufzuholen. So vermeldete das von den Arbeitgebern selbst finanzierte »Institut der deutschen Wirtschaft« (IW) schon wenige Monate nach dem Streik 1984 in der Automobilindustrie: »Die markante Streikdelle (in der Produktion, O. Demele) konnte im dritten Quartal ausgebügelt werden.« (Vgl. Handelsblatt vom 15. 11. 1984)

Die durch den Streik zunächst ausgefallene Produktion ist also in den Folgemonaten nachgeholt worden, die Gewinneinbußen konnten somit weitgehend wettgemacht werden. Dagegen hat die IG Metall durch den Streik echte Kosten in Höhe von 500 Millionen DM zu tragen. Diese halbe Milliarde DM sind ein tatsächlicher Verlust von Gewerkschaftsgeldern, der nur durch jahrelanges Ansammeln von Mitgliederbeiträgen ausgeglichen werden kann.

Da die Arbeitnehmer, im Gegensatz zu den Arbeitgebern, nicht über große Vermögen verfügen, sind sie für ihre Lebenshaltung auf laufende Einnahmen angewiesen. Mit Streikgeldern bzw. gegebenenfalls mit Kurzarbeitergeld können sie nur unter erschwerten Bedingungen – und das auch nur zeitlich eng begrenzt – ihren laufenden Zahlungsverpflichtungen (Miete etc.) nachkommen. Für die Arbeitnehmer ist der Arbeitskampf deshalb erfahrungsgemäß eine Waffe, die sie nur im äußersten Notfall ergreifen – und zwar auch noch in möglichst begrenztem Umfang. Gerade das wird ihnen von der Arbeitgeberseite ja nun unter dem Schlagwort der »Minimax-Methode« absurderweise sogar noch zum Vorwurf gemacht. Es bedarf also nicht erst des Rechts auf Aussperrung durch die Arbeitgeber, um die Gewerkschaften zu einem maßvollen und verantwortungsbewußten Umgang mit dem Streikrecht zu veranlassen. Umgekehrt verschafft das Recht auf Aussperrung den ohnehin stärkeren, da finanziell ungleichlich besser gestellten Kapitaleignern zusätzliche Möglichkeiten, Verhandlungen über Arbeitnehmerforderungen gänzlich zu verweigern und durch Aussperrungen einen verstärkten finanziellen Druck auf die Arbeitnehmer und ihre Gewerkschaften auszuüben.

3. Stabilisierung der Nachfrage durch den Staat

Neben der Kostensenkung ist in der Verbesserung des Auslastungsgrades der technischen Anlagen ein weiterer zentraler Ansatzpunkt für die Steigerung der Profite zu sehen. In einigen Fällen besteht die staatliche Unterstützung für die Privatindustrie deshalb darin, den Abbau von überschüssigen Produktionsanlagen (und damit von Arbeitsplätzen) direkt finanziell zu fördern. Indem ein Teil der insgesamt schlecht ausgelasteten Kapazitäten einer Branche vernichtet wird, muß sich die Nachfrage auf eine geringere Restkapazität konzentrieren, so daß deren Auslastungsgrad steigt. Als konkrete Beispiele sind etwa der Bergbau, die Stahlindustrie, die Chemiefaserindustrie und die Landwirtschaft zu nennen, wo die öffentliche Hand bereit ist bzw. bereit war, regelrechte – auch so genannte – »Stillegungsprämien« zu zahlen.

Von größerer Bedeutung sind jedoch die Bemühungen der Regierung, die Auslastung der vorhandenen Produktionskapazitäten durch Förderung bestimmter Nachfragebereiche zu verbessern. Dabei kümmert sie sich jedoch nicht um die Erhöhung des öffentlichen oder des privaten Konsums, sondern vor allem um »konsumferne« staatliche Großprojekte sowie um die Steigerung des Exports.

»Verdeckte« Großaufträge des Staates

Obwohl doch die Unternehmen (insbesondere die großen unter ihnen) unmittelbar Nutznießer einer Nachfragesteigerung des Staates wären, lehnt die Arbeitgeberseite die Forderung der Gewerkschaften strikt ab, gezielte staatliche Ausgabenprogramme als Instrument der Konjunkturbelebung einzusetzen. Die Ursache für diese scheinbar unerklärliche Haltung der Arbeitgeberseite ist darin zu sehen, daß die Gewerkschaften ihr Verlangen nach Ausweitung der öffentlichen Nachfrage mit bestimmten inhaltlichen Forderungen verknüpfen, d. h. es geht ihnen nicht einfach um Wirtschaftswachstum an sich, sondern um ein gezieltes (qualitatives) Wachstum. Gemeint sind solche Bereiche, in denen die bestehenden materiellen Bedürfnisse bisher nicht ausreichend befriedigt wurden, so daß die zusätzlichen staatlichen Ausgaben den Arbeitnehmern unmittelbar zugute kämen. Konkret zu nennen sind hier etwa das Gesundheits- und das Bildungssystem, der öffentliche Nahverkehr, der Umweltschutz und der Wohnungsbau.

Die Unternehmer verfolgen jedoch ganz anders geartete Interessen und sind darauf bedacht, von Seiten der öffentlichen Hand keinerlei Konkurrenz zu erhalten. Baut aber der Staat das öffentliche Verkehrssystem aus, so besteht für die PKW- sowie für die Mineralölindustrie die Gefahr, daß zahlreiche Verkehrsteilnehmer vom eigenen PKW auf das öffentliche Transportsystem »umsteigen«. Läßt der Staat mehr Sozialwohnungen zu günstigen Mietpreisen errichten, so macht er den privaten Hausbesitzern bzw. Wohnungsvermietern Konkurrenz.

Um also die qualitativen Forderungen der Arbeitnehmerseite nach mehr und besserem Wohnraum, nach Ausbau des öffentlichen Nahverkehrs etc. abzublocken, wird von Arbeitgeberseite generell die Strategie der Nachfragesteigerung des Staates (scheinbar) verworfen. Ihre Propaganda ist dabei so erfolgreich, daß es der öffentlichen Meinung völlig zu entgehen scheint, daß die sog. Bonner »Sparpolitik« in Wahrheit vor allem eine Politik der Umschichtung von staatlichen Ausgaben ist. Obwohl die Regierung behauptet, sie würde eine Sparpolitik betreiben, erhöht sie laufend die Verschuldung des Staates und steigert fortwährend den Gesamtumfang der Staatsausgaben (vgl. Schaubild Nr. 20). Auf Kosten der sog. »konsumtiven« Bereiche (Gesundheitssystem, Schulen, etc.) werden die Staatsausgaben allenfalls dort ausgeweitet, wo den privaten Unternehmen möglichst wenig Konkurrenz erwächst – selbst wenn das z. B. aus Gründen des Umweltschutzes dringend zu wünschen wäre (als Beispiel ist bereits das Konkurrenzverhältnis zwischen öffentlichem Nahverkehr und privatem PKW-Verkehr erwähnt worden).

Trotz ihrer gegenteiligen Propaganda sind die Arbeitgeber in ganz bestimmten Bereichen sehr wohl um eine Ausweitung der staatlichen Aufträge, also um eine Erhöhung der staatlichen Nachfrage, bemüht.

Um diesen Widerspruch zwischen ihrer Ablehnung der gewerkschaftlichen Forderung nach staatlichen Konjunkturprogrammen einerseits und ihrem praktischen Wettlauf um Staatsaufträge andererseits nicht allzu offensichtlich werden zu lassen, müssen die Forderungen nach Ausweitung der Staatsausgaben stets mit »Sachzwängen« begründet werden: die gigantische Steigerung der Rüstungsausgaben mitten im Frieden wird z. B. als militärische Notwendigkeit hingestellt und sicherlich nicht zufällig als »Nach«-Rüstung bezeichnet. Für die Rüstungsindustrie bedeutet sie eine höchst willkommene, massive Erhöhung der öffentlichen Nachfrage. Die Kritiker der gewerkschaftlichen Forderung nach einer Ausweitung der staatlichen Nachfrage (in sozial sinnvollen Bereichen) verstummen merkwürdigerweise, wenn die Ausweitung der staatlichen Nachfrage Rüstungsgüter betrifft. Diese Haltung ist gerade angesichts der jüngeren deutschen Vergangenheit erstaunlich: oft sind es nämlich dieselben Personen, die einerseits behaupten, staatliche Ausgabenprogramme würden der Wirtschaft nicht helfen, sondern sie eher belasten und damit das Arbeitslosenproblem noch verschärfen, aber andererseits voller Bewunderung dafür sind, wie schnell es den deutschen Faschisten seinerzeit gelungen ist, die Arbeitslosen »von der Straße« zu bekommen. Doch, warum sollte das, was beschäftigungspolitisch seinerzeit mittels staatlicher Großaufträge für den Autobahnbau und für die Aufrüstung gelang, nicht auch heute mit staatlichen Ausgaben gelingen, aber in gesellschaftlich nützlichen Projekten, wie dem Umweltschutz und einem besseren Gesundheitssystem?

Weil aber die Regierung bei ihren Großbauprojekten darum bemüht ist, möglichst keine »unnötige« staatliche Konkurrenz für die pri--vaten Unternehmen aufkommen zu lassen, investiert sie in Bereichen, in denen ein gesellschaftlicher Bedarf gar nicht auszumachen ist.

Als konkretes Beispiel hierfür sei der Bau des Rhein-Main-Donau-Kanals genannt. Von der überwiegenden Mehrheit der Verkehrsexperten wird sein verkehrstechnischer Nutzen sehr gering eingeschätzt. Der Bayerische Rechnungshof kam in einer Untersuchung bereits im Jahre 1966 zu dem Ergebnis, daß »ein wirtschaftliches Bedürfnis für den Weiterbau der Schiffahrtsstraße nicht feststellbar« sei (Frankfurter Allgemeine Zeitung Nr. 275 vom 27. 11. 1982).

Dennoch wird weiter am Kanal gebaut. Die Kosten belaufen sich auf mindestens 4 Mrd. DM (eine Summe, mit der nicht wenige soziale Dienstleistungen für einen langen Zeitraum finanziert werden könnten); hinzugerechnet werden müssen außerdem noch zukünftige Verluste für die Deutsche Bundesbahn, die durch den Kanal Frachteinbußen erleiden wird.

Für die Konservativen entsteht bei diesem umstrittenen Projekt trotz alledem noch ein »positiver« Nebeneffekt: wenn nämlich der Kanal fertiggestellt ist, werden weder der Kanal noch die quasi parallel dazu verlaufende Strecke der Bundesbahn wirtschaftlich betrieben werden können; beide werden also Verluste »produzieren«. Damit ist dann ganz in ihrem Sinne ein neuer »Beweis« dafür erbracht, daß öffentliche Betriebe eben unwirtschaftlich sind und deshalb besser zugunsten der Privatwirtschaft zurückgedrängt werden sollten.

Als weiteres aktuelles Beispiel für staatliche Großaufträge, die der Privatwirtschaft zwar einerseits viel Nachfrage verschaffen, ihr aber andererseits kaum Konkurrenz machen, kann die vom Postministerium vorangetriebene Verkabelung der Bundesrepublik mit der sog. Kupferkabeltechnik angeführt werden. Nach Aussage der meisten Experten ist diese Technik schon überholt, bevor sie bundesweit in Betrieb genommen werden wird.

Mit der raschen Vergabe von mehreren solchen Großprojekten gesteht die konservative Bundesregierung praktisch ein, daß die Ausweitung der staatlichen Nachfrage sehr wohl ein wichtiges Element für die Stützung der Konjunktur ist. Weil sie die Aufträge aber in solchen Feldern vergeben will, die den Arbeitnehmern nicht oder kaum zugute kommen, muß sie ihre Art der Ausweitung der staatlichen Nachfrage gewissermaßen »verstecken« – z. B. hinter der Propaganda von der »Sparpolitik«.

Einseitige Förderung des Exports

Natürlich kann auch die Arbeitgeberseite nicht übersehen, daß die Politik des Lohnabbaus einen Rückgang der inländischen Massenkaufkraft zur Folge hat. Als Ausgleich für den dadurch verursachten Ausfall der Inlandsnachfrage streben jene Unternehmen, die von ihrer Struktur her dazu in der Lage sind, eine Steigerung der Exporte an. Sie versuchen also, den durch die eigene Lohnpolitik aufgetretenen Verlust an Inlandsnachfrage durch vermehrte Verkäufe im Ausland auszugleichen. Bei diesem Bestreben werden sie sowohl durch die Bundesregierung als auch durch die Bundesbank tatkräftig unterstützt.

Mit der Strategie der Exportförderung lassen sich nicht nur hohe Subventionen für den Export, sondern auch und vor allem geringere Lohnzugeständnisse rechtfertigen. Niedrigere Lohnabschlüsse bzw. eine Verschlechterung der inländischen Marktversorgung werden als geradezu unabdingbare Voraussetzung für mehr Exporte gefordert.

So hat der Vizepräsident der Bundesbank, H. Schlesinger, laut Presseberichten vor Arbeitgebern verlangt, daß die Bundesrepublik in Zukunft immer mehr exportieren und weniger Wert auf Dienstleistungen in Bildung, Gesundheitswesen und Umweltschutz legen muß. »Mehr und teurere Energien und Rohstoffe aus dem Ausland«, so Schlesinger wörtlich, »kann man nicht mit Bildung und mehr Gesundheitswesen und besserer Luft bezahlen« (Frankfurter Rundschau vom 7. 11. 1979). Mit dem emsigen Bemühen um die Förderung des Exports wird faktisch eingestanden, daß eine Krisenlösung ohne Steigerung der Nachfrage nicht möglich ist. Während aber die Steigerung der Inlandsnachfrage nur durch eine *Erhöhung* der inländischen Kaufkraft, also letztlich auch der Löhne, erreicht werden kann, erlaubt die Förderung des Exports sogar noch eine *Senkung* des inländischen Lohnniveaus. Überläßt man den Arbeitgebern die Wahl, bei steigenden Löhnen die Nachfrage für ihre Waren im Inland oder bei zurückbleibenden Löhnen im Ausland zu suchen, so liegt deren Entscheidung auf der Hand.

Für die Arbeitnehmer ist die einseitige Förderung des Exports (ohne gleichzeitige Förderung auch des Imports) jedoch ausgesprochen nachteilig. Die Bundesrepublik weist schon jetzt durchgängig hohe Exportüberschüsse auf, d. h. sie gibt ständig in großem Umfang mehr Waren an das Ausland ab als sie von dort importiert (die Entwicklungshilfe spielt hierbei mit einem Anteil von weniger als 0,7 % des Bruttosozialprodukts nur eine extrem untergeordnete Rolle).

Für die Überschüsse im Außenhandel erhält die Bundesrepublik Deutschland ausländische Devisen, die sie zum Teil für den Ausgleich anderer, negativer Bilanzen benötigt. Die enorm hohen Devisenbestände, die sich im Laufe der Zeit angesammelt haben (vgl. dazu Schaubild Nr. 17) belegen jedoch, daß mehr Exportüberschüsse getätigt worden sind als für den Ausgleich anderer negativer Posten der Zahlungsbilanz, wie etwa der traditionell negativen Dienstleistungsbilanz (vgl. Schaubild Nr. 7) erforderlich gewesen wäre.

Würden diese Devisen für Importe etc. benötigt, so würden sie nicht in den Reserven verbleiben. Der Tatbestand hoher Devisenbestände belegt, daß massenhaft fremde Währungen angehäuft werden, die für die eigene Volkswirtschaft unmittelbar gar nicht erforderlich sind – folgerichtig werden sie deshalb auch an das Ausland ausgeliehen. Als Gegenwert für die Arbeit, den Rohstoffverbrauch und die Belastung der eigenen unmittelbaren Umwelt, die bei der Produktion für den an sich gar nicht benötigten Teil des Exportüberschusses anfallen, verbleibt dann nur noch das Versprechen der Schuldnerländer, die Devisenkredite später einmal (mit Zinsen) zurückzuzahlen. Das Kreditrisiko tragen dabei nicht die einzelnen exportierenden Unternehmen; diese können nämlich die ausländischen Deviseneinnahmen aus den Exportgeschäften über die Geschäftsbanken an die Bundesbank weitergeben. Das exportierende Unternehmen erhält auf diese Weise seinen Gewinn ebenso in DM, wie es sie bei einem Geschäft im Inland erhalten hätte. Die beim Außenhandel anfallenden ausländischen Devisenüberschüsse sammeln sich aber durch diesen Umtausch in DM bei der Deutschen Bundesbank. Werden die Devisenreserven später verliehen, dann trägt das Kreditrisiko in der Regel die Bundesbank, d. h. letztlich die Allgemeinheit der Bundesbürger.

Die Tatsache, daß mit dem Exportüberschuß an Waren praktisch auch Arbeitslosigkeit in jene Länder verlagert wird, die die bundesrepublikanischen Warenüberschüsse aufnehmen, ist keineswegs ein »Trost«. In Höhe des Exportüberschusses, der nicht zum Ausgleich anderer Posten der Zahlungsbilanz erforderlich ist, wird nämlich Arbeit geleistet, für die der Gegenwert in Form von Waren oder Dienstleistungen im Inland nicht zur Verfügung steht. An einem Zahlenbeispiel sei dies veranschaulicht: in der Bundesrepublik werden z. B. 100 Wareneinheiten hergestellt, von denen 75 % auf dem Inlandsmarkt abgesetzt werden. 25 % der inländischen Warenproduktion werden exportiert. An Waren- und Dienstleistungsimporten aus dem Ausland stehen dem aber z. B. nur 22 Wareneinheiten gegenüber. Addiert man das inländische Warenangebot aus eigener Produktion (75 Wareneinheiten) mit den importierten Waren und Dienstleistungen (22 Einheiten), so erhält man 97 Einheiten, die im Inland verfügbar sind. Das inländische Angebot ist also geringer als die inländische Produktion (100 Einheiten).

Da bei der inländischen Produktion auch Einkommen in Höhe von 100 Einheiten entstanden sind, ist die Kaufkraft höher als das gleichzeitige Angebot an Waren und Dienstleistungen. Aus diesem Mißverhältnis ergibt sich insbesondere in vergleichsweise gut ausgelasteten Branchen eine Möglichkeit zu Preisanhebungen. Durch Preissteigerungen wird die reale Kaufkraft der vorhandenen Einkommen auf die Höhe des real bestehenden Waren- und Dienstleistungsangebotes (97 Einheiten) vermindert. Der Kaufkraftverlust des Geldes verschleiert somit die Tatsache, daß im Inland weniger Waren und Dienstleistungen auf den Markt gelangen, als aufgrund der heimischen Arbeitsleistung zur Verfügung stehen könnten. Ein Land, wie die Bundesrepublik, das nicht nur ständig hohe Export-, sondern auch Zahlungsbilanzüberschüsse aufweist, lebt eindeutig *unter* seinen Verhältnissen.

Die Strategie der Krisenlösung durch einseitige Exportförderung ist außerdem international nicht verallgemeinerungsfähig – sie kann nämlich, wenn überhaupt, nur in einigen Staaten auf Kosten anderer Staaten gelingen, weil Exportüberschüsse eines Landes gleichbedeutend sind mit Exportdefiziten eines oder mehrerer anderer Staaten. Indem die Bundesrepublik durch ihre Überschüsse in der Warenausfuhr auch Arbeitslosigkeit »exportiert«, zwingt sie anderen Staaten praktisch den Import von zusätzlicher Arbeitslosigkeit auf. In der gegenwärtigen weltwirtschaftlichen Lage, in der nicht nur die Bundesrepublik von Massenarbeitslosigkeit betroffen ist, muß das zu erheblichen internationalen Spannungen führen. Würden die Arbeitnehmer der Strategie des Lohnabbaus zum Zwecke der einseitigen Exportsteigerung zustimmen, so würden sie in eine offene internationale Konkurrenz um das niedrigste Lohnniveau geraten.

Die Arbeitgeberstrategie der einseitigen Exportförderung ist ein Bestandteil des unternehmerischen Verdrängungswettbewerbs; sie schafft – international betrachtet – keine zusätzlichen Arbeitsplätze. Für die dabei erfolgreichen Unternehmen bedeuten vermehrte Exporte zusätzlich (Devisen-)Einnahmen und damit erhöhte Gewinne. Für die Arbeitnehmer stellen Exportüberschüsse, die nicht zum Ausgleich anderer, negativer Posten der Zahlungsbilanz benötigt werden, einen erzwungenen Konsumverzicht dar. Mit anderen Worten: höhere Export- bzw. Zahlungsbilanzüberschüsse bedeuten für die Arbeitnehmer zwar mehr Arbeit, aber keine bessere Versorgung mit Gütern und Dienstleistungen.

**Technologieförderung als Instrument
zur Erschließung neuer Märkte**

In ihrem Bemühen, die privaten Unternehmen bei deren Suche nach neuen Absatzmärkten zu unterstützen, setzt die Regierung verstärkt auf die Förderung von Forschung und Entwicklung neuer Produkte bzw. neuer Produktionsverfahren. Diese Strategie beruht auf der Vorstellung, daß die aktuelle Krise vor allem durch eine hochgradige »Marktsättigung« bei den bisher bekannten Konsum- und Investitionsgütern verursacht sei. Um vermehrte Nachfrage anzuregen, so die These, müßten gänzlich neue Produkte entwickelt bzw. »alte« weiterentwickelt werden. Auf diese Weise ließen sich sowohl im Inland wie auch im Ausland neue Absatzmärkte und somit auch neue Beschäftigungsmöglichkeiten erschließen.

Zugleich wird argumentiert, daß die Wirtschaft ihren Produktionsapparat durchgreifend modernisieren müsse, um der Auslandskonkurrenz gewachsen zu sein. Die laufenden und in der Tendenz sogar beständig steigenden Außenhandelsüberschüsse dokumentieren nun allerdings sinnfällig, daß die Bundesrepublik über eine enorm starke internationale Konkurrenzposition verfügt – folglich ist die Rechtfertigungsstrategie für die staatliche Subventionierung der privaten Forschungs- und Entwicklungsaktivitäten wohlweislich auf die ferne Zukunft ausgerichtet. Man veröffentlicht z. B. diverse Auflistungen von sog. »Zukunftstechnologien« oder »high tech«-Produkten, die belegen sollen, daß die Wirtschaft der Bundesrepublik gerade in jenen Bereichen unterrepräsentiert sei, die als zukunftsträchtig zu gelten hätten. Derartige Auflistungen erfolgen insofern völlig willkürlich, als es keinerlei verläßliche Kriterien zur Bestimmung solcher Produktlinien gibt, die in Zukunft tatsächlich überragende wirtschaftliche Bedeutung erlangen werden. Die Liste jener »großen« Entwicklungsprojekte, die sich als wirtschaftlicher Fehlschlag erwiesen haben, ist nicht unbeträchtlich. Erinnert sei hier beispielsweise an den »Schnellen Brüter«, der zwar sehr viel Geld verschlungen, aber wenig bis keinen volkswirtschaftlichen Nutzen gebracht hat. Nicht einmal eine plausibel erscheinende Definition dessen, was denn nun eigentlich unter Hochtechnologien zu verstehen sei, konnte bisher entwickelt werden. Herr Riesenhuber z. B., der immerhin der zuständige Bundesforschungsminister ist, formuliert das auf recht unterschiedliche, immer aber sehr bemerkenswerte Weise: »Der Hochtechnologiebereich des Weltmarktes wird nun definiert als der Bereich, in dem der Anteil der Entwicklungs- und Schwellenländer 0,5% ist.« (Vgl. Handelsblatt vom 31. 12. 1984). Wenig später heißt es: »Hochtechnologiegüter sind Produkte mit einem – am Umsatz gemessenen – sehr hohen Entwicklungskostenaufwand.« (Vgl. Handelsblatt vom 17. 4. 1985). Gemäß der ersten Definition würde ein Produkt also dadurch zu »high tech«, daß gewisse, industriell unterentwickelte Staaten zusammengenommen, nicht mehr als den willkürlich festgelegten Prozentsatz von 0,5% der Weltausfuhr dieses Produktes auf sich vereinigen könnten. Aber auch der zweite Definitionsversuch ist kaum besser gelungen. Diesmal ist es die Höhe der (Entwicklungs-)Kosten (!), die darüber entscheidet, ob ein Produkt »high tech« ist oder nicht.

Es ist klar, daß kein Land der Erde in der Lage sein muß und sein kann, gleichzeitig in allen wichtigen Industriebereichen eine führende Position einzunehmen. Die Tatsache, daß die bundesrepublikanische Wirtschaft nicht in jeder möglicherweise zukunftsträchtigen Technologie führend ist, signalisiert also keinesfalls einen drohenden Verlust ihrer internationalen Konkurrenzfähigkeit.

Schon allein die gegenwärtigen Aufwertungstendenzen der DM sowie die laufend wachsenden Exportüberschüsse, insbesondere gegenüber dem angeblichen »high tech«-Land USA, sprechen hier eine deutliche Sprache. Noch aufschlußreicher ist aber die Tatsache, daß die Bundesrepublik mit nur etwa 61 Mio. Einwohnern über einen größeren Anteil am Welthandel speziell mit Industriegütern verfügt als Japan mit 119 Mio. Einwohnern und sogar als die USA mit etwa 240 Mio. Einwohnern! (Vgl. Schaubild 9b). Eine objektiv gegebene Notwendigkeit, von Seiten der Bundesrepublik den technologischen Wettlauf zu beschleunigen, besteht also nicht. Die Diskussion um die angebliche Sicherung von Zukunftsmärkten dient lediglich dazu, die zunehmende Subventionierung der Unternehmen – u. a. in Form der staatlichen Finanzierung ihrer Forschungs- und Entwicklungsaktivitäten vor dem Steuerzahler zu rechtfertigen.

Welche Auswirkungen sind nun von der Förderung von Forschung und Entwicklung für die Beschäftigung zu erwarten? Wenn ein neues Produkt entwickelt worden ist, das auf dem Markt Anklang findet, dann wird damit Nachfrage in einer gewissen Höhe ausgelöst und bei der Herstellung des neuen Produkts wird eine bestimmte Anzahl von Arbeitskräften beschäftigt. Zumindest oberflächlich läßt sich damit ohne weiteres argumentieren, daß durch die Entwicklung dieses Produktes neue Arbeitsplätze geschaffen worden seien.

Ob diese neuen Arbeitsplätze jedoch auch zusätzlich zu den bereits vorhandenen entstehen oder ob sie eventuell nur andere Arbeitsplätze ersetzen, hängt von den jeweiligen konkreten Umständen ab: bestünde gegenwärtig tatsächlich eine hohe Marktsättigung und würde die große Mehrheit der Bevölkerung ungewöhnlich viel sparen, weil sie einfach nicht mehr weiß, was sie sich noch kaufen sollte, dann könnte durch das neue Produkt zusätzliche, aus den gewissermaßen unfreiwilligen Sparguthaben finanzierte, Nachfrage ausgelöst werden. Bei der Herstellung des neuen Produktes würden zusätzliche Arbeitnehmer beschäftigt und entsprechend mehr Lohn- und Gewinneinkommen entstehen. Durch die Entwicklung neuer Produkte würde in diesem Fall ein wirtschaftliches Wachstum ausgelöst.

Reicht das laufende Einkommen der großen Mehrheit der Bevölkerung aber nicht einmal dazu aus, die längst entwickelten Produkte und Dienstleistungen in genügender Qualität und Menge zu kaufen, dann kann ein neuartiges Produkt allenfalls zur Umschichtung von Konsumausgaben führen. Eine solche Umschichtung hat aber weder eine steigende Beschäftigung noch einen wirtschaftlichen Aufschwung zur Folge.

Das sei an einem Beispiel erläutert: in den letzten Jahren ist das durchschnittliche Realeinkommen der Arbeitnehmer und damit auch ihr Pro-Kopf-Verbrauch gesunken (vgl. Schaubild Nr. 45). Wenn nun in einer solchen Situation mehr und mehr Arbeitnehmerhaushalte ein Video-Gerät erwerben, dann geht das offenbar »auf Kosten« anderer Anschaffungen, z. B. Fahrräder oder Sportartikel (vgl. Schaubild Nr. 44). In diesen Bereichen gehen Arbeitsplätze verloren, weil ein Teil der ohnehin schrumpfenden Kaufkraft auf den Bereich Video-Geräte umgelenkt wird. *Neu* sind die Arbeitsplätze für die Herstellung dieser Geräte dann schon – aber keineswegs *zusätzlich*.

Zu einem Anstieg der gesamtwirtschaftlichen Nachfrage und damit der Beschäftigung kommt es unter den augenblicklichen Bedingungen nur dann, wenn vom Ausland her Nachfrage nach dem neuen Produkt entsteht, die sonst am inländischen Warenangebot vorbeigegangen wäre. Gegebenenfalls wird auf diese Weise Kaufkraft aus dem Ausland abgezogen und das Arbeitslosenproblem in den betreffenden Ländern entsprechend verschärft.

In der gegenwärtigen Lage, in der praktisch in allen westlichen Industriestaaten ein Mangel an Massenkaufkraft besteht, ist die Entwicklung neuer Konsumgüter kein Beitrag zum Abbau der Arbeitslosigkeit. Allenfalls wird das Land, dem es am schnellsten gelingt, neue Produkte auf den Markt zu bringen, einen Teil seines Arbeitslosenproblems in die Abnehmerländer der zusätzlichen Exporte auslagern.

Die aktuelle Diskussion um die Entwicklung und den Einsatz neuer Technologien hat noch eine weitere Komponente, die eher ideologischer Natur ist: wie bereits in Kapitel 1 dargelegt, sind die Wachstumsraten des Bruttosozialprodukts über die letzten Jahrzehnte hinweg fallend; die Konjunkturaufschwünge werden allmählich schwächer, die Kriseneinbrüche immer stärker. Selbst während der gegenwärtigen Hochphase der Konjunktur wird die Arbeitslosigkeit kaum noch verringert – von der Wiedererlangung der Vollbeschäftigung ist seitens der Politiker bezeichnenderweise schon lange nicht mehr die Rede. Wie in der Bundesrepublik, so ist auch in vielen anderen westlichen Industriestaaten der Lebensstandard der Masse der Bevölkerung seit Jahren absolut rückläufig. Diese Probleme müssen vor der Öffentlichkeit – zumindest dem Anschein nach – plausibel erklärt werden. Natürlich sucht man auch tatsächlich nach einem Weg, der aus der gegenwärtigen Misere führen könnte. Aber selbst wenn sich eine Regierung bewußt ist, über keine wirksamen Instrumente zur Krisenüberwindung zu verfügen, so darf sie in der Öffentlichkeit doch nicht den Eindruck der Ratlosigkeit gegenüber den wirtschaftlichen Problemen aufkommen lassen – schließlich will jede Regierung wiedergewählt werden. Daraus folgt, daß die Regierung zumindest den Eindruck vermitteln muß, über ein wirtschaftspolitisches Instrumentarium zu verfügen, mit dem sich die anstehenden Schwierigkeiten lösen lassen. Da gegenwärtig objektiv kein kräftiger Wirtschaftsaufschwung in Aussicht ist, ist es natürlich zweckmäßig, daß die herrschende Propaganda auch gar nicht erst schnelle Erfolge verspricht, zumal sich die Wähler ansonsten sehr bald getäuscht fühlen könnten und sich demzufolge von der Regierung abwenden. Viel sinnvoller erscheint es daher, gar nicht erst eine rasche, dafür aber eine vorgeblich um so gründlichere, dauerhafte Lösung der Probleme zu versprechen.

Diesen vielfältigen Zweck hofft man, mit Hilfe der sogenannten »Theorie der langen Wellen« erreichen zu können. In ihrem Kern besagt diese Theorie, daß die wirtschaftliche Entwicklung nicht nur durch die wohlbekannten 4–5jährigen Konjunkturzyklen gekennzeichnet sei; darüber hinaus gebe es vielmehr noch »lange Wellen« von etwa 50jähriger Dauer (vgl. Schaubild Nr. 53).

Die fallende Tendenz des Wirtschaftswachstums seit den 60er Jahren wird als »fallender Ast« einer solchen »langen Welle« interpre-

Schaubild 53
Die langen Wellen der Weltkonjunktur

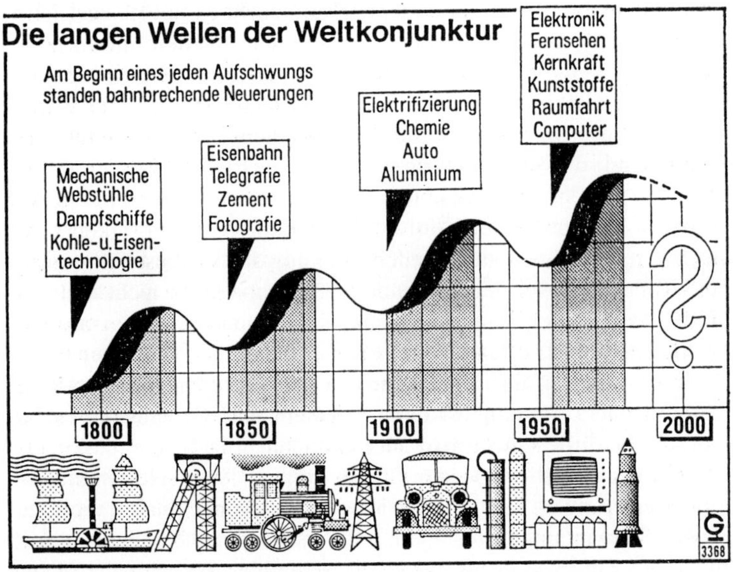

Quelle: Handelsblatt, 27.12.79

tiert. Zu einem langfristigen und kräftigen Anstieg der wirtschaftlichen Aktivitäten kommt es dieser Theorie nach nur dann, wenn neue Produkte bzw. neue Produktionsverfahren entwickelt und massenhaft in die Praxis eingeführt werden. Von den sogenannten Basisinnovationen (= grundlegende Neuerungen) verspricht man sich auch Anstoßeffekte auf andere Wirtschaftsbereiche. Dem Schaubild Nr. 53 ist zu entnehmen, daß in der Vergangenheit z. B. die Entwicklung der Eisenbahn und des Autos die Funktion von Basisinnovationen ausgeübt haben.

Da also die Entwicklung neuer Produkte bzw. neuer Produktionsverfahren als Ausgangspunkt eines langanhaltenden Aufschwungs (ansteigender Ast einer »langen Welle«) angesehen wird, scheint es nahezuliegen, die Forschungs- und Entwicklungsbemühungen massiv zu verstärken, um durch das raschere Hervorbringen sogenannter Basisinnovationen den erhofften wirtschaftlichen Aufstieg möglichst schnell in Gang zu setzen.

Wie realistisch ist nun die Annahme von »langen Wellen« der Konjunktur? Handelt es sich hierbei nur um einen Beschwichtigungsversuch gegenüber den Lohnabhängigen, denen im Zusammenhang mit den neuen Technologien mehr und bessere Arbeitsplätze, mehr Freizeit, eine saubere Umwelt etc. versprochen wird – oder handelt es sich gar um einen gefälligen Selbstbetrug des Unternehmerlagers in dem Sinne, daß nach einer langen Periode des wirtschaftlichen Niederganges, den »sieben mageren Jahren«, ja zwangsläufig auch wieder »die sieben fetten Jahre«, also eine Periode des langanhaltenden Aufschwungs und der steigenden Profite folgen müsse? Der Tenor eines neueren Buches mit dem bezeichnenden Titel: »Vor uns die goldenen 90er Jahre?« (herausgegeben von Martin Jänicke, Serie Piper Aktuell, Nr. 377, München/Zürich 1985) legt jedenfalls einen solchen Verdacht nahe. In Wirklichkeit ist nicht einmal die Existenz von »langen Wellen« in der Vergangenheit eindeutig nachgewiesen. Das empirische Datenmaterial (vor allem aus der ersten Hälfte des vorigen Jahrhunderts) ist viel zu lückenhaft, um verläßliche Aussagen zuzulassen. Ferner gibt es erhebliche Probleme bei der Bestimmung des Zeitpunktes, zu dem eine bestimmte Erfindung bzw. Entwicklung wirtschaftlich wirksam geworden ist. Eine solche Bestimmung wäre aber erforderlich, um einen Zusammenhang zwischen technologischen Entwicklungen und dem Beginn einer »langen Welle« nachzuweisen. Aber selbst wenn für die Vergangenheit zweifelsfrei die Existenz »langer Wellen« nachgewiesen würde, so könnte wegen der geringen Anzahl möglicher »langer Wellen« noch keinesfalls die Gesetzmäßigkeit ihres Auftretens abgeleitet werden – es könnte sich ja

auch um einen reinen Zufall handeln, wenn in der langen Geschichte des Kapitalismus in etwa gleichen Abständen dreimal Perioden verstärkten wirtschaftlichen Wachstums mit einer Anhäufung technischer Erfindungen und Entwicklungen zusammengefallen wären.
Wie vage das Konstrukt der »langen Wellen« tatsächlich ist, wird u. a. bei einem Vergleich des Schaubildes Nr. 53 mit dem folgenden Schaubild Nr. 54 anschaulich:

**Schaubild 54
Erfindungen und Wirtschaftskonjunktur**

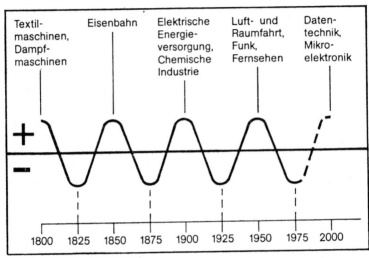

Die Grafik zeigt den Zusammenhang zwischen Erfindungen (Basisinnovationen) und der Wirtschaftskonjunktur.
Quelle: Siemens AG

Quelle: Handelsblatt, 18.11.82

Während das Schaubild Nr. 53 für die Mitte der 70er Jahre dieses Jahrhunderts den Höhepunkt einer »langen Welle« ausweist, zeigt das Schaubild Nr. 54 für den gleichen Zeitpunkt gerade umgekehrt den Tiefpunkt einer »langen Welle« an. Aufschlußreich ist ferner, daß noch im Schaubild Nr. 53 u. a. die Kernkraft als eine der tragenden Basisinnovationen angesehen wird – in dem nur wenig später von der Firma Siemens (!) erstellten Schaubild Nr. 54 dagegen ist die Atomenergie schon nicht mehr als »Hoffnungsträger« aufgeführt!

Damit wird deutlich, in welch hohem Maße die »Theorie der langen Wellen« und die staatliche Politik der massiven Förderung von Forschung und Entwicklung spekulativer Natur sind: die neuen Technologien sind offenbar der Schopf, an dem sich die Wirtschaft selbst aus dem Sumpf ziehen soll. Unbeantwortet bleibt dabei ohnehin die Frage, woher die Kaufkraft kommen soll, um neuartige zusätzliche Produkte zu bezahlen. Ohne vermehrte Kaufkraft können neue Produkte aber eben bestenfalls neue, keinesfalls jedoch zusätzliche Arbeitsplätze schaffen. Würde hingegen die Massenkaufkraft tatsächlich angehoben, dann ließe sich auch auf der Basis der längst entwikkelten Produkte ein konjunktureller Aufschwung und damit eine Verbesserung der Lage auf dem Arbeitsmarkt erzielen. Ob so oder so – die von der Bundesregierung betriebene massive Förderung von Forschung und Entwicklung der privaten Unternehmen ist weder eine notwendige, noch eine hinreichende wirtschaftspolitische Strategie zur Überwindung der konjunkturellen und insbesondere der arbeitsmarktpolitischen Probleme.

4. Schaffung attraktiver Möglichkeiten der Kapitalanlage

Bekanntlich sind wirtschaftliche Krisen u. a. durch eine geringe Auslastung der Produktionsanlagen gekennzeichnet. Für Kapitalbesitzer ist es in einer solchen Situation also wenig sinnvoll, in die Erweiterung der technischen Anlagen zu investieren, da dies lediglich einen weiteren Rückgang der Kapazitätsauslastung und damit der Gewinne zur Folge haben würde. Tatsächlich gehen die Investitionen in der Gesamtindustrie, wie das Schaubild Nr. 36 zeigt, bei sinkender Kapazitätsauslastung auch regelmäßig stark zurück.

Insbesondere bei einer länger anhaltenden Krise müssen sich die Kapitaleigner also nach anderen Anlagemöglichkeiten für die (wenn auch in verringertem Maße) weiterfließenden Einnahmen umsehen. Die konservative Regierung ist ihnen dabei behilflich, indem sie sowohl auf dem Geldkapitalmarkt, als auch im sogenannten realwirtschaftlichen Bereich der Wirtschaft für attraktive Kapitalanlagemöglichkeiten sorgt. Diese Aussage gilt gegenwärtig nicht nur für die Bonner Regierung, sondern in gleicher Weise auch für jene in London und Washington.

Hochzinspolitik

In Kapitel 2, Punkt 3 ist bereits gezeigt worden, daß die Regierung entgegen der von ihr selbst propagierten Sparpolitik in Wirklichkeit auf die »alten« Schulden laufend neue Schulden aufsattelt, also insgesamt einen ständig wachsenden Geldbetrag auf dem Kapitalmarkt aufnimmt. Dies geschieht zu einem Zinssatz, der eindeutig über der gegenwärtig durchschnittlichen Eigenkapitalrendite in der Industrie liegt (vgl. hierzu Schaubild Nr. 19). In der Regel erhalten die Unternehmen somit gegenwärtig bei der Geldanlage auf dem Kapitalmarkt eine höhere Rendite als bei Anlage dieser Gelder in der eigenen Branche. Diverse Großkonzerne der Bundesrepublik (Siemens, Daimler-Benz) erwirtschaften mittlerweile insgesamt höhere Gewinne mit der Kapitalanlage auf dem Geldmarkt als mit ihren Produktionsanlagen!

Mitverantwortlich dafür ist die Deutsche Bundesbank, indem sie durch bestimmte geldpolitische Maßnahmen (Offenmarktpolitik, Regulierung des Diskontsatzes etc.) das Geldangebot knapp und das Zinsniveau hoch hält. Dabei befindet sich die Deutsche Bundesbank in vollem Einklang mit den Notenbanken der USA und Großbritanniens, die eine sehr ähnliche Geldpolitik verfolgen. Dies geschieht wiederum in Übereinstimmung mit der Politik der konservativen britischen und US-amerikanischen Regierung, die ja beide, wie die Regierung in Bonn, eine Sparpolitik propagieren, in Wirklichkeit aber ständig neue gigantische Schuldenberge aufhäufen.

Die Verschuldung des Bundes verursachte 1985 einen Zinsaufwand in Höhe von 33,1 Mrd. DM, das sind etwa 13 % des gesamten Bundeshaushaltes (vgl. hierzu das Schaubild Nr. 22). In diesem bemerkenswerten Umfang also verschafft die Regierung durch ihre Schuldenpolitik den Unternehmern Zinseinnahmen für Kapital, für das sie wegen der gegenwärtig niedrigen Kapazitätsauslastung kaum eine profitable Anlagemöglichkeit im realwirtschaftlichen Bereich finden könnten.

**Privatisierung staatlichen Vermögens
und öffentlicher Dienstleistungen**

Mit zunehmender Krisendauer verstärkt die Regierung ihre Bemühungen um die Privatisierung staatlichen Vermögens und öffentlicher Dienstleistungen. Die Anhänger der »Entstaatlichung« von Wirtschaft und Gesellschaft geben vor, die Verbraucher bzw. die Steuerzahler vom Ballast ineffizienter öffentlicher Einrichtungen befreien zu wollen. Den konsequentesten Verfechtern der Privatisierungsforderungen geht es sogar darum, den Staat radikal auf den »Kern seiner Aufgaben« zurückzuschneiden. Darunter verstehen sie im wesentlichen solche Bereiche, in denen hoheitliche Belange berührt sind (Polizei, Armee etc.). Aus den Aktivitäten jenseits dieses eng umrissenen »Kernbereichs« müsse sich der Staat umgehend zurückziehen;

auf diese Weise würde nämlich das Recht auf Eigentum sowie die wirtschaftliche Freiheit des Individuums am besten gewährleistet. In Übereinstimmung mit den weniger radikalen Privatisierungsanhängern wird außerdem die Ansicht vertreten, daß die meisten öffentlichen Dienstleistungen auf privatwirtschaftlicher Basis rationeller und somit für die Bürger kostengünstiger gestaltet werden könnten.

Die Debatte um die Privatisierung öffentlicher Dienstleistungen wird so geführt, als ob es den Konservativen tatsächlich darum ginge, dem Bürger, sei es als Steuerzahler, sei es als Kunde, »unnötige« Kosten zu ersparen. Dieses Ziel könne durch eine, nur auf privatwirtschaftlicher Basis zu bewerkstelligende effizientere Betriebsgestaltung erreicht werden.

Als Antwort auf die Privatisierungsforderungen des Arbeitgeberlagers bemühen sich betroffene Arbeitnehmer des öffentlichen Dienstes und ihre gewerkschaftlichen Vertreter darum, aufzuzeigen, wodurch die Verluste – im betriebswirtschaftlichen Sinne – im einzelnen entstehen. Dabei zeigt es sich, daß Defizite häufig deshalb auftreten, weil aufgrund bestimmter politischer Vorgaben diverse Dienstleistungen (ironischerweise insbesondere an private Unternehmen) zu Preisen abgegeben werden, die nicht kostendeckend sind.

Schon allein durch Veränderung solcher politischer Vorgaben könnten einige öffentliche Dienstleistungsunternehmen zumindest ein ausgeglichenes Betriebsergebnis vorlegen. Allerdings kann es durchaus auch im wohlverstandenen öffentlichen Interesse liegen, daß bestimmte Dienstleistungen zu Preisen unterhalb der Entstehungskosten angeboten werden.

Private Unternehmen aber müssen bekanntlich Gewinne anstreben. Das läuft darauf hinaus, daß im Anschluß an eine Privatisierung versucht wird, kombiniert die folgenden Maßnahmen zu ergreifen:
- Erhöhung der Preise,
- Verschlechterung des Produktes bzw. der Dienstleistung unter Beibehaltung des Preisniveaus,
- Senkung insbesondere der Lohnkosten durch Kürzung des Stundenlohnsatzes und/oder durch Verschärfung des Leistungsdrucks.

Die Gewinne werden also entweder aus den Kunden und/oder aus den eigenen Beschäftigten sozusagen »herausgeholt«. Im Regelfall ist die Privatisierung mit einer Verschärfung des Leistungsdrucks und mit einem massiven Stellenabbau verbunden. Die nach einer Privatisierung anfallenden Gewinne sind daher keineswegs mit einem Zuwachs an gesellschaftlichem Reichtum gleichzusetzen.

Zwar ist der öffentliche Haushalt nach der Privatisierung kostenaufwendiger Betriebe von dieser Verlustquelle entlastet; dafür wird er an anderer Stelle von der finanziellen Belastung teilweise wieder eingeholt: unter den heutigen Bedingungen ist nämlich davon auszugehen, daß sich die Stellenstreichungen der privatisierten Unternehmen in steigenden Arbeitslosenzahlen niederschlagen. Diejenigen, die ihren Arbeitsplatz verlieren, werden nicht an anderer Stelle eingesetzt, um dort zusätzliche Güter oder Dienstleistungen zu erzeugen. Nach der Privatisierung treten also Gewinne auf, obwohl der gesellschaftliche Reichtum an Gütern und Dienstleistungen gar nicht wächst – diese Gewinne beruhen folglich einzig auf einer Einkommensumverteilung innerhalb des unveränderten Volkseinkommens. Die beschäftigungslos gewordenen Arbeitnehmer erhalten anstelle des Lohnes bestenfalls (niedrigere) Lohnersatzzahlungen, für die der Staat aufzukommen hat. Somit teilen sich die unmittelbar betroffenen Arbeitnehmer und die Gesellschaft als Ganze die finanziellen Einbußen, die sich bei den Besitzern der privatisierten Unternehmen als Gewinnzuwächse niederschlagen.

Nicht zu vergessen sind natürlich auch die Qualitätsverschlechterungen des Dienstleistungsangebotes, die sich häufig als Folge der Privatisierung öffentlicher Betriebe ergeben und unter denen erfahrungsgemäß vor allem die Bezieher niedrigerer Einkommen zu leiden haben.

Den konservativen Parteien geht es bei ihren Bemühungen um die Privatisierung öffentlicher Dienstleistungsbetriebe nur vordergründig um die Entlastung der Haushalte von Bund, Ländern und Gemeinden. Viel eher liegt das – allerdings unausgesprochene – Ziel dieser Aktivitäten darin, für die klein- und mittelständischen Unternehmen zusätzliche Betätigungsmöglichkeiten zu schaffen, um so das konservative Element in der Gesellschaft zu stärken.

Ferner ist in diesem Zusammenhang die Tatsache von Bedeutung, daß wegen der schlechten Konjunkturlage kaum Chancen für die privaten Unternehmen zur Ausweitung innerhalb ihres »herkömmlichen« Bereiches bestehen. Deshalb soll der Staat durch seinen Rückzug auf den »Kernbereich« den fehlenden Platz schaffen für erweiterte Aktivitäten kleiner und mittlerer selbständiger Unternehmen.

Im Prinzip ist dieser Gedanke auch das leitende Motiv bei der Privatisierung von staatlichem Vermögen. Hierbei geht es nämlich vor allem darum, neue Anlagefelder für überschüssiges Kapital zu erschließen, weil der Kapitalmarkt bei weitem nicht ausreicht, die gesamten derzeit brachliegenden Gelder aufzunehmen und »angemessen« zu verwerten. Deshalb sollen die Möglichkeiten zur Kapitalanlage auch im sogenannten realwirtschaftlichen Bereich der Wirtschaft geschaffen werden – allerdings möglichst so, daß dadurch keine zusätzlichen Kapazitäten entstehen, die das Problem der Unterauslastung vorhandener Anlagen noch verschärfen würden.

Die hierbei verfolgte Strategie läßt sich sehr gut an der gegenwärtig zu beobachtenden Welle von sogenannten »Elefantenhochzeiten« verdeutlichen. Um ein Beispiel herauszugreifen: Aufgrund einer außerordentlich guten Geschäftslage verfügt der Daimler-Benz-Konzern seit langem über umfangreiche Finanzmittel. Hätte die Unternehmensleitung diese Gelder in die Erweiterung der eigenen Produktionskapazitäten investiert, so wären alsbald Kapazitäten entstanden, die erheblich über dem Niveau der kaufkräftigen Nachfrage in dem PKW-Teilmarkt liegen, den der Konzern ohnehin weitgehend beherrscht. Das Unternehmen würde sich sozusagen mit seinen neuen, zusätzlichen Kapazitäten selber Konkurrenz machen; das Preisniveau für die Daimler-Benz-Modelle würde zwangsläufig über kurz oder lang sinken.

Eine Ausweitung des Produktionsprogramms in Richtung niedrigerer PKW-Klassen hätte die Gefahr heraufbeschworen, daß die in jenen Bereichen führenden Konzerne auf eine derartige »Aggression« ihrerseits mit einer Ausdehnung der Produktionspalette in Richtung des von Daimler-Benz beherrschten PKW-Teilmarktes antworten.

Um diese Probleme zu vermeiden, suchte die Konzernleitung nach einer anderen Anlagemöglichkeit für die brachliegenden Gelder. Man entschied sich für die Kapitalanlage außerhalb der Automobilindustrie.

Aufgrund der Einschätzung, daß vor allem der Elektronikmarkt zukunftsträchtig sei, wählte man den Einstieg in eben diese Branche. Hier nun hießen die Alternativen: Aufbau gänzlich neuer Produktionsstätten, was mit einem spürbaren Ausbau der Kapazitäten dieses Industriezweiges verbunden gewesen wäre und deshalb vermutlich sehr bald zu Auslastungsproblemen geführt hätte – oder der Kauf bestehender Produktionsanlagen durch Übernahme ganzer Unternehmen bzw. Konzerne. Warum die Geschäftsleitung von Daimler-Benz sich für die zweite Lösungsmöglichkeit entschieden hat, ist leicht nachzuvollziehen. Daß es sich dabei keineswegs um eine Zufallsentscheidung eines Einzelunternehmens handelt, wird durch die gegenwärtig zu beobachtende Welle von Großfusionen deutlich. (Vgl. dazu auch Schaubild Nr. 10.)

Das Verlangen vieler Unternehmer nach unverzüglicher Privatisierung staatlicher Betriebe beruht auf einer sehr ähnlichen Problemstellung, wie sie für den Daimler-Benz-Konzern beschrieben worden ist. Entsprechend stimmen auch die Lösungsstrategien weitgehend überein: durch die Übernahme von Unternehmen (im Falle öffentlicher Betriebe also durch die Privatisierung) kann Kapital im realwirtschaftlichen Bereich der Wirtschaft angelegt werden, ohne daß der Aufbau von Überkapazitäten und damit eine Verschärfung der Unternehmenskonkurrenz befürchtet werden muß.

Im Zuge der Privatisierung bzw. Teilprivatisierung von Unternehmen wie der Lufthansa, des Kölner Rhein-Main-Flughafens oder des VW-Werkes, werden Möglichkeiten der Kapitalanlage in Milliardenhöhe geschaffen. Nach den Plänen des Bundesfinanzministeriums soll z. B. im laufenden Jahr 1986 Vermögen allein des Bundes in Höhe von etwa einer halben Milliarde DM verkauft werden. Daß sich angesichts solcher umfangreicher Privatisierungsabsichten die von den Unternehmern, der Bundesbank und der Bundesregierung wiederholt vorgetragenen Sorgen um einen angeblichen Eigenkapitalmangel der privaten Unternehmen als bloße Legende erweist, sei nur noch einmal am Rande erwähnt (vgl. hierzu Kapitel 2, Punkt 5).

Besonders attraktiv ist die Privatisierung für die Vermögensbesitzer natürlich dann, wenn die in Frage stehenden Bundesunternehmen nicht nur hoch rentabel sind, sondern auch noch ohne wirkliches Risiko arbeiten. Worin z. B. sollte das Wagnis der Kapitalanlage liegen bei einer privaten Übernahme der Kölner Rhein-Main-Flughafens?

Erzielt ein öffentliches Unternehmen jedoch keine Überschüsse und ist auch nicht ersichtlich, wie kurz- oder mittelfristig die einzelbetriebliche Rentabilität hergestellt werden könnte, dann gilt es schlicht als »nicht privatisierbar«! Bundesunternehmen aber, die hohe Gewinne erzielen, mit denen sich Defizite in anderen Bereichen ausgleichen ließen, gelten als »reif« für die Privatisierung. So frohlockte »Die Welt« in einem Bericht über den Viag-Konzern: »Die Viag AG, Berlin/Bonn ist für die Privatisierung gut gerüstet. Vorstandsmitglied Werner Lamby kündigte für 1985 eine Dividendenerhöhung an.« Im Jahr zuvor hatte die Dividende immerhin schon beachtliche 8 % betragen! (Vgl.: »Die Welt« vom 28. 1. 1986).

Das Resultat der Privatisierungspolitik ist schon jetzt klar vorhersehbar: die Belastung öffentlicher Haushalte wird nicht dadurch kleiner, daß man die profitablen Abteilungen ungeniert aus dem öffentlichen Besitz herausschneidet und nur die unrentablen Bereiche darin beläßt. Die Behauptung der Anhänger der Privatisierung, sie strebten mit ihrer Politik eine finanzielle Entlastung der Steuerzahler an, entpuppt sich so als durchsichtiges Manöver.

Im Rahmen der Privatisierung eines rentablen Unternehmens erzielt der Staat zwar erhöhte Einnahmen, aber nur im Jahr der Veräußerung. Damit kann die Regierung jedoch nur vorübergehend die Lücken im Staatshaushalt verringern, die sie ohnehin (z. B. durch Steuergeschenke an die Unternehmen) selbst verursacht hat.

In konkreten Zahlen: allein im Zeitraum von 1983–85 haben die Unternehmen nach Angaben des Arbeitgeberverbandes BDI Steuergeschenke in Höhe von ewa 6 Mrd. DM erhalten (vgl. hierzu Kapitel 3, Punkt 1.). In der laufenden Legislaturperiode sollen nach den Plänen des Finanzministeriums in Bonn Bundesbeteiligungen im Gesamtwert von 1,5 bis 2 Mrd. DM verkauft werden. Die Unternehmen bräuchten also maximal ⅓ des durch die Steuererleichterungen eingesparten Geldes aufzuwenden, um den gesamten Teil des zum Verkauf angebotenen Staatsvermögens zu übernehmen. Anders formuliert: durch die Veräußerung von Bundesvermögen fließt der Staatskasse kurzfristig etwa ¼ bis ⅓ des Betrages wieder zu, der ihr durch gleichzeitige Steuergeschenke an die Unternehmen entzogen worden ist. Anschließend aber fehlen im Staatshaushalt auch noch die jährlichen Gewinnabführungen der rentablen vormaligen Bundesunternehmen.

Damit wird klar, daß die massenhafte Privatisierung öffentlichen Vermögens eine vergleichsweise kurzfristig angelegte politische Strategie der Konservativen ist. Bezeichnenderweise sind ja nicht nur die konservativen Politiker in Bonn, sondern auch jene in London und Washington eifrig darum bemüht, staatlichen Besitz möglichst rasch zu veräußern. Vor allem in Großbritannien haben die Einnahmen aus den Verkäufen staatlicher Unternehmen inzwischen ein gigantisches Ausmaß angenommen: etwa 2 % des Gesamthaushaltes der Londoner Regierung werden gegenwärtig allein durch derartige Einkünfte bestritten. An oberster Stelle der englischen Privatisierungs-Hitliste stehen derzeit so bekannte Unternehmen wie der Automobilkonzern British Leyland, British Gas, British Airways sowie die British Airport Authortiy mit den sieben größten Flughäfen des Landes. Auf dem aktuellen Privatisierungsprogramm der US-Regierung stehen u. a. bedeutende Energieunternehmen, Ölfelder sowie der Washingtoner Flughafen.

Diese »Ausverkaufspolitik« läßt sich natürlich nur so lange betreiben, wie öffentliches Vermögen existiert, das noch veräußert werden kann. Im Prinzip ist also der Zeitpunkt abzusehen, an dem der Bankrott einer derartigen Haushaltspolitik offenkundig wird. Die konservativen Politiker kalkulieren aber offenbar ein, daß sie bis dahin aller Wahrscheinlichkeit nach die politische Macht, sozusagen turnusgemäß, an die jetzige Opposition abtreten müssen. Diese wird dann als Regierung mit folgendem Dilemma konfrontiert:

Die viel zu niedrigen Steuereinnahmen reichen bei weitem nicht aus, die laufenden notwendigen Ausgaben zu finanzieren; durch die ausbleibenden Gewinnabführungen der rentablen ehemaligen staatlichen Betriebe wird die Finanznot noch vergrößert – zu verkaufen wäre an staatlichem Vermögen dann aber kaum noch etwas. Folglich bleibt der nachfolgenden Regierung gar nichts anderes übrig, als zusätzliche Sparmaßnahmen einzuführen bzw. bestehende zu verschärfen, die Staatsverschuldung auszuweiten und/oder die Steuern zu erhöhen. Damit wird dem Wahlvolk ganz nebenbei »vorgeführt«, daß diese Regierung eben doch nicht richtig wirtschaften kann. Der übernächste Wahlkampfschlager der konservativen Parteien wird also schon jetzt vorprogrammiert!

4. Kapitel
Ursachen der Krise und
die »Selbstheilungskräfte der Wirtschaft«

1. Ursachen von Krise und Massenarbeitslosigkeit

In vielen Analysen werden bestimmte wirtschaftliche Entwicklungen als Ursache der Krise benannt, die in Wirklichkeit selbst Resultat der Krise sind. So werden z. B. sinkende Gewinne als eine Krisenursache bezeichnet, obwohl die Profite ja erst dann fallen, wenn die realen Umsätze nicht mehr steigen oder gar sinken und wenn die Unternehmen etwaige Kostensteigerungen wegen nachlassender Nachfrage nicht mehr voll im Preis überwälzen können. Was als Ursachenanalyse ausgegeben wird, ist oft nur eine Beschreibung der Prozesse, über die sich eine Krise fortentwickelt und verschärft; es kommt jedoch darauf an, den wirtschaftlichen Abwärtstrend in seinem Ursprung zu erklären. Daher soll nun – ausgehend von der Situation des Booms, d. h. von der Vollauslastung der Kapazitäten, von einer hohen Rentabilität der Unternehmen und von der Vollbeschäftigung der Arbeitnehmer – untersucht werden, wie es zur Herausbildung der Konjunkturzyklen kommt.

Solange die Nachfrage rascher oder zumindest ebenso schnell steigt wie das Angebot an Waren und Dienstleistungen, setzt sich der Boom ungebrochen fort. Die Kapazitäten bleiben gut ausgelastet; anfallende Kostensteigerungen (für Rohstoffe, Vorprodukte, Löhne etc.) werden relativ leicht im Preis überwälzt oder durch hohe Produktivitätssteigerungen aufgefangen. Arbeitskräfte, die durch Rationalisierungen ihren »angestammten« Arbeitsplatz verlieren, finden im Zuge der Produktionsausweitung eine neue Beschäftigung.

Sind die Produktionskapazitäten eines Betriebes voll ausgelastet und besteht darüber hinaus noch weitere Nachfrage, so kann sie von dem betreffenden Unternehmen kurzfristig gar nicht »bedient« werden. (Eine Ausweitung der Produktion durch Sonderschichten ist normalerweise nur begrenzt möglich.) Weil die überschüssige Nachfrage für das Unternehmen insofern wirtschaftlich nicht unmittelbar nutzbar ist, erhöht es seine Warenpreise so lange, bis die Übernachfrage »abgeschmolzen« ist. Preissteigerungen sind in der Regel die erste – und vor allem die am schnellsten wirkende – Reaktion eines

Anbieters auf eine überhöhte Nachfrage nach seinen Produkten.

Durch die Preiserhöhung steigt der Gewinn stark an, weil die erhöhten Einnahmen je Wareneinheit voll dem Gewinn zugute kommen. Ein Beispiel soll das verdeutlichen: bei 100 DM Umsatz fallen ursprünglich z. B. 3 DM Gewinnanteil an. Wenn das Unternehmen nun seine Warenpreise z. B. um 6 %, also auf 106 DM erhöht, dann ergibt sich bei gleichen Kosten von 97 DM ein neuer Gewinn pro Wareneinheit in Höhe von 9 DM. Der Stückgewinn hat sich in diesem Beispiel aufgrund der Preissteigerung um 6 % verdreifacht. In Boomphasen können die Unternehmen ihre Stückgewinne also ganz erheblich steigern, indem sie einen Großteil der überschüssigen Nachfrage durch Preissteigerungen »abschöpfen«.

Der enorme Anstieg der Stückgewinne macht es natürlich sehr attraktiv, eine noch höhere Stückzahl zu verkaufen, um so den Gesamtgewinn weiter anzuheben. Der Ausbau der Produktionskapazitäten und damit die Erhöhung der Produktionszahlen ist deshalb eine zweite wesentliche, allerdings erst mit einiger zeitlicher Verzögerung wirkende Antwort auf eine hohe bzw. steigende Nachfrage.

Die Anhebung der Preise einerseits und der Ausbau der technischen Anlagen andererseits sind jedoch zwei Reaktionsweisen der Unternehmen, die sich prinzipiell widersprechen. Während die Unternehmen aufgrund der Erwartung einer steigenden realen Nachfrage zusätzliche Kapazitäten aufbauen, vermindern sie durch die laufenden Preissteigerungen die Kaufkraft des Geldes, wodurch die reale Nachfrage geschwächt wird. Verschärft wird dieser Widerspruch dadurch, daß sich die beiden Prozesse ohne jegliche Abstimmung vollziehen:

Die Höhe der Inflation wird – im Rahmen des Verhältnisses von Angebot und Nachfrage – bestimmt durch die Preisgestaltung einer Vielzahl, mehr oder weniger stark gegeneinander konkurrierender Unternehmen. Für jedes einzelne von ihnen stellt sich die Rate des allgemeinen Preisanstiegs allerdings als gegebene Größe dar, die nur annähernd im voraus geschätzt werden kann.

Das Verhältnis von Angebot und gesamtwirtschaftlicher Nachfrage wird aber noch durch eine Reihe weiterer Faktoren beeinflußt:

Der Umfang des inländischen Warenangebots wird vor allem bestimmt durch Tempo und Ausmaß der Kapazitätserweiterungen in den vielen Einzelunternehmen. Von Bedeutung ist außerdem das jeweilige Ausmaß des Produktivitätsfortschritts, der es ermöglicht, mit gleichem Arbeitsaufwand mehr zu produzieren. Schließlich wird der Umfang des inländischen Warenangebotes beeinflußt von der

Differenz zwischen Warenexport und Warenimport, d. h. von Überschüssen oder Defiziten im Außenhandel.

Noch komplizierter liegen die Verhältnisse bei der Entwicklung der gesamtwirtschaftlichen Nachfrage: Wie das Schaubild Nr. 55 zeigt, unterliegt vor allem die Nachfrage nach Investitionsgütern starken Schwankungen – die vielen Prognosen der Wirtschaftsforschungsinstitute zum Verlauf der Investitionsgüternachfrage müssen daher in aller Regel schon nach wenigen Monaten korrigiert werden. Die Nachfrage der öffentlichen Hände (Bund, Länder und Gemeinden) kann von den ursprünglichen Haushaltsplanungen nach oben oder nach unten abweichen.

**Schaubild 55
Entwicklung von Konsum und Investitionen**
JÄHRLICHE REALE ÄNDERUNGSRATEN

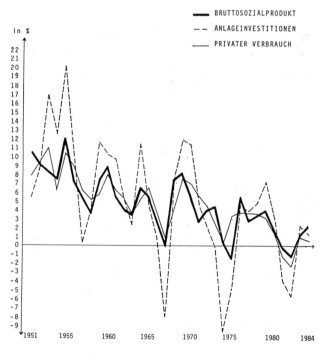

Die Angaben für die Jahre 1951 - 1971 sind zu Preisen von 1962, die für 1972 - 1984 zu Preisen von 1976.

Auch für die Konsumgüternachfrage sind keine exakten Vorhersagen möglich: aufgrund der enormen Warenvielfalt kann auch nur mehr oder weniger vermutet werden, in welchen konkreten Bereichen sich die Nachfrage zu einem gegebenen Zeitpunkt entfalten wird (etwa bei Textilien, Möbeln oder Unterhaltungselektronik?). Selbst bei einer bestimmten Produktart ist die Verteilung der Nachfrage auf die einzelnen Anbieter ungewiß. Die Rivalität der unmittelbar gegeneinander konkurrierenden Unternehmen kann leicht zum Aufbau von Überkapazitäten führen: gelingt es z. B. einer Zigarettenfirma A., Marktanteile vom Konkurrenten B. zu erobern, so muß sie unter Umständen die eigenen Kapazitäten ausbauen, um der erhöhten Nachfrage nach ihren Produkten nachkommen zu können. Holt sich der Konkurrent B. anschließend seine »alten« Marktanteile, etwa durch gelungene Werbefeldzüge, zurück, dann erweisen sich die neu errichteten Produktionskapazitäten der Firma A. plötzlich als überzählig. Noch bedeutender ist allerdings, daß der Umfang des Konsums allein der Arbeitnehmer von einer Reihe schwer kalkulierbarer Faktoren abhängig ist: zu nennen sind hier das Ausmaß der Beschäftigung, die Entwicklung der Nominallöhne, die Höhe der Sozialtransfers (Kindergeld etc.), des Steuersatzes und der Sozialabgaben und schließlich das Tempo des Kaufkraftverlustes des Geldes sowie die Entwicklung des Sparverhaltens. Das Sparverhalten wiederum ist, wie die meisten anderen genannten Bestimmungsfaktoren der Konsumnachfrage auch, seinerseits abhängig von der konjunkturellen Lage – das gilt auch für die Bereitschaft, sich z. B. für die Anschaffung eines langlebigen Konsumgutes (Wohnungseinrichtungen, PKW, etc.) zu verschulden. Der Umfang des Sparens aller privaten Haushalte ist darüber hinaus erheblich beeinflußt von der Verteilung des Volkseinkommens auf die einzelnen Einkommensgruppen.

Durch die vielschichtigen, wechselseitigen Abhängigkeiten ist es den Einzelunternehmen gar nicht möglich, für eine gleichmäßige Entwicklung von Angebot und Nachfrage zu sorgen. Hinzu kommt, daß die beiden zentralen unternehmerischen Aktivitäten, nämlich die Preisanhebung und der Kapazitätsausbau, unterschiedlich schnell wirken. Während durch den Preisanstieg sofort Kaufkraft vernichtet wird, kommen die zusätzlichen Kapazitäten erst mit einiger zeitlicher Verzögerung zur Geltung – bei großen Anlagen kann diese Zeitspanne mehrere Jahre betragen.

In der Phase, in der die zusätzlichen Anlagen errichtet werden, entstehen bei den Herstellern der Investitionsgüter sofort laufende Einkommen in Form von Löhnen und Gewinnen; der Staat erhält vermehrte Steuereinnahmen. Den steigenden Einnahmen stehen während dieser Zeit jedoch keine verfügbaren Produktionskapazitäten gegenüber. Die hohe Nachfrage nach Konsumgütern prallt gewissermaßen zusammen mit der durch sie ausgelösten Nachfragesteigerung nach Investitionsgütern, ohne daß das Warenangebot entsprechend schnell mitwachsen kann. Die Folge davon ist zunächst eine Verstärkung der Übernachfrage und damit eine Beschleunigung des Preisanstiegs.

Die überhöhte Nachfrage führt also zu einem verstärkten Kaufkraftverlust des Geldes und damit auch zu einer Drosselung der effektiven Nachfrage. Allmählich werden jedoch die zusätzlichen Produktionskapazitäten in Betrieb gestellt; das Warenangebot dehnt sich jetzt »unaufhaltsam« aus. Bei einem starken Anstieg der Preise und einem parallelen Aufbau von umfangreichen Produktionsanlagen kommt es allmählich zur Herausbildung von Überkapazitäten. Die Anlagen können nicht mehr voll ausgelastet werden; die Kapazitätsauslastung sinkt.

Zu einer Unterauslastung der Anlagen kann es wohlgemerkt selbst dann kommen, wenn die reale Nachfrage weiter wächst – sofern nur die Produktionskapazitäten noch rascher zunehmen. Zur Vermeidung einer Unterauslastung der technischen Anlagen bzw. zur Verhinderung einer Krise reicht es also keinesfalls aus, nur dafür zu sorgen, daß die Konsumnachfrage (Massenkaufkraft) nicht sinkt. Notwendig ist vielmehr, daß die (End-)Nachfrage zumindest im gleichen Tempo wächst wie die Produktionskapazitäten. Beispielsweise ist der private Konsum in der Bundesrepublik weder zu Beginn der Krise von 1966/67 noch zu Anfang der Krise 1974/75 absolut gesunken (vgl. Schaubild Nr. 55). Allein die unzureichende Steigerung der Massenkaufkraft (im Vergleich zum Anstieg der Produktionskapazitäten) hat seinerzeit jeweils dazu geführt, daß die Auslastung der Produktionsanlagen gesunken ist.

Das Problem einer zu geringen Inlandsnachfrage kann allerdings von einer starken Auslandsnachfrage überdeckt werden. Während der ersten Nachkriegsjahre war das in der Bundesrepublik zeitweilig der Fall.

Kommt es aber zu einem relativen Zurückbleiben der gesamtwirtschaftlichen Nachfrage hinter der Entwicklung des Angebotes und registrieren die Unternehmen den Rückgang der Kapazitätsauslastung nicht nur als kurzfristige Erscheinung, dann setzt der Krisenprozeß massiv ein: Wegen der sinkenden Kapazitätsauslastung stoppen die ersten Unternehmen den weiteren Ausbau ihrer Anlagen. Daher werden nun weniger Maschinen und Anlagen gekauft, die Nachfrage nach Investitionsgütern sinkt jetzt *absolut*.

Das hat zur Folge, daß die Einnahmen in der Investitionsgüterindustrie sinken; die Unternehmen zahlen weniger Steuern an den Staat und sie verringern gleichzeitig das Beschäftigungsvolumen in ihrem Bereich. Die Lohneinkommen gehen real zurück – und damit allmählich auch die Konsumgüternachfrage. Der Rückgang der Nachfrage nach Konsumgütern wird dadurch verstärkt, daß die Arbeitnehmer auf sie sich abzeichnende Bedrohung ihrer Einkommen (Abbau von Überstunden, Kurzarbeit, erste Entlassungen) mit verstärktem (»Angst«-)Sparen reagieren (vgl. Schaubild Nr. 41). Sofern der Staat eine Politik der »Haushaltssanierung« betreibt, reagiert er auf den Rückgang seiner Einnahmen gleichfalls mit einer Senkung seiner Ausgaben. Damit vermindert sich auch die Nachfrage des Staates. Sowohl die Unternehmen des Konsumgüter- wie auch die des Investitionsgütersektors gehen allmählich dazu über, technisch an sich fällige Ersatzinvestitionen für verschlissene Anlageteile soweit wie möglich hinauszuzögern. Erstens sind sie nämlich bei Unterauslastung ihrer Kapazitäten ohnehin nicht auf die jederzeitige volle Verfügbarkeit ihrer kompletten Anlagen angewiesen und zweitens bewahren sie sich durch den Verzicht auf nicht unbedingt erforderliche Ersatzinvestitionen ihre Liquidität. Das ist gerade in Krisenzeiten von Bedeutung, weil hier die Geldrückflüsse wegen des stockenden Warenabsatzes nicht mehr gesichert sind. Durch den Rückgang der Ersatzinvestitionen vermindert sich die Nachfrage im Investitionsgütersektor abermals; seine Auslastung geht noch weiter zurück. Der gesamte Prozeß der konjunkturellen Abwärtsbewegung verstärkt sich jetzt spiralenförmig aus sich selbst heraus.

Durch den sogenannten »Lagerzyklus« wird der Rückgang der Nachfrage in einigen Branchen, die nicht auf Bestellung, sondern auf Lager produzieren, noch überzeichnet: in der ersten Phase der Absatzkrise reagieren diese Unternehmen in der Regel kaum auf den Nachfragerückgang; sie behalten die »alten« Produktionszahlen zunächst bei. Dadurch wächst das Warenlager immer stärker an. Erkennen die betreffenden Unternehmen den Absatzrückgang dann als nachhaltiges Problem, drosseln sie ihre Produktion: um die mittlerweile überfüllten Warenlager, die unnötig viel finanzielle Mittel binden und Zinskosten verursachen, möglichst schnell wieder abzubauen, wird die Produktion nun sogar stärker gesenkt als es dem aktuellen laufenden Warenabsatz entspräche. Im Ergebnis geht die Produktion also zeitweilig noch stärker zurück als die Nachfrage nach den betreffenden Waren.

Als Folge der sinkenden Kapazitätsauslastung nimmt die Konkurrenz der Unternehmen gegeneinander zu, weil die Anbieter ihren

Kampf um Marktanteile verstärken müssen, um einen weiteren Rückgang der Auslastung zu vermeiden. Dies führt u. a. dazu, daß sich die Preiskonkurrenz verschärft, so daß die Anhebung der Preise erschwert ist. Gleichzeitig führt aber die sinkende Auslastung der Kapazitäten zu einer Erhöhung der Stückkosten. Die Gewinne pro Wareneinheit geraten also von zwei Seiten in die Klemme. Da sie wegen rückläufiger realer Umsatzzahlen auch noch weniger oft anfallen als im Boom, sinkt der Unternehmensgewinn im gesamtwirtschaftlichen Durchschnitt.

Die Verringerung der Gewinne ist also nicht Ursache, sondern Folge der Unterauslastung der Produktionsanlagen und damit der Krise. Das Kernproblem des zyklischen Wirtschaftsablaufes liegt darin, daß im kapitalistischen Wirtschaftssystem der Ausbau der technischen Anlagen in keiner Weise im voraus abgestimmt ist mit der Entwicklung der realen Endnachfrage. Es kann immer erst im nachhinein festgestellt werden, ob sich Angebot und Nachfrage in einem bestimmten Zeitraum gleichmäßig entwickelt haben oder nicht. Die Anarchie des Marktes läßt eine aufeinander abgestimmte Entwicklung von Angebot und Nachfrage nicht zu; die Folge ist das regelmäßige Auftreten von Ungleichgewichten. Übersteigt die Nachfrage das Angebot, so entwickeln sich daraus Triebkräfte (Preissteigerungen bzw. Kaufkraftverlust des Geldes einerseits und Kapazitätsaufbau andererseits), die systematisch zur Entstehung von Überkapazitäten und damit zur Krise führen.

2. Der »urwüchsige« Weg aus der Krise

Nachdem die Ursachen der Krise sowie die krisenverschärfenden Prozesse beschrieben sind, ist jetzt zu fragen, warum bisher auf jede Konjunkturkrise noch immer ein Wirtschaftsaufschwung gefolgt ist. Wie bereits dargestellt, ist der Rückgang der Kapazitätsauslastung das auslösende Moment einer Krise. Zunächst sinkt die Auslastung der Anlagen immer weiter ab, so daß sich die Krise verschärft. Der Abwärtstrend wird erst gestoppt, wenn sich Angebot und Nachfrage wieder ausgleichen. Je nach den konkret gegebenen Bedingungen (Krise oder Boom im Ausland, Wirtschaftspolitik der Regierung, Stärke oder Schwäche der Arbeiterbewegung etc.) kann die Krise mehr oder weniger stark ausgeprägt sein und entsprechend unterschiedlich lange dauern. Verläßliche Vorhersagen über Dauer und Schärfe einer aktuellen Wirtschaftskrise sind daher nicht möglich.

Die Wiederangleichung von Angebot und Nachfrage, und damit die Überwindung der Krise, kann grundsätzlich über einen Anstieg der Nachfrage und/oder über einen Rückgang des Angebotes erfolgen. Das gesamtwirtschaftliche Angebot vermindert sich im Verlaufe einer Krise dadurch, daß die Produktionskapazitäten mit zunehmender Krisendauer verringert werden: der Rückgang der Nachfrage verteilt sich auf die einzelnen Unternehmen erfahrungsgemäß sehr unterschiedlich. Zahlreiche Betriebe, deren Kapazitätsauslastung auf diese Weise besonders stark sinkt, gehen in Konkurs; ihre technischen Anlagen werden zu einem Großteil stillgelegt bzw. vernichtet. Zudem werden viele der technisch an sich fälligen Ersatzinvestitionen nicht durchgeführt, solange im Unternehmen noch ausreichende Kapazitäten verfügbar sind. Das Produktionspotential schrumpft also auch hier. Ferner sinkt mit zunehmender Arbeitslosigkeit das Warenangebot im Verhältnis zur Nachfrage auch deshalb, weil die Arbeitslosen zwar (unfreiwillig) nicht mehr produzieren, über den Bezug von Arbeitslosengeld etc. jedoch weiterhin – wenn auch in bescheidenerem Umfang – als Nachfrager auftreten können.

Die Firmenpleiten haben, ähnlich wie die Unterlassung von Ersatzinvestitionen, den Nebeneffekt, daß sich die bestehende Nachfrage auf eine verminderte Produktionskapazität verteilt. Je umfangreicher und schneller die Zerstörung von Produktionskapazitäten, um so stärker und rascher wird sich die Nachfrage bei den verbleibenden Betrieben erhöhen – selbst wenn die Nachfrage in der Summe noch gar nicht gestiegen ist.

Mit zunehmender Krisendauer entwickeln sich aber auch von der Nachfrageseite her Kräfte, die die Kluft zwischen Angebot und Nachfrage allmählich wieder schließen:

Die Nachfrage nach Investitionsgütern muß nach einiger Zeit wieder steigen, weil die zunächst hinausgezögerten Ersatzinvestitionen zu irgendeinem Zeitpunkt zwangsläufig nachgeholt werden müssen, sofern das betreffende Unternehmen weiter am Markt bleiben will. Die Lücke zwischen Angebot und Nachfrage verringert sich also nach einer (un-)gewissen Zeit u. a. deshalb, weil die Produktionsanlagen allmählich stofflich verschleißen. Damit sind die Betriebe vor die Alternative gestellt, entweder Ersatzinvestitionen durchzuführen, also die Nachfrage (nach Investitionsgütern) zu erhöhen – oder die Ersatzinvestitionen zu unterlassen (d. h. eventuell aus dem Markt auszuscheiden) und damit unfreiwillig das Angebot zu verknappen.

Auch der private Konsum kann trotz sinkender Realeinkommen zumindest vorübergehend wieder steigen, das war während der letzten Jahre z. B. in der Bundesrepublik der Fall. Zu Beginn der Krise ist nämlich infolge des »Angstsparens« vor allem der Ersatz langlebiger Konsumgüter (PKW, Möbel, Haushaltsgeräte etc.) möglichst ausgesetzt worden. Wenn dann nach mehreren Krisenjahren z. B. die Reparaturbedürftigkeit eines PKWs stark zunimmt, stellt sich für seinen Halter allmählich die Frage, den Wagen entweder zu ersetzen oder künftig auf einen PKW zu verzichten. Sofern die Konsumenten noch über ausreichende Sparguthaben verfügen, ist es durchaus möglich, daß die Nachfrage z. B. nach PKW wieder ansteigt, obwohl die laufenden Einkommen real zurückgehen. Der zusätzliche Konsum wird dann über den Abbau von Sparguthaben finanziert. So ist der Einzelhandelsumsatz in der Bundesrepublik, trotz sinkender Reallöhne, 1983 um durchschnittlich 1 % real gestiegen; für PKW ergab sich nach Abzug der Preissteigerungsrate sogar ein Plus von 10,5 %. Die Hauptgemeinschaft des Deutschen Einzelhandels stellt dazu fest: »Die Entwicklung wurde dadurch begünstigt, daß im Januar und im Juli mehr als 22 Mrd. DM an mittelfristig festgelegten Finanzmitteln frei wurden, von denen ein ungewöhnlich großer Teil in den Konsum floß, vor allem zur Anschaffung langlebiger Gebrauchsgüter« (Handelsblatt Nr. 38 vom 22. 2. 1984).

Damit ist allerdings auch schon die Bedingung angegeben, unter der sich eine steigende Konsumnachfrage trotz schrumpfender Realeinkommen entfalten kann: es müssen noch Finanzreserven vorhanden sein, die abgebaut werden können. Werden jedoch die Sparguthaben zur Finanzierung eines Konsum»stoßes« aufgebraucht, ohne daß sich daraus ein kräftiger Konjunkturaufschwung entwickelt, dann fällt der private Konsum für die nächste Zeit als Konjunkturstütze aus.

Zumal bei langanhaltenden, schweren Wirtschaftskrisen sehen sich schließlich selbst konservative Regierungen politisch dazu veranlaßt, von ihrer proklamierten Strategie der Haushaltskürzungen in der Praxis abzugehen. Die ständig steigende Staatsverschuldung z. B. in der Bundesrepublik und in den USA belegen beispielhaft, daß selbst die hartgesottensten Politiker davor zurückschrecken, die Staatsausgaben tatsächlich auf das Niveau der (fallenden) Staatseinnahmen herunterzufahren. Vielmehr geben auch konservative Regierungen in der Krise mehr Geld aus, als sie laufend in Form von Steuern etc. einnehmen. Praktisch bedeutet das eine Stützung der gesamtwirtschaftlichen Nachfrage durch die öffentliche Hand.

Die verbleibenden Unternehmen der Investitionsgüterindustrie erhalten also insgesamt wieder mehr Aufträge und erhöhen daher ihre Produktion. Ihre technischen Kapazitäten werden besser ausgelastet, die Fixkosten verteilen sich auf ein wachsendes Produktionsvolumen, die Stückkosten fallen. Dadurch erhöht sich der Stückgewinn, der nun auch wieder häufiger anfällt. Gewinn-, Lohn- und Steueraufkommen steigen. Die Nachfrage nimmt jetzt auch in der Konsumgüterindustrie zu, die nun ihrerseits die Produktion ausweitet und z. B. fällige Ersatzinvestitionen zügiger durchführt. Der Aufschwung bzw. Boom hält solange an, bis erneut Überkapazitäten im Verhältnis zur gesamtwirtschaftlichen Nachfrage entstehen.

3. Die »sozialen Kosten« der Krisenüberwindung durch die »Selbstheilungskräfte der Wirtschaft«

Der beschriebene »urwüchsige« Weg aus der Krise ist außerordentlich verlustreich und kommt einer gigantischen Verschleuderung gesellschaftlichen Reichtums gleich; jedes verlorene Prozent Wirtschaftswachstum bedeutet in der Volkswirtschaft der Bundesrepublik einen Ausfall in Höhe von 17 Mrd. DM. Wenn also das Bruttosozialprodukt in einer Krise z. B. um 2% sinkt, statt, wie in einem »gewöhnlichen« Aufschwungjahr üblich, etwa um 3% zu wachsen, so gehen damit Güter und Dienstleistungen im Werte von 85 Mrd. DM verloren. Pro Kopf der Bevölkerung umgerechnet sind das rund 1400 DM Mindereinnahmen je Krisenjahr. Für eine vierköpfige Familie addiert sich der jährliche Fehlbetrag bereits zu einer Summe von 5600 DM, also zu einem Betrag, mit dem sich mancher finanzielle Engpaß vermeiden oder eine ganze Reihe von Konsumwünschen verwirklichen ließe.

Selbst nach Angaben der offiziellen Arbeitsmarktstatistik sind in der Bundesrepublik zur Zeit etwa 2,5 Mio. Arbeitnehmer zum Nichtstun verurteilt. Hinzu kommt noch eine »Dunkelziffer« von etwa einer weiteren Million Erwerbspersonen, die zwar einen Arbeitsplatz suchen, aber aus den verschiedensten Gründen in der Arbeitslosenstatistik der Bundesanstalt für Arbeit nicht geführt werden. Diese Menschen können und wollen in der Regel arbeiten; ihr Arbeitsvermögen bleibt dennoch ungenutzt.

Seit Jahren haben Schulabgänger massive Probleme, z. B. eine Lehrstelle zu finden: inmitten der Technologie-Euphorie von Bundesregierung und Arbeitgeberverbänden werden jedoch in den qualifizierten Berufen immer weniger Lehrstellen angeboten – um so mehr dafür in so »zukunftsträchtigen« Berufen wie Bäcker oder Friseur.

Aber nicht nur das Arbeitskräftepotential, sondern auch die vorhandenen technischen Anlagen sind gegenwärtig nur unzureichend ausgelastet. Aus privatwirtschaftlichen Rentabilitätsüberlegungen werden mitunter sogar solche Produktionskapazitäten vernichtet (z. B. in der Bauindustrie), für die es bei einer höheren kaufkräftigen Nachfrage durchaus eine sinnvolle Verwendung geben würde.

Energien und Rohstoffe stünden ebenfalls in ausreichendem Maße zur Verfügung – das gilt insbesondere für ein an Devisen so reiches Land wie die Bundesrepublik Deutschland.

Zudem läßt sich eine große Anzahl von Gütern und Dienstleistungen benennen, bei denen der Bedarf der Bevölkerung nur unzureichend gedeckt ist.

Die Bereiche unbefriedigender oder mangelhafter Bedarfsdeckung nehmen gegenwärtig sogar dramatisch zu, wie sich an der Entwicklung der sogenannten »neuen Armut« erkennen läßt. Erinnert sei hier beispielhaft an den Wohnungsmarkt, an das Gesundheits- und an das Bildungswesen, an den öffentlichen Personennahverkehr, den Umweltschutz und an die Entwicklungshilfe. Obwohl also der konkrete Bedarf in zahlreichen Bereichen gegeben ist und auch die personellen sowie die technischen Kapazitäten zur Ausweitung von Produktion und Dienstleistungen vorhanden sind (bzw. nötigenfalls leicht geschaffen werden könnten), schrumpft in der Krise das Bruttosozialprodukt und damit der Lebensstandard der Masse der Bevölkerung.

Über die fatalen sozialen Folgen massenhafter Dauerarbeitslosigkeit und beruflicher Perspektivlosigkeit ist schon viel geschrieben worden: sie reichen von der Entwertung beruflicher Qualifikationen und erheblichen Eintrittsproblemen Jugendlicher in das »normale« Erwerbsleben, bis hin zur Zerstörung der Persönlichkeit des Individuums. Längst ist auch bekannt, daß es zwischen dauerhafter Massenarbeitslosigkeit und wachsender Ausländerfeindlichkeit direkte Zusammenhänge gibt. Vor allem aber hat die Erfahrung gezeigt, daß sich die nationalen und internationalen Spannungen, die sich aus Wirtschaftskrisen ergeben, letztlich sogar in Weltkriegen entladen können.

Aus diesen Gründen ist es nicht nur außerordentlich unsozial, sondern auch höchst gefährlich, darauf zu hoffen bzw. zu warten, daß die Wirtschaft aus sich selbst heraus die konjunkturelle Talfahrt beendet, einen neuen Aufschwung auslöst und das Beschäftigungsproblem überwindet. Wer, wie z. B. die Bundesregierung, auf den gezielten Einsatz von Konjunktur- und Beschäftigungsprogrammen verzichtet, eine Umverteilung der Arbeit durch eine allgemeine Arbeitszeitverkürzung für »dumm und töricht« erklärt und allein auf die »Selbstheilungskräfte der Wirtschaft« pocht, setzt sich dem Verdacht aus, die Vergeudung gesellschaftlichen Reichtums und die Gefährdung des sozialen Friedens innerhalb und zwischen den Völkern zumindest stillschweigend zu dulden.

5. Kapitel
Gewerkschaftliche Strategie zur Milderung der Krise und Überwindung der Massenarbeitslosigkeit

Wie die Geschichte des Kapitalismus zeigt, sind die Konjunkturkrisen in diesem Wirtschaftssystem absolut unvermeidlich. Es ist daher unrealistisch bzw. als eine rein wahltaktische Aussage zu werten, wenn z. B. die politischen Parteien in Bonn jeweils für sich in Anspruch nehmen, über geeignete wirtschaftspolitische Instrumente zur Krisenvermeidung zu verfügen. Ebensowenig sind sie dazu in der Lage, einen Konjunkturaufschwung zu »machen«. Nicht einmal der gegenwärtige schwache Aufschwung der Produktion ist ein Verdienst der Bonner Wirtschaftspolitik – und auch er wird in absehbarer Zeit von einem konjunkturellen Rückschlag abgelöst werden. Fraglich ist lediglich der exakte Zeitpunkt für den Beginn des nächsten Konjunktureinbruchs – und dessen Schärfe.

Mit einer an Sicherheit grenzenden Wahrscheinlichkeit kann jedoch schon jetzt vorhergesagt werden, daß (wie gehabt) die Regierung den kommenden konjunkturellen Einbruch mit »unvorhersehbaren« äußeren Störfaktoren begründen wird, während ihr die Opposition ein schuldhaftes Verhalten nachzuweisen versucht, das die Krise erst ausgelöst habe. Tatsächlich aber hat es weder eine von Sozialdemokraten, noch eine von den Konservativen geführte Wirtschaftspolitik jemals vermocht, einen gleichmäßigen Wachstumsprozeß ohne Krise sicherzustellen.

Die politischen Lager unterscheiden sich allerdings z. T. ganz erheblich in der Frage der Verteilung der Krisenlasten. Das gilt auch für die Bereitschaft, solche Maßnahmen zu ergreifen bzw. zu unterstützen, die insbesondere das Beschäftigungsproblem abzumildern helfen.

Die folgenden Überlegungen zur Überwindung der Krise und Massenarbeitslosigkeit konzentrieren sich schwerpunktmäßig auf die Gewerkschaften bzw. auf ihre möglichen tarifpolitischen Strategien, weil sie der unmittelbarste Ansatzpunkt sind für die Wahrung und Durchsetzung von Arbeitnehmerinteressen. Grundsätzlich muß es bei der Bekämpfung der Krise darum gehen, die Schere zwischen der Produktionskapazität und der kaufkräftigen Nachfrage bzw. die Kluft zwischen Angebot und Nachfrage nach Arbeitskräften durch bewußtes wirtschaftspolitisches Handeln schneller und gezielter zu schließen als das im beschriebenen »urwüchsigen Prozeß« der Krisenüberwindung geschieht.

Ausgangspunkt der folgenden Überlegungen ist die Tatsache, daß sich im Zuge des technischen Fortschritts durchschnittlich eine Steigerung der Effektivität oder Produktivität der Arbeit etwa in Höhe von 3%–4% pro Jahr ergibt. Diese Erhöhung der Arbeitsleistung je Beschäftigtenstunde erlaubt es, entweder mit gleicher Erwerbspersonenzahl und bei gleichbleibender Arbeitszeit je Beschäftigten jährlich 3%–4% mehr Güter und Dienstleistungen zu erzeugen, oder die gleichen Mengen mit einem entsprechend geringeren Arbeitszeitaufwand zu erstellen.

Im einzelnen sind höchst unterschiedliche Auswirkungen des technischen Fortschritts auf die Lage der Arbeitnehmer möglich. Anhand des in Schaubild Nr. 56 dargestellten Schemas sollen diese Alternativen erläutert werden mit dem Ziel, Ansatzpunkte für ein bewußtes wirtschaftspolitisches Handeln aufzuzeigen.

**Schaubild 56
Umsetzung des technischen Fortschritts**

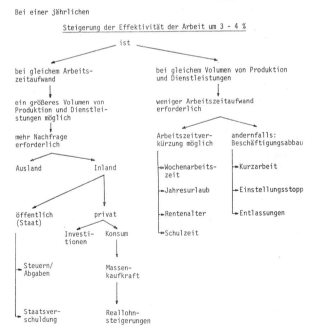

1. Ausweitung von Produktion und Dienstleistungen

Eine erste Möglichkeit für das Aufhalten des Abwärtstrends in einer Krise ergibt sich nach dem obigen Schema durch eine Ausweitung von Produktion und Dienstleistungen in Höhe des jährlichen Produktivitätsanstiegs. Auf diese Weise würde das erforderliche Beschäftigungsvolumen zumindest auf dem jeweiligen Stand gehalten. Erst wenn unter sonst gleichen Umständen Produktion und Dienstleistungen schneller zunehmen als die Arbeitsleistung je Beschäftigtenstunde, werden wieder mehr Arbeitsstunden erforderlich, so daß die bestehende Arbeitslosigkeit allmählich abgebaut wird.

Die Ausweitung des Volumens von Produktion und Dienstleistungen setzt aber voraus, daß die zahlungsfähige Nachfrage real steigt. Der Möglichkeit nach könnte die Nachfragesteigerung sowohl aus dem Ausland, als auch aus dem Inland kommen. (So wird der gegenwärtige Anstieg der Produktion in der Bundesrepublik überwiegend von einer Erhöhung der Auslandsnachfrage getragen.) Wie bereits in Kapitel 3 Punkt 3 dargestellt, ist eine einseitige Erhöhung des Exports – ohne entsprechende Ausweitung auch der eigenen Importe – aus Arbeitnehmersicht jedoch nicht sinnvoll. Ziel muß es vielmehr sein, die inländische Kaufkraft zu stärken, um sicherzustellen, daß die Erhöhung der Arbeitsleistung, tatsächlich zu einer Verbesserung der inländischen Marktversorgung führt. Zunehmende Exporte bei gleichzeitiger Steigerung der Importe anderer Waren sind darin eingeschlossen.

Ausweitung der öffentlichen Nachfrage

Die Ausweitung der Inlandsnachfrage kann über eine Steigerung entweder der öffentlichen oder der privaten Nachfrage erfolgen.

Über eine Ausdehnung der öffentlichen Nachfrage (des Bundes, der Länder und der Gemeinden) ließen sich soziale Einrichtungen und der gesellschaftliche Konsum verbessern (z. B. Schulen, Personennahverkehr etc.); zur Finanzierung der zusätzlichen Aktivitäten des Staates müßten allerdings seine Einnahmen erhöht werden.

Neben einer konsequenteren bzw. zügigeren Einforderung von Steuerrückständen der Unternehmen und der Versteuerung hoher Zinseinkommen (d. h. der Einführung einer sogenannten »Quellensteuer« für hohe Zinseinkommen) bietet sich hier generell eine stärkere Besteuerung hoher Einkommen an. Im Gegensatz zur Zielsetzung der jetzigen Bundesregierung, die sogar (trotz Staatsverschuldung) eine Herabsetzung der Höchstgrenze für die Besteuerung der hohen Einkommen von bisher maximal 56% auf weit unter 50% beinhaltet, müßte die sogenannte Steuerprogression gerade im oberen Bereich der Proportionalzone angehoben werden (vgl. dazu Schaubild Nr. 57).

**Schaubild 57
Großer Dreh am Steuerrad?**

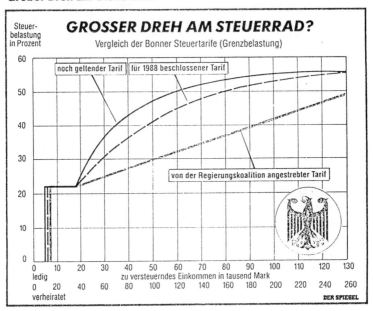

Durch eine Anhebung des Spitzensteuersatzes könnten nicht nur die Einnahmen des Staates erhöht, sondern gleichzeitig auch bestehende Ungerechtigkeiten der Einkommensverteilung abgemildert werden (vgl. dazu Schaubild Nr. 58).

Ein weiterer Grund für die stärkere Besteuerung höherer Einkommen ergibt sich, wie bereits dargestellt, aus der Tatsache, daß deren Bezieher einen größeren Teil ihrer laufenden Einkommen sparen. Durch eine höhere Besteuerung könnte also ein vergleichsweise großer Teil der sonst auf Sparkonten brachliegenden Gelder über den Staat nachfragewirksam eingesetzt werden.

Als alternative Finanzierung steht auch eine zeitweilige Erhöhung der Staatsverschuldung zur Diskussion. Die in Krisenphasen aufgehäufte Schuldenlast des Staates könnte in Boomphasen, also bei konjunktur-

Schaubild 58
Haushaltseinkommen sozialer Gruppen

Haushaltseinkommen sozialer Gruppen 1984

Von den Haushalten der Bundesrepublik Deutschland verfügen über ein monatliches Einkommen von DM

	Rentner-Haushalte in %	Arbeiter-Haushalte in %	Angestellten- und Beamten-Haushalte in %	Selbständigen-Haushalte* in %	Alle Haushalte** in %
10 000 und mehr	0,0	0,0	0,9	32,2	2,7
6 000 – unter 10 000	1,9	3,1	12,5	36,7	7,9
5 000 – unter 6 000	2,4	5,4	10,0	8,5	5,9
4 000 – unter 5 000	4,4	12,5	17,4	8,4	10,6
3 000 – unter 4 000	15,1	26,1	26,8	7,2	21,0
2 000 – unter 3 000	24,3	34,7	25,6	5,9	26,2
1 000 – unter 2 000	43,7	16,4	6,2	1,0	22,1
unter 1 000	8,2	1,8	0,6	0,1	3,6
im Durchschnitt verfügbar DM	2 307,–	3 126,–	4 074,–	9 413,–	3 581,–

* einschl. Landwirtschaft – ** einschl. Pensionsempfänger

bedingten höheren Steuereinnahmen, wieder abgebaut werden (vgl. Schaubild Nr. 14).

Die Frage, ob die Inlandsnachfrage gegebenenfalls besser über den Staat oder über die Ausweitung der privaten Nachfrage erhöht werden sollte, hängt davon ab, in welchen Bereichen besondere Bedarfsschwerpunkte gesehen werden. Berücksichtigt man etwa die Probleme des Umweltschutzes, so mag es z. B. sinnvoller sein, statt über höhere Löhne mehr private PKW auf die Straßen zu bringen, das öffentliche Verkehrssystem auszubauen.

Eine Reihe von Beispielen – unter anderem aus den skandinavischen Staaten – zeigt, daß es zweckmäßig sein kann, bestimmte Felder der Bedarfsdeckung nicht privat und individuell, sondern gesellschaftlich zu organisieren. Auf diese Weise läßt sich häufig ein höheres Maß an sozialer Gerechtigkeit sowie ein schonenderer Umgang mit der Umwelt erreichen.

In diesem Zusammenhang ist allerdings auch zu fragen, inwieweit von der jeweiligen Regierung realistischerweise zu erwarten ist, daß sie zusätzliche Gelder auch tatsächlich in sozial sinnvolle Bereiche lenkt, statt z. B. in immer noch mehr Rüstung. Einen unmittelbaren Einfluß auf die Ausgabenpolitik einer einmal gewählten Regierung haben die Arbeitnehmer innerhalb der Wahlperiode jedenfalls nicht.

Insofern kann es mitunter doch vorteilhafter sein, auf die Ausweitung des staatlichen Anteils am Bruttosozialprodukt zu verzichten und eher auf die Verbesserung der Lebenslage der Lohnabhängigen durch eine Steigerung ihrer individuellen Kaufkraft zu setzen.

Anhebung des privaten Konsums

Würde man den Produktivitätsanstieg voll für die Erhöhung des Konsums nutzen, so könnte die kaufkräftige Nachfrage real um jährlich 3–4% ansteigen. Abstrakt betrachtet wäre es an sich gleichgültig, welche sozialen Gruppen ihren Konsum ausweiten. Wegen der gegenwärtig stark ungleichen Verteilung des Volkseinkommens und vor allem unter Berücksichtigung der erheblichen finanziellen Probleme der Bezieher unterer Einkommen ist es allerdings berechtigt und notwendig, vor allem die Konsumkraft dieser Einkommensschichten zu erhöhen. Neben der an sich schon hinreichenden Begründung aus sozialen Erwägungen spricht auch noch eine rein ökonomische Überlegung für die Steigerung der Kaufkraft gerade der unteren Einkommensschichten: die Bezieher niedriger Einkommen haben die geringste Sparquote aufzuweisen, folglich hat die Erhöhung ihrer Einkommen die größte nachfragesteigernde Wirkung. Deshalb würde schon allein eine Umsatzverteilung des Volkseinkommens weg von den Beziehern höherer Einkommen und hin zu den Beziehern niedrigerer Einkommen zu einer Steigerung der Gesamtnachfrage führen.

Häufig wird der Einwand vorgebracht, daß der Konsum nicht »ewig« gesteigert werden könne, zumal die Umwelt ohnehin schon zu stark belastet sei. In der Tat sollte die Umweltbelastung nicht noch weiter erhöht werden – im Gegenteil. Allerdings: das Umweltproblem ließe sich nicht allein durch einen Wachstumsverzicht und schon gar nicht durch einen Konsumverzicht insbesondere der unteren Einkommensschichten bewältigen. Hier muß es vielmehr darum gehen, die konkreten Formen des Konsums und vor allem die Produktionstechniken umweltfreundlicher zu gestalten. Umweltschutz und Erhöhung der Masseneinkommen stehen keinesfalls notwendig im Widerspruch zueinander. Das wird u. a. auch daran ersichtlich, daß ein Mehr an realer Massenkaufkraft nicht in gleichem Maße auch ein Mehr an Konsumgütern bedeutet, sondern oft »nur« eine Anhebung der Qualitätsansprüche an Konsumgüter und Dienstleistungen.

**Auswirkungen einer Reallohnsteigerung
auf den Umfang der Produktion**

Eine Erhöhung der inländischen Massenkaufkraft setzt bei einem stabilen Preisniveau Lohnsteigerungen voraus. Wegen der dadurch verursachten Erhöhung der Lohnkosten vermindern sich die Gewinne zunächst. Unter den Bedingungen der Krise, also bei Unterauslastung der Produktionskapazitäten, führt die Steigerung der Massenkaufkraft, und damit die Erhöhung der Nachfrage nach Konsumgütern, jedoch gleichzeitig zu einer Verbesserung der Kapazitätsauslastung, zunächst im Konsumgüterbereich. Dadurch verteilen sich dort die Fixkosten (Kosten für Maschinen, Gebäude etc.) auf mehr Wareneinheiten. Somit stehen den steigenden Lohnkosten sinkende Fixkostenbestandteile je Mengeneinheit gegenüber. Welcher dieser beiden Effekte im Einzelfall überwiegt, kann nicht pauschal beantwortet werden, aber selbst wenn der kostensteigernde Effekt der Lohnerhöhungen den der Fixkostensenkung übersteigen sollte, ist damit noch keineswegs sicher, daß aufgrund der Lohnerhöhung die Unternehmergewinne tatsächlich fallen. Der unter Umständen verminderte Stückgewinn fällt nämlich aufgrund der steigenden Nachfrage bzw. der erhöhten Umsätze häufiger an. Da der Gesamtprofit sich aus der Multiplikation von Stückgewinn mal verkaufter Stückzahl ergibt, ist es durchaus möglich und realistisch anzunehmen, daß mit den Löhnen auch die Profite steigen können – in jedem Konjunkturaufschwung ist das der Fall. Maßgebend dafür ist, daß sich im Zuge der gesteigerten Nachfrage die Produktion erhöht, so daß in der Tat ein größeres Sozialprodukt verteilt werden kann. Der Anstieg der Lohnsumme muß deshalb keineswegs zwangsläufig zu einem Rückgang der Gewinne führen. Zudem haben die Arbeitnehmer keinerlei Veranlassung, die Höhe der Unternehmensgewinne als eine unantastbare Größe zu betrachten. Tarifpolitische Auseinandersetzungen sind ein Bestandteil des ständigen Kampfes um die Verteilung des Volkseinkommens. Dabei steht nicht nur die Höhe des Lohn-, sondern zwangläufig auch die des Gewinnanteils am Volkseinkommen zur Diskussion. Eine quasi »naturgesetzlich« notwendige Mindesthöhe der Profite gibt es nicht – sondern nur die Begehrlichkeit der Unternehmer nach immer mehr Gewinnen.

Wird in der gegenwärtigen Konjunkturlage die Massenkaufkraft z. B. real um 5% erhöht, so ergibt sich daraus nicht nur für den Konsumgütersektor eine erhebliche Nachfragesteigerung. Die verbesserte Auslastung der Kapazitäten in diesem Sektor der Wirtschaft beschleunigt und vermehrt die Durchführung von Ersatzinvestitionen, da die bestehenden Anlagen stärker genutzt und entsprechend schneller ersetzt werden müssen. Der Konsumgütersektor kann die erhöhte reale Nachfrage jedoch nur zum Teil durch eine intensivere Nutzung seiner bereits bestehenden Produktionsanlagen abdecken. Da sich die erhöhte kaufkräftige Nachfrage auf bestimmte Konsumgüterindustrien konzentriert, sind dort nach Erreichen der Kapazitätsgrenzen auch Erweiterungsinvestitionen erforderlich. Mit der Erhöhung der Massenkaufkraft steigt also nicht nur der private Konsum, sondern auch die Nachfrage nach Investitionsgütern.

Daß die Effekte auf die Investitionsgüternachfrage sogar relativ stark sind, ergibt sich aus folgender Überlegung: Der gesamte Produktionsapparat wird im Schnitt etwa alle 10 Jahre ausgewechselt, d. h. der Konsumgütersektor muß jährlich etwa 10 % seiner Anlagen ersetzen; auch wenn er sich nicht ausdehnt, beträgt seine Nachfrage nach Investitionsgütern im Normalfall etwa 10 % seines Kapitalstocks (d. h. seines Bestandes an Maschinen und Anlagen). Dehnt er sich aber infolge der Steigerung der Massenkaufkraft z. B. um 2 % aus, so erhöht sich seine Nachfrage im Investitionsgütersektor von 10 % seines Kapitalstocks auf 12 %. Das entspricht einer 20 %igen Steigerung der Nachfrage des Konsumgütersektors im Investitionsgütersektor. (Dieser Prozentsatz ist allerdings nicht gleichzusetzen mit der Ausweitung der Gesamtnachfrage nach Investitionsgütern, da die Nachfrage nach diesen Gütern [neben der Auslandsnachfrage] zu einem großen Teil von anderen Investitionsgüterherstellern kommt. Da deren Nachfrage aber nicht sofort mitsteigen muß, wird die Gesamtnachfrage nach Investitionsgütern weniger ansteigen als die oben beispielhaft angeführten 20 %).

Wenn die Produktion und mit ihr die Beschäftigung steigt, dann erhöhen sich sowohl die Gewinn- als auch die Lohneinkommen. Arbeitgeber und Arbeitnehmer zahlen mehr Steuern und Abgaben an den Staat, der damit aller Wahrscheinlichkeit nach zusätzliche Ausgaben finanzieren wird. Eine Anhebung der Massenkaufkraft regt somit nicht nur direkt den privaten Konsum an, sondern letztlich auch die öffentliche Nachfrage sowie die Investitionstätigkeit der Unternehmen.

Zusammengefaßt: eine Anhebung der Löhne führt zu einer Ausweitung der Konsumgüterproduktion und in der Folge auch zu einer erhöhten Beschäftigung im Investitionsgütersektor. Durch die Verbesserung der Kapazitätsauslastung kann außerdem zumindest ein Teil der kostensteigernden Wirkung einer Lohnerhöhung von den Unternehmen aufgefangen werden, weshalb bei stärker ansteigender

Konjunktur nicht nur die Löhne, sondern auch die Gewinne real steigen.

Der Einfluß der Löhne auf Kosten und Preise

Gegen die Lohnforderungen der Arbeitnehmer wird häufig eingewendet, daß sie die Kosten der Unternehmen zu stark erhöhen würden und deshalb u. a. zu Preissteigerungen führen müßten. Darunter leide dann nicht nur die Kaufkraft des Lohnes, sondern auch die der Renteneinkommen, der Sparzinseinnahmen etc. Die entsprechenden »Beschwörungen« gipfeln in der Behauptung, daß die Reallöhne bei einem niedrigeren Nominallohnanstieg (wegen der dann geringeren Inflation) sogar höher wären als bei einem stärkeren Anstieg des Nominallohnes mit entsprechend rascherem Kaufkraftverlust des Geldes. Die gängige Parole lautet daher: »Weniger (Nominallohnanstieg) wäre mehr (Reallohnanstieg)«.

Doch wie verhält es sich tatsächlich mit dem Zusammenhang von Lohn- und Preisentwicklung? Die Behauptung, daß die Löhne einen starken Einfluß auf die Preise hätten, unterstellt erstens, daß die Lohnkosten einen beherrschenden Anteil an den Gesamtkosten der Unternehmen ausmachen und zweitens, daß sich die Preisentwicklung vor allem an der (Lohn-)Kostenentwicklung orientiert.

Treffen diese beiden Annahmen zu? Wie bereits dargestellt, spielt der durchschnittliche Anteil der Lohnkosten am Umsatz sowohl in der Industrie (20,9 %) als auch im Handel (z. B. 19 % bei Warenhäusern) eine eher untergeordnete Rolle (vgl. dazu die Schaubilder Nr. 46 und Nr. 47). Je 100 DM Umsatz fallen z. B. in einem durchschnittlichen Warenhaus 19 DM Lohnkosten an. Steigt der Lohnsatz um 10 %, so erhöhen sich diese Lohnkosten um 1,90 DM auf 20,90 DM. Bezogen auf 100,- DM Umsatz steigen die Lohnkosten in diesem Beispiel also um 1,9 %. Weil der Lohn immer nur einen Teil der Gesamtkosten ausmacht, ist die kostensteigernde Wirkung einer Lohnerhöhung stets wesentlich geringer als der jeweilige prozentuale Lohnanstieg. Es kann nicht die Rede davon sein, daß eine Lohnerhöhung von z. B. 10 % eine Preissteigerung in gleicher Größenordnung auslösen müßte. Als allgemeine Faustregel könnte gelten, daß eine Lohnerhöhung um 5 % die Gesamtkosten eines durchschnittlichen Industrieunternehmens um etwa 1 % erhöht; im Handel liegt dieser Prozentsatz sogar noch etwas darunter.

Obendrein ist noch folgender Sachverhalt zu berücksichtigen: eine Erhöhung des Stundenlohnsatzes tritt schlagartig, von einem Tag auf den anderen in Kraft, so daß die Lohnsumme unmittelbar nach Abschluß eines verbesserten Tarifvertrages zunächst um den entsprechenden Prozentsatz steigt. Anschließend bleibt der Stundenlohnsatz jedoch während der gesamten Laufzeit des Tarifvertrages gleich. Während dieser Zeit steigt aber die Arbeitsleistung, die der einzelne Beschäftigte je Arbeitsstunde zu erbringen hat, ständig an. In einem durchschnittlichen Betrieb bedeutet das, daß die Lohnsumme bei gleichem Mengenumsatz (und entsprechend vermindertem Arbeitszeitaufwand) während der Laufzeit des Tarifvertrages wieder fällt – und zwar um etwa 3–4%. Das hat zur Folge, daß die ursprüngliche Erhöhung der Lohnsumme während der Geltungsdauer des Tarifvertrages weitgehend aufgefangen wird durch die laufende Rationalisierung und Intensivierung der Arbeit. Nur so ist es zu erklären, daß der Lohnkostenanteil am Umsatz der Gesamtindustrie in der Bundesrepublik trotz alljährlicher Lohnerhöhungen zurückgeht: von 1971 = 22,4% fiel er auf 19,6% im Jahre 1984 (bei weiter sinkender Tendenz). Es ist also weder so, daß die Lohnkosten gegenwärtig einen beherrschenden Anteil an den Gesamtkosten ausmachen noch geht die Entwicklung dahin, daß die Lohnkosten zur zentralen Kostengröße werden könnten.

Was nun die zweite, oben benannte Annahme betrifft, wonach die Preisentwicklung im wesentlichen an der Entwicklung der (Lohn-)Kosten orientiert sei, so ist folgendes anzumerken: die Unternehmen versuchen grundsätzlich, jede Art von Kostensteigerungen, also auch eventuelle Lohn-Kostensteigerungen, im Preis zu überwälzen. Als ebenso selbstverständlich sehen es die Unternehmer allerdings auch an, die Preise zu erhöhen, wann immer und soweit der Markt Preissteigerungen hergibt. Das gilt ganz unabhängig davon, ob die Kosten nun gerade gestiegen, gleichgeblieben oder sogar gefallen sind. Die Durchsetzbarkeit von Preissteigerungen hängt nämlich weniger von der Kostenentwicklung eines einzelnen Unternehmens als vielmehr von den Marktverhältnissen ab.

Könnten die einzelnen Unternehmen die Preise tatsächlich nach ihren jeweils eigenen Kosten bestimmen, dann würde es wohl niemals Geschäftsverluste geben – die Unternehmen brauchten gegebenenfalls ja nur die Preise zu erhöhen, um aus der Verlustzone herauszukommen; es wäre dann auch unerklärlich, wie es überhaupt zu Firmenpleiten – und das auch noch massenhaft – kommen kann. Die Tatsache, daß es Betriebe gibt, die gegenwärtig Verluste »einfahren«, belegt also, daß die Unternehmen keineswegs quasi automatisch dazu in der Lage sind, ihre Preise je nach der (Lohn-)Kostenentwicklung zu gestalten.

Würden die Unternehmen ihre Preisgestaltung tatsächlich an der Entwicklung der Löhne orientieren, dann hätten die Preise in den letzten Jahren nicht steigen, sondern fallen müssen, da sowohl die Reallöhne als auch der Lohnkostenanteil am Umsatz seit einigen Jahren rückläufig ist. Schließlich könnte man fragen, warum sich die Arbeitgeber überhaupt ständig mit Betriebsräten und Gewerkschaften um Lohnsteigerungen, Rationalisierungsmaßnahmen, Arbeitsbedingungen, Eingruppierungen etc. streiten, wenn sie Kostensteigerungen doch angeblich einfach im Preis überwälzen können?

Die Möglichkeit der Preiserhöhung wird wesentlich bestimmt vom Verhältnis zwischen Angebot und Nachfrage auf dem Markt. Dieses Verhältnis wird durch die Lohnsteigerungen eines Unternehmens aber nur sehr bedingt beeinflußt. Ein Beispiel aus der Automobilindustrie soll diesen Sachverhalt verdeutlichen: wenn die Arbeiter etwa bei der Porsche AG eine Tariflohnerhöhung durchsetzen, dann mag das der Geschäftsleitung als Vorwand dafür dienen, »aus Kostengründen« die Preise für die Luxusautos zu erhöhen. Die höheren Preise haben die Kunden zu zahlen, die in ihrer weit überwiegenden Mehrzahl ja wohl nicht Beschäftigte der Porsche AG sind; sie sind also auch nicht Nutznießer der Lohnerhöhung für die Arbeiter dieser Firma. Wenn die Geschäftsleitung dennoch z. B. aufgrund von Marktanalysen davon ausgeht, daß die potentiellen Kunden die Preiserhöhung »verkraften« werden, dann hat das mit den firmeninternen Lohnerhöhungen wenig zu tun. Die Preissteigerung wäre also auch ohne Lohnsteigerung gekommen, weil sie der Markt offensichtlich »hergibt«.

Ein solches Beispiel läßt sich natürlich auch auf den Handel übertragen: wenn etwa ein Kaufhaus höhere Löhne zahlen muß, dann verfügen seine Angestellten anschließend über eine größere Kaufkraft. Die Geschäftsleitung nimmt die Lohnerhöhung mit Vorliebe zum Anlaß, um die Warenpreise anzuheben. Die weit überwiegende Mehrheit der Kaufhauskunden ist dort aber gar nicht beschäftigt – sie kommt also auch nicht in den Genuß dieser bestimmten Lohnerhöhung. Wenn die Geschäftsleitung dennoch der Ansicht ist, daß sie zum Zeitpunkt der Lohnerhöhung die Preise anheben kann, dann gilt das offenbar unabhängig von der Kaufkraftsteigerung bei den eigenen Angestellten. Sofern die Einschätzung besteht, daß die Kunden die höheren Preise bezahlen können, werden die Preise angehoben – ganz gleich, ob die eigenen Lohnkosten gerade gestiegen sind oder nicht.

Die von den Unternehmern gezielt herbeigeführte zeitliche Übereinstimmung von Lohnerhöhungen und Preissteigerungen hat in Wirklichkeit einen rein propagandistischen Zweck: den Arbeitnehmern soll der Eindruck vermittelt werden, als würden sie mit ihren

Lohnforderungen nur eine sog. Lohn-Preis-Spirale in Gang setzen. Auf diese Weise will man den Gewerkschaften den »Schwarzen Peter« für die Preissteigerungen zuschieben. Die tatsächlichen Ursachen der ständigen Preiserhöhung liegen jedoch nicht in der Lohnentwicklung begründet, sondern darin, daß die Unternehmen ihren Kampf um Marktanteile nur noch höchst selten in Form der Preiskonkurrenz austragen - dafür aber um so eher in Formen wie der Werbung (z. B. Zigaretten, Waschpulver) oder der Produktentwicklung bzw. dem Design (z. B. PKW-Industrie, Unterhaltungselektronik, Bekleidung). In zahlreichen Branchen haben sich derartige Wettbewerbsformen für die Unternehmen gegenüber der Preiskonkurrenz als effektiver erwiesen.

Hier soll nicht der Eindruck erweckt werden, als gäbe es gar keine Zusammenhänge zwischen der Lohn- und Preisentwicklung. Zurückzuweisen ist jedoch die Behauptung, daß die Preisentwicklung maßgeblich bestimmt würde von der Lohnkostenentwicklung. Der Zusammenhang von Lohnentwicklung und Preisentwicklung ist ein anderer, er kann sich über die kaufkraftsteigernde Wirkung von Lohnerhöhungen herstellen: indem nämlich durch Lohnerhöhungen die Nachfrage steigt (was ja beabsichtigt ist), wird sich vor allem kurzfristig das Verhältnis von Angebot und Nachfrage ändern. Deshalb können Lohnerhöhungen vor allem dann zu Preissteigerungen ausgenutzt werden, wenn die vorhandenen Produktionskapazitäten zu dem gegebenen Zeitpunkt weitgehend ausgelastet sind. Das aber ist in Zeiten der Krise nur in den wenigsten Unternehmen der Fall.

Bis Anfang der 80er Jahre ist die Kaufkraft des Durchschnittsverdienstes der Arbeitnehmer Jahr für Jahr real gestiegen. Die Bruttolohnerhöhung war also stärker als der gleichzeitige Anstieg der Steuerabzüge und der Kaufkraftverlust des Lohnes durch Preissteigerungen. Der reale Lohnanstieg ist normalerweise um so größer ausgefallen, je stärker die Erhöhung des Nominallohnes war. (Ausnahmen von dieser Regel gab es eigentlich nur dann, wenn die Regierung auf gesetzlichem Wege den Lohnsteuersatz verändert hat und damit Einfluß auf das verfügbare Einkommen der Arbeitnehmer nahm). Die Behauptung der Arbeitgeber, wonach niedrigere Nominallohnsteigerungen (bei gleichzeitig geringeren Preiserhöhungen) zu einem stärkeren Reallohnzuwachs führen würden als höhere Nominallohnzuwächse, trifft also absolut nicht zu.

In dieser Arbeitgeberthese steckt auch die Behauptung, daß der Kampf um Lohnsteigerungen den Arbeitnehmern gar nichts bringe, weil die nominellen Lohnzuwächse durch anschließende Preissteigerungen »aufgefressen« würden. Wäre dem tatsächlich so, dann müßte es verwundern, warum sich die Arbeitgeber so massiv gegen jeden Prozentpunkt Lohnerhöhung wehren, wenn sie doch die höheren Lohnkosten einfach durch Preissteigerungen wieder vollständig »hereinholen« könnten. Außerdem könnte dann der Lebensstandard der Arbeitnehmer wohl niemals steigen. Tatsächlich aber ist der reale Konsum der Lohnabhängigen in der Bundesrepublik Deutschland über einen längeren Zeitraum hinweg sehr wohl gestiegen. Das folgende Schaubild Nr. 59 zeigt z. B., daß ein durchschnittlich verdienender Industriearbeiter trotz der zwischenzeitlichen Preissteigerungen immer weniger Arbeitszeit für den Erwerb bestimmter Konsumgüter aufwenden muß.

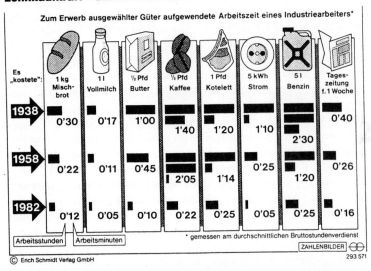

Schaubild 59
Lohnkaufkraft – damals und heute

Das bedeutet, daß in der Regel zwar ein Teil der Nominallohnerhöhungen durch Preissteigerungen zunichte gemacht worden ist, daß aber auch ein erheblicher Teil als reale Steigerung der Konsumkraft der Arbeitnehmer übriggeblieben ist. Ein »mehr« an Nominallohnsteigerung bedeutet also in Wirklichkeit und aller Erfahrung nach auch ein »mehr« an realem Kaufkraftzuwachs.

Die Arbeitnehmer und ihre Gewerkschaften können in den Tarifverhandlungen immer nur Einfluß auf die Entwicklung des Bruttolohnes als nominelle Größe nehmen. Was von einer Lohnerhöhung letztlich netto und real (also nach Abzug der Steuern und der Preissteigerungen) bei den Arbeitnehmern wirklich »ankommt«, entzieht sich weitgehend ihrem Einfluß. Wollen die Arbeitnehmer eine Verbesserung der Reallöhne (und damit letztlich auch der Beschäftigung) durchsetzen, so bleibt in der Regel gar kein anderer Weg als der Kampf um eine beschleunigte Anhebung der Nominallöhne. Die Erfahrungen der letzten Jahre haben gelehrt, daß auf diese Weise noch am ehesten ein Reallohnanstieg erzielt werden kann.

Warum die Arbeitgeber die Kaufkrafttheorie des Lohnes ablehnen

Die Tatsache, daß sich die Unternehmen auch auf Grundlage der hier vorgetragenen Argumentation niemals zu freiwilligen Lohnzahlungen »überreden« lassen werden, um die Konjunktur anzukurbeln, spricht nicht gegen die Stichhaltigkeit der Kaufkrafttheorie. Die Weigerung der Arbeitgeber, höhere Löhne zu zahlen, entspringt vielmehr der Logik des Einzelunternehmens: Lohnsteigerungen bedeuten für den einzelnen Betrieb zunächst Kostensteigerungen. Durch die sich anschließende Verbesserung der Kapazitätsauslastung sowie durch den laufenden Produktivitätsanstieg werden die Lohnkostensteigerungen pro Stück zwar wieder vermindert – aus der Sicht des Einzelunternehmers erscheinen die Lohnkostenerhöhungen aber stets als ein Abzug vom möglichen Gewinn.

Zudem ist es ungewiß, in welche Branchen die infolge der Steigerung der Massenkaufkraft erhöhte Nachfrage geht. Für bestimmte Industriezweige, wie Straßen- oder Schiffbau, wäre es sogar sehr wahrscheinlich, daß sie von der steigenden Gesamtnachfrage kurz- oder mittelfristig so gut wie gar nicht profitieren könnten. Selbst in Branchen, in denen die Nachfrage als Folge der Erhöhung der Massenkaufkraft ansteigt, können die einzelnen Unternehmen nicht sicher sein, daß sie die Nachfrage auf sich selbst lenken können. Obendrein laufen z. B. die Hersteller minderwertigerer Produkte sogar Gefahr, Nachfrage zu verlieren, weil die Konsumenten bei höheren Einkommen dazu übergehen könnten, ihre Konsumgewohnheiten zugunsten besserer Qualitäten zu ändern. Anhand des folgenden Schaubildes Nr. 60 ist z. B. zu erkennen, daß sich die Ernährungsgewohnheiten vor dem Hintergrund steigender Reallöhne gewandelt haben: der ehemals hohe Pro-Kopf-Verbrauch etwa an Kartoffeln ist verringert worden zugunsten des Verbrauchs von Obst und Südfrüchten, Gemüse und Fleisch.

Für die einzelnen Unternehmen in den verschiedenen Branchen ist es also höchst ungewiß, ob, und wenn ja, in welchem Umfang es ihm

**Schaubild 60
Pro-Kopf-Verbrauch von Lebensmitteln**

Vor einer Generation war der Ruf der Deutschen als Kartoffelesser noch berechtigt. Mittlerweile essen sie jedoch vorwiegend Fleisch und Eier. Auch Obst und Gemüse kommen in größeren Mengen als früher auf den Tisch.

gelingen kann, von der steigenden Massenkaufkraft zu profitieren - die kostensteigernde Wirkung von Lohnerhöhungen kämen aber auf alle Unternehmen in gleicher Weise zu. Damit ist klar, daß die Arbeitgeber auch mit den besten Argumenten niemals zu freiwilligen Lohnzahlungen (mit dem Ziel der allgemeinen Konjunkturbelebung) »überredet« werden können.

Allerdings könnte man meinen, daß zumindest diejenigen Industrien und Wirtschaftsbereiche, deren Geschäftsgang ganz unmittelbar und eng an die Entwicklung der inländischen Massenkaufkraft gebunden ist, gegenüber der Kaufkrafttheorie des Lohnes eine größere Aufgeschlossenheit zeigen als z. B. die stark exportorientierten Industrien (die letzteren könnten sich »ihre« Nachfrage gegebenenfalls ja auch im Ausland suchen). Und in der Tat: der Präsident des Einzelhandelsverbandes (BAG) fordert.»Investitionen *und Konsum* müssen den von uns erhofften Aufschwung tragen«. (Handelsblatt vom 10. 12. 1982) (Hervorhebung im Text: O. Demele). Der BAG wäre natürlich kein rechter Arbeitgeberverband, wenn er die geforderte Steigerung der Konsumnachfrage durch eine Erhöhung der Löhne erreichen wollte. Was aber bleibt als Handlungsspielraum, wenn einerseits zwar die Konsumnachfrage steigen, andererseits der Lohn aber auf gar keinen Fall erhöht werden soll? Die Vertreter des Einzelhandels haben eine »passende« Lösung parat: man senke die öffentliche Sparförderung! Eine Verminderung der Sparquote um 1% brächte nach Aussage des BAG eine Steigerung der Nachfrage um 15 Mrd. DM. Diese Form der Nachfragesteigerung ist aus der Sicht der Unternehmer besonders attraktiv, weil sie einfach durch Streichung der öffentlichen Sparförderung zugunsten der Kleinsparer zu erreichen ist.

Neben dem Verweis auf die unsoziale Ausrichtung dieser Strategie ist allerdings anzumerken, daß die gegenwärtig erhöhte Spartätigkeit nicht wesentlich durch die Höhe der öffentlichen Sparförderung beeinflußt ist. Vorwiegend handelt es sich um das bereits angesprochene »Angstsparen«, das sich aber kaum durch Streichung der Sparförderung vermindern läßt, sondern eher durch eine Sicherung der Beschäftigung.

Die Wirtschaftszeitung »Handelsblatt« hat in einem Artikel energisch gegen ein Investitionsprogramm Stellung bezogen, wie es u. a. vom DGB zur Ankurbelung der Konjunktur gefordert wird. Als zentrales Argument gegen die Durchführung eines solchen Programmes wird vorgebracht, daß eine Investitionsförderung zur Zeit gar nicht erforderlich sei: »In einer Konjunkturlage, in der die Industrie weit unterhalb ihrer Kapazitätsgrenze fährt, sind nun allerdings über zusätzliche Investitionen neu einzurichtende Arbeitsplätze gar nicht notwendig, das Problem reduziert sich auf die Besetzung vorhandener, aber leerstehener Arbeitsplätze. Hierzu braucht man keine Investitionen, sondern Auslastungsgarantien.« (Handelsblatt vom 18. 1. 1983) Doch wie stellt sich die Arbeitgeberseite die »Auslastungsgarantien« denn anders vor als durch eine Steigerung der Massenkaufkraft, also der Löhne?

Im Abwehrkampf gegen die Einführung der 35-Stunden-Woche hat das »Handelsblatt« jedenfalls die Kaufkrafttheorie des Lohnes, die sie jahrelang bitter bekämpft hat, nun doch (zumindest vorübergehend) anerkannt. An den »gewerkschaftlichen Kaufkrafttheoretikern« wird jetzt nur noch kritisiert, daß sie ihre Lehre »jahrelang in der falschen wirtschaftlichen Situation... gepredigt« hätten. (Als ob der Wahrheitsgehalt einer Theorie davon abhinge, ob die Arbeitgeberseite den Zeitpunkt ihrer Verbreitung für richtig oder falsch hält!) Das »Handelsblatt« kommt zu dem Ergebnis: »Auch und besonders für die gewerkschaftlichen Kaufkrafttheoretiker des Lohnes müßte es eindeutig sein, daß 1984 Geld auch beschäftigungspolitisch wichtiger ist als die Freizeit. Denn die realen Investitionen werden auch 1984 noch nicht stark werden und der Konsum wird schwach bleiben... Also: Warum sollten die vermißten Impulse nicht von der Lohnpolitik kommen?« (Handelsblatt vom 16. 1. 1984).

Wüßte man nicht, daß die Arbeitgeber nur deshalb mit dem Angebot von Reallohnaufbesserungen lockten, um die Arbeitnehmer von ihrem Kampf um die 35-Stunden-Woche abzulenken, dann könnte man angesichts solcher Stellungnahmen auf den Gedanken kommen, sie hätten das Kaufkraftargument tatsächlich erst zu diesem Zeitpunkt verstanden. Doch sind die Ansichten über die Auswirkungen einer Lohnerhöhung keine Frage der intellektuellen Einsichtsfähigkeit. Lohnfragen sind vielmehr Bestandteil des permanenten Kampfes um die Verteilung des Volkseinkommens - und dieser Kampf wird nicht durch die Qualität der jeweiligen Argumente, sondern durch Macht der jeweiligen Seite (Aussperrung, Streik etc. bzw. durch Androhung solcher Aktionen) entschieden.

Zusammensetzung einer »idealen« Lohnforderung

Bei den Beratungen der Gewerkschaftsmitglieder für die Aufstellung von Tarifforderungen geht es immer wieder darum, die Höhe der Geldforderung zu bestimmen und zu begründen. Es stellt sich also die Frage, aus welchen Bestandteilen sich eine Lohnforderung im »Idealfall« zusammensetzt und welche Ziele mit den einzelnen Forderungsbestandteilen verbunden sind. Die folgenden Ausführungen sollen lediglich zur Klärung dessen dienen, was aus Arbeitnehmersicht durchgesetzt werden müßte. Eine Einschätzung darüber, was von den an sich berechtigten Forderungsbestandteilen zu einem gegebenen Zeitpunkt und in einer bestimmten Branche praktisch durchsetzbar ist, soll hier bewußt nicht versucht werden, weil diese Frage bekanntlich nicht vorab am »grünen Tisch« entschieden werden kann.

Als erster Bestandteil einer Lohnforderung kann der Ausgleich der Preissteigerung (Inflationsausgleich) gelten. Hierbei geht es darum, den Kaufkraftverlust des Geldes auszugleichen, der sich während der laufenden Tarifperiode ergeben hat – oder der sich während der kommenden Tarifperiode vermutlich ergeben wird. Gegenwärtig müßte sich dieser Wert entsprechend der aktuellen Inflationsrate auf etwa 2,0 % belaufen. Wird exakt der Inflationsausgleich durchgesetzt, dann erhalten die Arbeitnehmer den gleichen Reallohn (brutto) wie zu Beginn der vorherigen Tarifperiode. Sie könnten damit über annähernd die gleiche Menge an Waren und Dienstleistungen verfügen wie vorher.

Damit wären die Arbeitnehmer aber noch in keiner Weise an der laufenden Erhöhung der Arbeitsproduktivität beteiligt, die sich durch den vermehrten Einsatz rationeller Maschinen und durch die weitere Verschärfung des Arbeitstempos ergibt. Sollen die Arbeitnehmer teilhaben an den Ergebnissen des technischen Fortschritts und der Steigerung der Arbeitsintensität, dann muß ein Zuschlag entsprechend dem jeweiligen Produktivitätsanstieg durchgesetzt werden. Gegenwärtig beläuft sich dieser jährliche Anstieg der Produktivität, wie bereits ausgeführt, im Durchschnitt der Volkswirtschaft der Bundesrepublik auf 3–4 %. Dieser Wert ist ein Durchschnittswert, von dem die einzelnen Branchen und die Unternehmen innerhalb der Branchen mehr oder weniger stark nach oben bzw. nach unten abweichen können. Auf der einen Seite gibt es Unternehmen, die derzeit sogar zweistellige Steigerungsraten beim Produktivitätsfortschritt erzielen. Auf der anderen Seite haben einige besonders gering ausgelastete Unternehmen mitunter sogar einen Rückgang der Effektivität der Arbeit zu verzeichnen. Würden die Gewerkschaften den Produktivitätszuschlag exakt an den Werten in den jeweiligen Wirtschaftszweigen orientieren, so müßte das alsbald zu höchst unterschiedlichen Lohnentwicklungen in den einzelnen Wirtschaftszweigen führen.

Zudem würden auf diese Weise bestimmte Arbeitsplätze oder ganze Wirtschaftszweige, die an sich durch bessere Produktionsmethoden überholt sind, quasi künstlich und nur sehr kurzfristig am Leben erhalten. Es hätte aber keinen rechten Sinn ergeben, wenn in der Vergangenheit z. B. die Wagenbauer versucht hätten, ihre Arbeitsplätze durch Lohnverzicht gegen das Auto zu verteidigen – oder wenn die Arbeiter der Automobilindustrie heute versuchen wollten, durch Verzicht auf den Produktivitätszuschlag den Einsatz von Robotern zu verhindern: durch den Robotereinsatz wird der Produktionsablauf nicht nur wesentlich schneller und präziser, sondern teilweise auch erheblich billiger; auch ein Verzicht auf den Produktivitätszuschlag oder gar freiwillige Lohnkürzungen würden daher den Einsatz von Robotern, oder allgemeiner formuliert, den Einsatz von effektiveren Produktionsmethoden nicht aufhalten können.

Deshalb ist es zweckmäßig, den Produktivitätszuschlag nicht an der Entwicklung in den betreffenden einzelnen Wirtschaftszweigen, sondern am gesamtwirtschaftlichen Durchschnitt zu orientieren. Auf diese Weise kann sichergestellt werden, daß alle Arbeitnehmer in einem in etwa gleichen Maße am technischen Fortschritt beteiligt werden – egal, ob sie nun zufällig in einer Branche beschäftigt sind, die gerade weit überdurchschnittliche Produktivitätssteigerungen zu verzeichnen hat (z. B. Elektronik-Industrie) oder nicht (z. B. Gesundheitswesen).

Anhand eines Zahlenbeispiels soll nun verdeutlicht werden, daß ein Produktivitätszuschlag keineswegs bedeuten würde, daß die Arbeitgeber dann »leer« ausgingen: Das folgende Schaubild Nr. 61 zeigt zunächst die aktuelle Verteilung des Volkseinkommens in der Bundesrepublik.

Schaubild 61
Entwicklung der Lohnquote

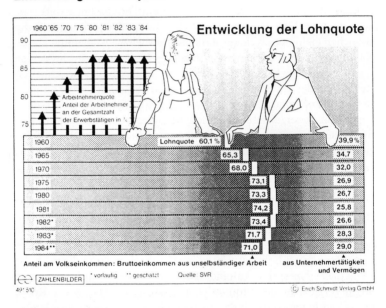

Vereinfacht könnte man von einer Verteilung des Volkseinkommens auf Arbeitnehmer und Arbeitgeber im Verhältnis von 70:30 sprechen. Entstehen in einem Unternehmen gerade 100 DM Einkommen, so verteilen sie sich demnach wie folgt:

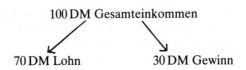

Steigt nun die Produktivität beispielsweise um 10% und wird die Produktion bei gleicher Beschäftigtenstundenzahl um denselben Prozentsatz erhöht, dann wächst auch das Gesamteinkommen um 10%. Wird jetzt ein Produktivitätszuschlag auf den Lohn von ebenfalls 10% durchgesetzt, dann ergibt sich folgende Verteilung des neuen Gesamteinkommens:

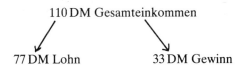

Dieses Beispiel veranschaulicht, daß ein realer Lohnzuschlag in Höhe des Produktivitätsanstiegs die Arbeitgeber keineswegs »leer« ausgehen läßt; vielmehr steigt dann auch deren Gewinneinkommen um den gleichen Prozentsatz. Auf diese Weise bleibt demnach das »alte« Verteilungsverhältnis zwischen Löhnen und Gewinnen (in dem gewählten Beispiel das Verhältnis von 7:3) erhalten.

Sind die Arbeitnehmer nicht in der Lage, den Inflationsausgleich plus den Produktivitätszuschlag in voller Höhe durchzusetzen, dann geht der Lohnanteil am Volkseinkommen zurück. Aus dem Schaubild Nr. 62 ist ersichtlich, daß dies in der Bundesrepublik seit 1975 der Fall ist. Die ohnehin schon ungerechte Einkommensverteilung verschlechtert sich also noch weiter.

Soll diese negative Entwicklung gestoppt und stattdessen die Verteilung des Volkseinkommens wieder etwas gerechter gestaltet werden, dann reicht es nicht einmal aus, »nur« den Inflationsausgleich plus den Produktivitätszuschlag durchzusetzen. Vielmehr muß dann zusätzlich eine sog. »Umverteilungskomponente« hinzukommen. Sie soll dazu führen, daß zumindest der Zuwachs an gesellschaftlichem Reichtum stärker den Arbeitnehmern zugute kommt, so daß wenigstens in sehr langer Frist eine günstigere Einkommens- und Vermögensverteilung erreicht werden könnte.

Wie das Schaubild Nr. 61 zeigt, ist es bis 1974/75, also in der Phase der Vollbeschäftigung, auch in der Tat gelungen, den Anteil der Lohneinkommen am gesamten Volkseinkommen zu erhöhen.

Die Lohnzuschläge für den Inflationsausgleich, für den Produktivitätsanstieg und für die Umverteilungskomponente gehen in den Bruttolohn ein, der mit zunehmender Höhe immer stärker besteuert wird. Wegen der starken Steuerprogression ist eine bestimmte Steigerung des Bruttolohnes also bei weitem nicht gleichzusetzen mit einer entsprechenden Erhöhung des verfügbaren Nettolohnes. Inwieweit diese

Tatsache bei der Formulierung bzw. Durchsetzung einer Lohnforderung berücksichtigt werden kann, ist natürlich ebenso eine Frage der jeweiligen Durchsetzungsfähigkeit der Arbeitnehmer wie z. B. die Frage der Durchsetzung einer Umverteilungskomponente.

Wenn man das hier dargestellte Gerüst der Bestandteile einer »idealen« Lohnforderung mit den konkreten aktuellen Daten ausfüllt, dann ergibt sich ein bestimmtes prozentuales Forderungsvolumen. Es stellt sich dann die Frage, nach welchem Schlüssel die Summe des geforderten Lohnzuwachses auf die einzelnen Arbeitnehmer- bzw. Einkommensgruppen verteilt werden sollte. Im wesentlichen geht es dabei um die Frage, ob der Lohnzuwachs linear verteilt wird, d. h. durch einen festen Prozentsatz auf alle Löhne und Gehälter oder durch eine – wie auch immer bestimmte – Kombination aus Festbetrag (Sockelbetrag) plus linearem Anteil.

Für die Berücksichtigung eines Sockelbetrages spricht erstens, daß vor allem die Bezieher niedriger Einkommen von den Preissteigerungen z. B. bei den Mieten und im Gesundheitswesen besonders stark betroffen sind. Die Einführung eines Sockelbetrages würde es diesen finanziell benachteiligten Einkommensschichten erleichtern, mit den für sie besonders harten Folgen der Inflation fertig zu werden. Zweitens spricht für die Einführung eines Sockelbetrages, daß auf diese Weise ein immer weiteres Auseinanderklaffen der einzelnen Lohngruppen vermieden würde. Den Arbeitgebern würde es damit erschwert, die Arbeitnehmer immer stärker auseinanderzudividieren, um sie dann um so besser gegeneinander »auszuspielen« zu können.

Die »ideale Lohnforderung« aus Arbeitgebersicht – die Modelle der Lohnpolitik

Während Regierungen hin und wieder versuchen, den Gewerkschaften konkrete »Lohnleitlinien« oder dergleichen als (Höchst-)Grenze ihrer Lohnforderungen vorzugeben, bemüht sich das Arbeitgeberlager fortlaufend um die Formulierung von lohnpolitischen Modellen, die den jeweils vorhandenen Verteilungsspielraum der Einkommenspolitik wissenschaftlich exakt angeben sollen. Aufgrund der folgenden Ausführungen läßt sich leicht nachvollziehen, daß die Modelle je nach »Bedarf« einfach umgeschrieben bzw. schlicht ausgetauscht werden:

■ *»Produktivitätsorientierte« oder »verteilungsneutrale« Lohnpolitik*
Bis zum Ende der Vollbeschäftigungsperiode, also etwa bis 1974, ist
Bis zum Ende der Vollbeschäftigungsperiode, also etwa bis 1974, ist

es den Arbeitnehmern gelungen, z. T. zweistellige Lohnsteigerungsraten durchzusetzen; die Löhne erhöhten sich zeitweise erheblich stärker als die Summe aus Preissteigerungen (Inflationsausgleich) und Produktivitätsanstieg. Somit veränderte sich die Aufteilung des Volkseinkommens zugunsten des Lohnanteils. Zwar stiegen auch die Gewinne absolut an, ihr prozentualer Anteil am gesamten Volkseinkommen jedoch ging von 1960 = 39,9% auf 1975 = 26,9% (vgl. Schaubild Nr. 61) zurück.

Dieser Anstieg des Lohnanteils am Volkseinkommen ist allerdings zu einem Großteil darauf zurückzuführen, daß immer mehr Erwerbstätige als Lohnabhängige einer Arbeit nachgehen, d. h. der Anteil der abhängig Beschäftigten an der Gesamtzahl der Erwerbstätigen ist gestiegen (vgl. den linken oberen Teil des Schaubildes Nr. 61), so daß die Erhöhung der Lohnquote nicht gleichzusetzen ist mit einer entsprechenden Einkommensverbesserung je Beschäftigten. Aber auch unter Berücksichtigung des steigenden Anteils der Lohnabhängigen an der Gesamtheit der Erwerbstätigen ergibt sich für den Zeitraum von 1965–1975 immer noch ein Rückgang des Gewinnanteils am Volkseinkommen, und zwar von 37,7% auf 33,9% bzw. ein Anstieg der »bereinigten« Lohnquote von 65,3% auf 73,1%.

Um diesen Trend zu stoppen, wurde seinerzeit von der Arbeitgeberseite (und insbesondere vom Sachverständigenrat, den »fünf Weisen«) die sogenannte »produktivitätsorientierte« oder »verteilungsneutrale« Lohnpolitik gefordert. Praktisch lief das auf die von Wissenschaftlern abgesegnete Forderung hinaus, daß die Arbeitnehmer (da sie nun einmal in der lohnpolitischen Offensive waren) zwar den vollen Inflationsausgleich plus einen Reallohnzuschlag in Höhe des Produktivitätsanstiegs zugestanden bekommen sollten, nicht aber die darüber hinausgehende Umverteilungskomponente.

Die Forderung nach einer »verteilungsneutralen« Lohnpolitik stellt also den Versuch dar, die Einkommensverteilung auf dem einmal gegebenen Stand festzuschreiben. Logischerweise ginge das zu Lasten derjenigen Tarifpartei, die in dem fraglichen Zeitraum gerade ihren Anteil am Volkseinkommen ausbauen kann – und das waren damals eben die Lohnabhängigen!

Seitdem nun aber das Volkseinkommen umgekehrt zu Ungunsten der Arbeitnehmer, also zu Gunsten der Arbeitgeber umverteilt wird, möchte weder der Sachverständigenrat noch die Arbeitgeberseite selbst auf die eigene Idee von der »verteilungsneutralen« Lohnpolitik zurückkommen. In der gegenwärtigen Situation käme das nämlich der Aufforderung gleich, die Löhne kräftiger zu erhöhen als seit einigen Jahren üblich.

■ *»Kostenniveauneutrale« Lohnpolitik*
Als sich durch mehrfache Anhebung des Rohölpreises der Kostenfaktor Energie stark verteuerte, war plötzlich das Modell der »kostenniveauneutralen« Lohnpolitik »angesagt«. Nach diesem Modell sollten die Löhne allenfalls so weit steigen, daß sich die Summe aller Kosten, also das Kostenniveau, nicht erhöht: wie schon im Modell der »verteilungsneutralen« bzw. der »produktivitätsorientierten« Lohnpolitik sollte sich der Spielraum für Lohnsteigerungen im Wesentlichen aus den durch Produktivitätssteigerungen erzielten (Lohn-)Kosteneinsparungen ergeben. Darüber hinaus wurde es nun aber zur Aufgabe der Lohnpolitik erklärt, dafür zu sorgen, daß nicht nur der Lohnaufwand, sondern das gesamte Kostenniveau der Unternehmen stabil bleibt. Je stärker also irgendein beliebiger Kostenfaktor steigt, desto weniger Erhöhungsspielraum bliebe dann noch für die Anhebung anderer Kostenfaktoren – so also auch für den Lohn! Die Parole der Arbeitgeber in den Tarifverhandlungen hieß seinerzeit: »Was wir an das Ausland zusätzlich für das Rohöl bezahlen müssen, können wir nicht noch einmal im Inland verteilen.« Demnach hätten allein die Arbeitnehmer die Last der höheren Rohölpreise zu tragen gehabt, da die Verteuerung des Kostenfaktors Energie voll auf den Spielraum für die Lohnerhöhung angerechnet werden sollte.

Seitdem nun aber der Rohölpreis wieder kräftig sinkt (wie übrigens auch eine Reihe weiterer Rohstoffpreise), würde eine »kostenniveauneutrale« Lohnpolitik jetzt folgendes bedeuten: die Arbeitnehmer müßten den Gegenwert der Kosteneinsparungen bei den Rohstoffeinfuhren auf ihre geforderten Lohnerhöhungen quasi automatisch »draufgesattelt« bekommen, denn »was jetzt nicht mehr an das Ausland abgeführt zu werden braucht, kann ja zusätzlich im Inland verteilt werden«.

Just zu diesem Zeitpunkt aber ist nun gerade wieder ein neues lohnpolitisches Modell entwickelt worden!

■ *»Beschäftigungsorientierte« Lohnpolitik*
Unter Hinweis auf die hohe Arbeitslosigkeit, d. h. auf die zu geringe Nachfrage der Unternehmen nach der Ware Arbeitskraft, wird jetzt folgendes vorgebracht: die Lohnentwicklung müsse sich gänzlich unabhängig entwickeln von der Verteilung des Volkseinkommens (die sich ja seit geraumer Zeit zugunsten der Arbeitgeber verändert!) und auch unabhängig von den Kosten (zumal ja nicht nur die Lohnkosten je Umsatzeinheit, sondern auch die Rohstoffpreise sinken!). Maßstab der Lohnpolitik müsse allein die Lage auf dem Arbeitsmarkt sein: eine zu geringe Nachfrage nach der Ware Arbeitskraft zeige nämlich

an, daß deren Preis (also das Lohnniveau) zu hoch sei. Folglich müßten die Löhne so lange real gesenkt werden, bis die Nachfrage nach Arbeitskräften ausreichend groß sei, um die Vollbeschäftigung wiederherzustellen. (Von vergleichbaren Forderungen der Arbeitgeber, z. B. die unverkäuflichen Butterberge, die leerstehenden Wohnungen und die unverkäuflichen Haushaltsgeräte einfach im Preis so weit zu senken, bis das gesamte Angebot vom Markt nachgefragt wird, ist übrigens bisher noch nichts zu hören...)

Vorsichtshalber werden vom Arbeitgeberlager erst gar keine überprüfbaren Angaben darüber gemacht, bei welchem Prozentsatz von Reallohnsenkungen welche Beschäftigungseffekte erwartet werden dürfen: unfreiwillig haben die Arbeitnehmer schon seit 1980 Reallohneinbußen in Höhe von rund 6% hinnehmen müssen – der Beschäftigungseffekt aber war negativ: im gleichen Zeitraum ist die Zahl der Arbeitslosen nicht gesunken, sondern umgekehrt sogar um etwa 1,5 Mio. gestiegen; die Arbeitslosenquote erhöhte sich von 1980 = 3,8% auf 1985 = 9,3%! Der erzwungene Lohn»verzicht« hat also nicht weniger, sondern mehr Arbeitslosigkeit gebracht – warum sollte das bei einem freiwilligen Lohnverzicht anders sein?

Im übrigen stelle man sich einmal die lohnpolitischen Empfehlungen vor, die sich aus diesem Modell ergeben für den Fall nicht des Überschusses, sondern der Knappheit an Arbeitskräften - gemeint ist z. B. die Phase bis 1974, als in der Bundesrepublik Deutschland die Arbeitskräfte so knapp waren, daß zusätzliche Arbeitnehmer aus dem Ausland angeworben wurden. Die Arbeitgeber werden sich wohl sehr glücklich schätzen, daß es gewissen Wissenschaftlern »zufällig« erst jetzt »gelungen« ist, das Modell der »beschäftigungsorientierten« Lohnpolitik zu entwickeln!

Vermögensbeteiligung der Arbeitnehmer?

Bedingt durch die dauerhafte Massenarbeitslosigkeit haben sich die Durchsetzungsmöglichkeiten in Fragen der Lohnpolitik bzw. die Lohntarifabschlüsse erheblich verschlechtert. Daraufhin hat auch in Gewerkschaftskreisen eine Debatte um verschiedene Formen des Investivlohnes bzw. der Beteiligung der Arbeitnehmer am Betriebsvermögen eingesetzt. Anfang der 60er Jahre gab es in der Bundesrepublik schon einmal eine vermögenspolitische Diskussion. Damals ging es um die Verbesserung der als äußerst ungerecht und unsozial empfundenen Verteilung des Produktivvermögens, heute verfolgt man mit der Wiederaufnahme dieser Debatte ganz andere Zwecke: in einzelnen Gewerkschaften sucht man einen Weg, auf dem es möglich wird, einerseits den Unternehmen mehr Geld zu belassen und damit die gesunkene Eigenkapitalquote wieder zu erhöhen, andererseits dennoch den Arbeitnehmern keine zusätzlichen Lohnopfer abzuverlangen.

Im wesentlichen stehen zwei Alternativen der Vermögensbeteiligung der Arbeitnehmer zur Diskussion:

a) die betriebliche Vermögensbeteiligung
Sie wird von den Unternehmen eindeutig favorisiert und von der gegenwärtigen Regierungskoalition unterstützt. Von den meisten DGB-Gewerkschaften wird die betriebliche Form der Vermögensbeteiligung abgelehnt.

b) die überbetriebliche Vermögensbeteiligung
Die verschiedenen Modelle der überbetrieblichen Vermögensbeteiligung beruhen im Prinzip auf folgender Vorstellung:

Jeder einzelne Betrieb hat einen bestimmten Betrag je beschäftigten Arbeitnehmer in einen Fonds einzuzahlen. Mit den Fondsgeldern werden Aktien oder sonstige Vermögensanteile am Produktivvermögen von Unternehmen gekauft. Die Arbeitnehmer erhalten Anteilsscheine ausgehändigt, auf die sie gegebenenfalls Gewinnanteile beziehen. Nach Ablauf einer bestimmten Sperrfrist (6–10 Jahre) können die Anteilsscheine vom Arbeitnehmer veräußert werden.

Für die Arbeitnehmer bzw. für die Gewerkschaften hat die *überbetriebliche* Vermögensbeteiligung insofern einen Reiz, als man erwartet, durch den Erwerb von Vermögensanteilen an größeren Unternehmen einen gewissen Einfluß auf deren Entscheidungen gewinnen zu können (»Mitbestimmung durch Miteigentum«). Es sind jedoch Zweifel angebracht, ob über diesen Weg des »Sparlohnes« tatsächlich ein so großer Anteil am Produktivvermögen angesammelt werden kann, daß der angestrebte Einfluß auf die Geschäftspolitik erreicht wird. Zudem würden gerade die Klein- und Mittelbetriebe benachteiligt, weil sie zwar einerseits in den Fonds den vermögenswirksamen Lohnanteil einzuzahlen hätten, andererseits aber keine Geldmittel aus dem Fonds erhalten könnten, da sie z. B. keine Aktien ausgeben können. Das Ziel einer Verbesserung der Eigenkapitalausstattung der Unternehmen würde daher insbesondere bei den Klein- und Mittelbetrieben verfehlt.

Die verschiedenen Modelle der Vermögensbeteiligung der Arbeitnehmer bleiben alle in einem gemeinsamen Widerspruch verfangen: es wird argumentiert, daß durch die Vermögensbeteiligung die Eigenkapitalquote der Unternehmen verbessert werden kann, indem der vermögenswirksame Teil des Lohnes nicht in bar ausgezahlt werden muß. Die Unternehmen erhalten jedoch nur dann mehr Eigenmittel, wenn sie weniger auszahlen müssen als bei einer Lohnrunde ohne Vermögensbeteiligung. In einem solchen Fall aber sind die Barlöhne für die Arbeitnehmer geringer als sie ohne Vermögensbeteiligung wären. Das steht in klarem Widerspruch zu der Aussage, daß die Arbeitnehmer bei Vermögensbeteiligung in der Summe höhere Ergebnisse erzielen könnten. Für die Arbeitnehmer ist die Vermögensbeteiligung nur dann sinnvoll, wenn sie als *zusätzliche* Leistung erfolgt; dabei verbleiben jedoch keine erhöhten Finanzmittel in den Unternehmen. Für die Arbeitgeber ist deshalb die Vermögensbeteiligung der Arbeitnehmer nur zweckmäßig *anstelle* von Barlohnauszahlungen. Würden den Unternehmen in der gegenwärtigen konjunkturellen Krisenlage nun tatsächlich mehr Finanzierungsmittel bleiben, ist zu befürchten, daß sie um so eher in der Lage sind, teure Maschinen zur Rationalisierung anzuschaffen. Das aber hieße, daß die betreffenden Arbeitnehmer in einem ersten Schritt auf einen Teil des möglichen Barlohnanstiegs verzichten und in einem zweiten Schritt dafür auch noch um so eher ihren Arbeitsplatz verlieren. Denn daß angesichts der gegenwärtig bestehenden Unterauslastung der Produktionsanlagen zusätzliche Finanzierungsmittel zur Schaffung zusätzlicher Arbeitsplätze verwendet würden, ist gerade nicht zu erwarten.

Problematisch an der Strategie der Vermögensbeteiligung ist ferner, daß sie sehr schnell die Grenzen zwischen der Arbeitnehmer- und der Eigentümer-Position verwischt. Aufgrund vorliegender Erfahrungen ist bekannt, daß viele Arbeitnehmer selbst bei einer noch so geringen Vermögensbeteiligung beginnen, sich in Konfliktfällen wie Kapitalbesitzer zu verhalten. Die Solidarität der Arbeitnehmer wird bedroht, mitunter werden sogar eigene Kollegen bei Vorgesetzten »angeschwärzt«. Die (im Regelfall ja krankheitsbedingte) Abwesenheitsquote am Arbeitsplatz geht drastisch zurück, obwohl die Arbeitnehmer durch die Vermögensbeteiligung sicherlich nicht plötzlich gesünder werden. Auch die Arbeitsintensität steigt spürbar an, weil viele der beteiligten Arbeitnehmer offenbar das Gefühl haben, nun »für sich selbst« zu arbeiten und sich deshalb sozusagen selber ausbeuten. Insgesamt findet also ein verstärkter Raubbau an der eigenen Gesundheit statt.

Tarifforderungen scheinen ihren Sinn zu verlieren, weil es vielen vermögensbeteiligten Arbeitnehmern gleichgültig zu sein scheint, ob sie einen höheren Lohn oder eine höhere Gewinnbeteiligung erhalten. Die Tatsache, daß höhere Löhne allein unter den Arbeitnehmern, höhere Gewinnausschüttungen aber unter den Arbeitnehmern *plus* den übrigen Kapitaleignern aufgeteilt werden, gerät dabei leicht in Vergessenheit.

2. Arbeitszeitverkürzung bei vollem Lohnausgleich

Wollte man das Ziel der Vollbeschäftigung zumindest bis zum Ende dieses Jahrzehnts allein mit Hilfe des Wirtschaftswachstums verwirklichen, so wäre dafür eine durchschnittliche Zunahme des Bruttosozialprodukts von weit mehr als 6% pro Jahr erforderlich – eine Wachstumsrate also, die von vielen aus ökologischen Gründen bereits für bedenklich gehalten würde. Abgesehen davon ist eine so hohe jahresdurchschnittliche Rate des Wirtschaftswachstums ohnehin nicht zu erwarten, zumal die aktuelle Steigerungsrate des Wirtschaftswachstums von rund 2,5% wahrscheinlich schon den Höhepunkt des laufenden »Booms« markiert. Dem schwachen Wirtschaftsaufschwung wird außerdem bereits in absehbarer Zeit der nächste Konjunktureinbruch folgen. Das Institut für Arbeitsmarkt- und Berufsforschung der Bundesanstalt für Arbeit hat Modellrechnungen für die denkbare Entwicklung auf dem Arbeitsmarkt bei unterschiedlichen angenommenen Raten des Wirtschaftswachstums durchgeführt; sie sind in dem Schaubild Nr. 62 wiedergegeben.

Danach würde bei einem (sicherlich viel zu optimistisch geschätzten) durchschnittlichen Wirtschaftswachstum von 4–4,5% erst im Jahre 1995 die Vollbeschäftigung erreicht. Bei einer Wachstumsrate von 3–3,5% würde demzufolge sogar noch im Jahre 2000 eine Arbeitslosenziffer von rund 1 Mio. zu verzeichnen sein. Würde sich aber »nur« die aktuelle (und vom Arbeitgeberlager schon als großer Erfolg gefeierte!) Wachstumsrate der Wirtschaft ohne jede Unterbrechung in gleicher Höhe bis zum Jahre 2000 fortsetzen, so würde die offiziell registrierte Arbeitslosenziffer nach dieser Berechnung sogar 1,9 Mio. betragen!

Wie wenig zuverlässig derartige Berechnungen obendrein sind, läßt sich beispielsweise an einem Vergleich der von dem Institut für das Jahr 1985 vorhergesagten Arbeitslosenzahl von 1,9 Mio. mit der für dieses Jahr anschließend tatsächlich registrierten Zahl der Arbeitslosen erkennen: sie betrug 1985 rund 2,6 Mio. Die tatsächliche Arbeitslosenzahl lag 1985 also um mehr als ⅓ höher, als von dem Institut der Bundesanstalt für Arbeit noch 1983 vorhergesagt!

Schaubild 62
Arbeitslosigkeit – wie lange noch?

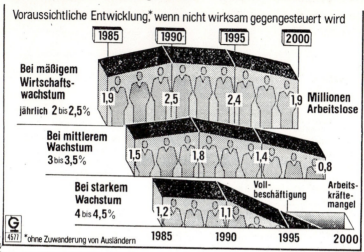

Quelle: Süddeutsche Zeitung vom 5.2.83

Realistischerweise ist also davon auszugehen, daß das Wirtschaftswachstum allein nicht ausreichen wird, das Beschäftigungsproblem zu lösen. Soll die Arbeitslosigkeit tatsächlich in einem überschaubaren Zeitraum überwunden oder doch zumindest stark abgebaut werden, dann ist zusätzlich zum Wirtschaftswachstum eine drastische allgemeine Verkürzung der Arbeitszeit zwingend erforderlich.

Sollte es aber nicht gelingen, eine Kombination aus Wirtschaftswachstum (insbesondere über eine reale Erhöhung der Massenkaufkraft) und allgemeiner Verkürzung der Arbeitszeit zumindest in Höhe des jährlichen Anstiegs der Effektivität der Arbeit (3–4%) durchzusetzen, dann würde das gegenwärtige Ausmaß der Arbeitslosigkeit bestehen bleiben bzw. es würde in den nächsten Jahren sogar noch weiter ansteigen.

Daß dieser Zusammenhang auch den Arbeitgebern nicht unbekannt ist, belegt beispielsweise die folgende Tabelle (vgl. Schaubild Nr. 63), die von dem arbeitgebereigenen »Institut der deutschen Wirtschaft« zusammengestellt und veröffentlicht worden ist.

Die bereits im Schaubild Nr. 56 dargestellten Zusammenhänge zwischen Produktivitäts- und Produktionssteigerung, Arbeitszeitverkür-

Schaubild 63
Die Produktivitätsrangliste

Jahresdurchschnittliche Veränderungsraten für die Jahre 1970/81

in Prozent	Industrielle Produktivität	Industrielle Produktion	Beschäftigung	Arbeitszeit
Japan	6,8	6,3	−0,1	−0,4
Dänemark	5,7	3,0	−1,6	−1,1
Niederlande	5,7	2,1	−2,4	−1,2
Bundesrepublik Deutschland	4,8	2,0	−1,7	−1,1
Frankreich	4,7	3,1	−0,6	−0,9
Italien	4,4	3,7	0,4	−1,0
Schweden	2,7	0,6	−0,6	−1,5
Großbritannien	2,7	−0,4	−2,2	−0,9
Kanada	2,4	3,1	1,0	−0,3
USA	2,3	2,9	0,7	−0,1

Quelle: IW-Berechnungen   iwd   © 21/1983 Deutscher Instituts-Verlag

zung und Beschäftigungsentwicklung sind hier mit Zahlen belegt:

In der Bundesrepublik z. B. stieg danach im Zeitraum von 1970–1981 die Arbeitsproduktivität in der Industrie jährlich um 4,8 %. Diese Leistungssteigerung je Beschäftigtenstunde wurde jedoch nur zu einer Ausweitung der Produktion um 2 % genutzt. Folglich verringerte sich das erforderliche Arbeitsvolumen für die Erstellung der Produktion im Jahresdurchschnitt um 2,8 %. Da in dem genannten Zeitraum die Regelarbeitszeit aber »nur« um 1,1 % pro Jahr verkürzt wurde, verminderte sich der Arbeitskräftebedarf der Industrie jährlich um 1,7 %.

Es ist also ganz offensichtlich, daß auch den Arbeitgebern bewußt ist, daß nur durch eine Kombination aus Wirtschaftswachstum plus Arbeitszeitverkürzung das Entstehen von Arbeitslosigkeit verhindert bzw. die bereits bestehende Massenarbeitslosigkeit wieder abgebaut werden kann.

Daß sie dennoch gegen die Verkürzung der Arbeitszeit ankämpfen, belegt nur einmal mehr, daß die Arbeitgeber gar nicht an der Vollbeschäftigung der Arbeitnehmer interessiert sind.

Die Verkürzung der Arbeitszeit ist in vielfacher Form möglich. Während eine Verlängerung der Schulzeit im Moment nicht zur Diskussion steht, gibt es eine breite Debatte und bereits konkrete Schritte zur Senkung des Rentenalters. Für sich genommen ist seine Herabsetzung zu begrüßen, zumal die Belastungen am Arbeitsplatz

**Schaubild 64
Früher in Ruhestand**

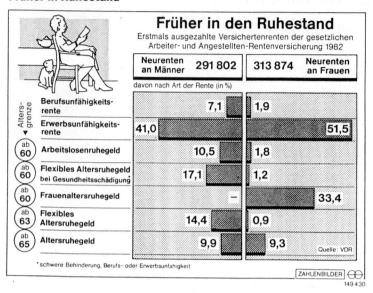

ein so enormes Ausmaß angenommen haben, daß heute etwa 50% der Rentenneuzugänge wegen Berufs- oder Erwerbsunfähigkeit und insgesamt etwa 90% aller Rentenneuzugänge bereits vor Erreichen des gesetzlichen Rentenalters erfolgen (vgl. Schaubild Nr. 64).

Allerdings ist der arbeitsmarktpolititsche Effekt der Senkung des Rentenalters nicht sehr groß, weil ohnehin nur noch wenige ältere Arbeitnehmer in den Betrieben beschäftigt sind (vgl. dazu Schaubild Nr. 65). Die Herabsetzung des Rentenalters ist also eher eine sozialpolitisch sinnvolle als eine arbeitsmarktpolitisch wirkungsvolle Maßnahme.

Unter diesem Gesichtspunkt sind die Verlängerung des Jahresurlaubs und die Verkürzung der Wochenarbeitszeit wesentlich bedeutsamer. Bei welcher konkreten Form der Arbeitszeitverkürzung die meisten Arbeitsplätze geschaffen werden können, hängt nicht nur von der Ausgestaltung des jeweiligen Arbeitsplatzes, sondern auch vom jeweiligen Umfang der Arbeitszeitverkürzung ab, der zur Diskussion steht. Häufig wird argumentiert, daß eine Verkürzung der wöchentlichen Arbeitszeit einen größeren Beschäftigungseffekt habe, als die Verlängerung des Jahresurlaubs. Vom Volumen her werden dabei meist recht ungleiche Größenordnungen verglichen.

**Schaubild 65
Ältere Arbeitnehmer**

In der Bundesrepublik Deutschland gab es am 30. Juni 1982
900 000 Arbeitnehmer im Alter von 58 bis 64 Jahren. Davon sind

58 Jahre 251 000

59 Jahre 233 000

60 Jahre 152 000

61 Jahre 116 000

62 Jahre 101 000

63 Jahre 28 000

64 Jahre 19 000

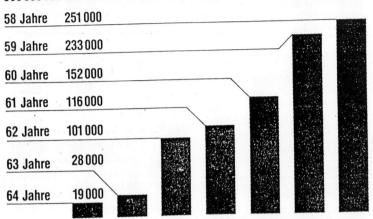

Quelle: Bundesanstalt für Arbeit
In der Diskussion um eine niedrigere flexible Altersgrenze oder Vorruhestands-Regelungen ist es wichtig zu wissen, wie viele Arbeitnehmer davon Gebrauch machen können.

Da in der Bundesrepublik gegenwärtig pro Jahr ca. 210 Arbeitstage geleistet werden, entspricht die Verlängerung des Jahresurlaubs um einen Tag einer Verkürzung der Jahresarbeitszeit um etwa 0,5 %. Dagegen bedeutet die Senkung der Wochenarbeitszeit von 40 auf 39 Stunden eine Verkürzung um 2,5 %. Vom Volumen her müßte also eine Senkung der Wochenarbeitszeit um 1 Stunde verglichen werden mit einer Verlängerung des Jahresurlaubs um eine komplette Woche. Die Forderung, den Jahresurlaub auf einmal um eine Woche zu verlängern, gilt derzeit jedoch als völlig illusorisch. Unter dem Gesichtspunkt der Durchsetzbarkeit ist es deshalb sinnvoller, sich auf die Verkürzung der wöchentlichen Arbeitszeit zu konzentrieren. Während nämlich die Zielsetzung der 35 Stunden-Woche bei den Arbeitnehmern und in weiten Kreisen der Öffentlichkeit durchaus auf Interesse und Sympathie stößt, würde eine vom Volumen her gleichbedeutende Forderung nach Verlängerung des Jahresurlaubs um 5 Wochen als reine Utopie schroff abgelehnt werden.

Der tatsächliche arbeitsplatzschaffende Effekt jeder Form von Arbeitszeitverkürzung ist in der Praxis geringer als die Verkürzung prozentual ausmacht. Ein Teil der rechnerischen Wirkung wird nämlich durch eine weitere Intensivierung der Arbeit aufgefangen. Während die Gewerkschaften davon ausgehen, daß etwa ⅓ des rein rechnerischen Effektes eine Arbeitszeitverkürzung »versickert«, behaupten die Arbeitgeber, ⅔ davon durch zusätzliche Rationalisierung und Intensivierung der Arbeit auffangen zu können. Unabhängig von seiner Höhe ist dieser »Sicker-Effekt« aber kein stichhaltiges Argument gegen die Verkürzung der Arbeitszeit. Wenn die Arbeitgeber meinen, daß auch die *theoretisch* ausreichende Einführung der 35 Stunden-Woche in der Praxis nicht zur Wiedererlangung der Vollbeschäftigung führt, weil sie einen Großteil des rechnerischen Beschäftigungseffektes durch weitere Verdichtung der Arbeit auffangen könnten, dann muß die Arbeitszeitverkürzung gegebenenfalls eben noch über die 35 Stunden-Woche hinausgehen.

Im übrigen widersprechen sich die Arbeitgeber insofern selbst, wenn sie einerseits behaupten, daß sie die von den Gewerkschaften erhofften Beschäftigungseffekte der Arbeitszeitverkürzung durch vermehrte Rationalisierung und Intensivierung der Arbeit weitgehend unterlaufen könnten, und andererseits ständig über deren kostensteigernde Wirkung klagen: wenn die Verkürzung der Arbeitszeit angeblich fast keine Neueinstellungen bewirkt, dann kann sie logischerweise auch fast nichts kosten; wenn sie aber viel kostet, dann muß sie (und das ist offenbar auch die wahre Einschätzung der Arbeitgeber selbst) starke positive Beschäftigungseffekte haben.

Um die gewerkschaftliche Forderung nach einer allgemeinen Arbeitszeitverkürzung zu unterlaufen, propagieren die Arbeitgeber derzeit die Flexibilisierung der Arbeitszeit. Sie verfolgen das Ziel, mit den Beschäftigten individuelle Arbeitsverträge abzuschließen, die von der Regelarbeitszeit in möglichst vielfältiger Form abweichen.

Diese Strategie wird häufig mit dem Argument der Schaffung zusätzlicher Arbeitsplätze sowie mit der optimistischen These von der »Rückeroberung der Zeitsouveränität« durch die Arbeitnehmer begründet. Dabei beruft man sich auf Befragungen von Arbeitnehmern, die in großer Anzahl den Wunsch geäußert haben, weniger als die 40 Stunden-Regelarbeitszeit zu arbeiten. Daß bei der gegebenen Belastung am Arbeitsplatz der dringliche Wunsch nach einer kürzeren Arbeitszeit sehr weit verbreitet ist, kann niemanden überraschen. Aus dieser Tatsache nun aber die These abzuleiten, es bestünde ein weitverbreiteter Wunsch nach *Teilzeit*arbeit, ist nicht korrekt, da die Arbeitnehmer in derartigen Befragungen gar nicht vor die Wahl gestellt werden zwischen einer individuellen Arbeitszeitverkürzung ohne Lohnausgleich oder einer allgemeinen Verkürzung der Arbeitszeit *mit* vollem Lohnausgleich. Der allgemeine Wunsch nach einer kürzeren Arbeitszeit wird unzulässigerweise gedeutet als vorherrschendes Verlangen nach Teilzeitarbeit.

Gegen die breite Einführung von Teilzeitarbeit spricht eine Reihe schwerwiegender Gründe:

■ Normalerweise bestimmt nicht der Arbeitnehmer nach eigenem Interesse, wie lange er im Betrieb arbeitet. Vielmehr bestimmt der Arbeitgeber souverän und je nach Auftragslage etc., wie lange und wann der einzelne Arbeitnehmer am Arbeitsplatz zu sein hat.

■ Die Einführung von Teilzeitarbeit erfolgt wie selbstverständlich ohne Lohnausgleich. Faktisch handelt es sich hier um eine unbezahlte Kurzarbeit, die von der Arbeitgeberseite beliebig gehandhabt werden kann.

■ Je massenhafter Teilzeitarbeit angewendet wird, desto weniger Arbeitnehmer verrichten noch die tarifliche Regelarbeitszeit. Entsprechend kleiner wird die Zahl derjenigen, die für den Kampf um die Verkürzung der Regelarbeitszeit eintreten. In dem Maße, wie die allen Arbeitnehmern gemeinsame Grundlage (jetzt die 40 Stunden-Woche) aufgelöst würde, müßte sich die Solidarität der Arbeitnehmer für einen gemeinsamen Kampf um die allgemeine Verbesserung der Arbeitsbedingungen (hier um die Arbeitszeitverkürzung mit vollem Lohnausgleich!) auflösen – und das ist auf der Arbeitgeberseite wohl auch eines der (unausgesprochenen) Hauptziele der Verfechter individueller Arbeitszeitregelungen. Hier zeigt sich eine Parallele zur Politik der individuellen Lohnzuschläge: vordergründig dienen sie dem Ziel einer gerechteren Entlohnung, tatsächlich aber sollen sie die gemeinsame Interessenbasis und damit die Solidarität der Arbeitnehmer untergraben.

■ Zur Absicherung der positiven Beschäftigungswirkung einer Verkürzung der Arbeitszeit bzw. der Einführung von Teilzeit-Arbeitsplätzen wird auf Gewerkschaftsseite überlegt, wie die Arbeitgeber dazu bewegt werden könnten, tarifvertragliche Vereinbarungen zur Wiederbesetzung freiwerdender Arbeitsplätze abzuschließen. Dieser gewerkschaftlichen Zielsetzung steht das Interesse der Arbeitgeberseite an einer Steigerung der Arbeitsintensität bei Verkürzung der Arbeitszeit entgegen. Je stärker die Verkürzung der individuellen Arbeitszeit, je länger also sie Erholzeit, desto massiver können die Unternehmer das Arbeitstempo erhöhen und Arbeitsplätze einsparen. Folglich besteht gerade bei der Einführung von Teilzeitarbeit wenig Veranlassung auf Arbeitgeberseite, sich auf weitgehende Wiederbesetzungs-Regelungen einzulassen.

■ Die Ausweitung von Teilzeitarbeit ohne Lohnausgleich führt in dem Maße zur *Verminderung* der Massenkaufkraft, in dem durch die höhere Produktivität bei Teilzeitbeschäftigung Arbeitszeit eingespart wird. Bei einer allgemeinen Arbeitszeitverkürzung mit vollem Lohnausgleich dagegen *erhöht* sich die Massenkaufkraft in dem Umfang, in dem Neueinstellungen durchgeführt werden.

Damit ist ein weiteres zentrales Thema der aktuellen Diskussion um die Verkürzung der Arbeitszeit angesprochen: die Frage des Lohnausgleichs. Der Verzicht auf den vollen Lohnausgleich wird häufig als Solidarbeitrag der Beschäftigten gegenüber den Arbeitslosen angesehen. Doch wie sehen die Effekte einer Arbeitszeitverkürzung ohne Lohnausgleich wirklich aus?

■ Wenn die Lohnabhängigen die Beschäftigung von zusätzlichen Arbeitnehmern durch ihren Verzicht auf den vollen Lohnausgleich bei Arbeitszeitverkürzungen selber finanzieren, dann bleibt der Lohnaufwand der Unternehmen theoretisch gleich.

■ In der Praxis aber vermindert sich der Umfang der entlohnten Beschäftigtenstunden bei einer Verkürzung der Arbeitszeit je nach Höhe des erwähnten »Sickereffektes«. Die aufgrund der Arbeitszeitverkürzung neu eingestellten Arbeitskräfte erhalten außerdem in der Regel ein geringeres Einkommen als die Beschäftigten mit längerer Betriebzugehörigkeit. Deshalb sinkt die Lohnsumme bei einer Arbeitszeitverkürzung ohne vollen Lohnausgleich und damit die Massenkaufkraft.

■ Dieses Problem wird noch dadurch verstärkt, daß die neu eingestellten Beschäftigten ja vorher Bezüge aus der Arbeitslosenversicherung erhalten haben, die jetzt entfallen, so daß das insgesamt verfügbare Masseneinkommen der Lohnabhängigen auch von dieser Seite her abnimmt. Zwar könnten die freiwerdenden Gelder der Sozialversicherung in anderer Weise für die Finanzierung des Massenkonsums verwendet werden, doch das ist bei einer staatlichen Politik der »Haushaltskonsolidierung« nicht ohne weiteres zu erwarten. Der Verzicht auf den vollen Lohnausgleich würde also die Massenkaufkraft schmälern und damit die Absatzkrise verschärfen – und somit letztlich neue Arbeitslosigkeit hervorrufen.

■ Eines der häufig vorgebrachten Argumente gegen die Verkürzung der Arbeitszeit besagt, daß sie nur zur Ableistung zusätzlicher Überstunden führe. Dieses Problem würde sich noch verstärken, wenn die Arbeitnehmer im Zuge von Arbeitszeitverkürzungen weitere Lohneinbußen hinnehmen müßten. Dem Mehr an Freizeit, also an Zeit, in der das Geld benötigt wird, stünde ein Weniger an verfügbarem Einkommen bei den einzelnen Arbeitnehmern gegenüber. Betriebsräte und Gewerkschaften hätten sicher noch größere Probleme damit, das Ableisten von Überstunden einzudämmen.

Unter einkommenspolitischen Gesichtspunkten zweckmäßiger und auch gesamtwirtschaftlich sinnvoller ist also eine Verkürzung der Arbeitszeit mit vollem Lohnausgleich. Die auf diese Weise steigende Nachfrage würde die Konjunktur beleben. Der durch die Arbeitszeitverkürzung verursachte Lohnkosten-Anstieg würde durch den weiteren Produktivitätsfortschritt allmählich wieder abgebaut werden. Das Argument, daß ein voller Lohnausgleich die Kostenbelastung der Unternehmen erhöht, kann kein stichhaltiger Ablehnungsgrund sein, da es keine Veranlassung dafür gibt, die bestehende Einkommensverteilung für unantastbar oder optimal zu halten. Im Gegenteil: die Unterauslastung der bestehenden Produktionsanlagen legt es in Anbetracht vorhandener, aber nicht erfüllter Bedürfnisse nahe, die Massenkaufkraft bzw. den Lohnanteil am Volkseinkommen wieder zu erhöhen.

3. Umsetzung des technischen Fortschritts in sozialen Fortschritt

Die fortlaufende Steigerung der Effektivität der Arbeit schafft Möglichkeiten für eine ständige Ausweitung des Angebotes an Gütern und Dienstleistungen bzw. für eine regelmäßige allgemeine Verkürzung der Arbeitszeit. Für beide positive Umsetzungsformen des technischen Fortschritts gibt es einen hohen Bedarf: während für die meisten abhängig Beschäftigten die geltende Regelarbeitszeit angesichts der heutzutage üblichen hohen Belastung am Arbeitsplatz zu lang ist, läßt die Versorgung der Bevölkerung mit öffentlichen und privaten Gütern und Dienstleistungen nach wie vor zahlreiche Wünsche offen.

Daher ist es unter bestimmten Vorbehalten grundsätzlich zu begrüßen, wenn neue Technologien, neue Werkstoffe oder rationellere Produktions- und Verwaltungsabläufe zu einer effektiveren Gestaltung der Arbeit führen. Anders formuliert: es kann nicht im Interesse der Lohnabhängigen liegen, anfallende Arbeiten möglichst umständlich, zeitraubend oder doch zumindest nicht so effektiv wie an sich möglich zu gestalten (was nicht zu verwechseln ist mit einem hohen Arbeitstempo, also der Hetze am Arbeitsplatz).

Eine positive Umsetzung des technischen Fortschritts bedeutet, daß die steigende Effektivität der Arbeit tatsächlich sowohl zu einer verbesserten Versorgung der Bevölkerung mit Gütern und Dienstleistungen wie auch zu einer allgemeinen Verkürzung der Arbeitszeit führt; d. h., es muß den Gewerkschaften gelingen, höhere Reallöhne und kürzere Arbeitszeiten zu vereinbaren.

Schaubild 66
Entwicklung der Jahresarbeitszeit

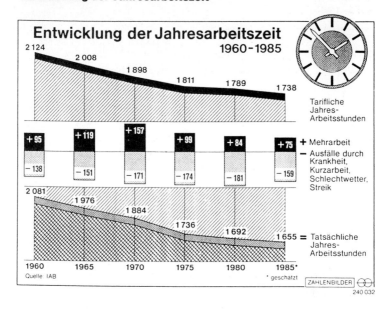

Vor allem in der Phase der Vollbeschäftigung sind diese Ziele in der Bundesrepublik auch wirklich erreicht worden: die Jahresarbeitszeit konnte erheblich verringert werden, indem die Wochenarbeitszeit verkürzt und der Jahresurlaub verlängert wurde (vgl. Schaubild Nr. 66). Dank dieser mehrfachen Verkürzung ist die tarifliche Jahresarbeitszeit in der Bundesrepublik Deutschland im Vergleich zu anderen Staaten vergleichsweise niedrig.

Parallel zu den Arbeitszeitverkürzungen konnten außerdem kräftige Reallohnsteigerungen durchgesetzt werden (vgl. Schaubild Nr. 67), so daß die Arbeitnehmer in der Bundesrepublik auch in dieser Hinsicht im Vergleich zum Ausland einen bemerkenswert hohen Lebensstandard erreicht haben.

In diesen Fakten spiegelt sich die Tatsache wieder, daß der Anstieg der Effektivität der Arbeit in der Wirtschaft der Bundesrepublik, wiederum im Vergleich zu anderen Staaten, überdurchschnittlich stark war. Über einen Zeitraum von etwa zweieinhalb Jahrzehnten hinweg ist es also in der Tat gelungen, den technischen Fortschritt zugunsten auch der Arbeitnehmer zu nutzen.

Voraussetzung dafür war bzw. ist eine hohe Durchsetzungsfähigkeit der Arbeitnehmer und ihrer Gewerkschaften. In Perioden nach-

Schaubild 67
Die Entwicklung des monatlichen Netto-Haushaltseinkommens 1953–1983

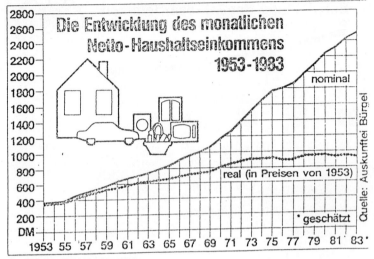

Quelle: Nachrichten Nr. 7/83

lassenden Wirtschaftswachstums und vor allem bei steigenden Arbeitslosenzahlen nimmt dieses Durchsetzungsvermögen jedoch im Normalfall zunächst einmal ab: auf der einen Seite verringert sich zumindest in der Anfangsphase hoher Arbeitslosigkeit bei vielen Beschäftigten die Bereitschaft, sich für gewerkschaftliche Forderungen zu engagieren. Manche Lohnabhängige hoffen, sich durch demonstrative Zurückhaltung gegenüber der Betriebsleitung zumindest den »eigenen« Arbeitsplatz erhalten zu können. Auf der anderen Seite setzen die Arbeitgeber den Forderungen der Gewerkschaften insbesondere in solchen Phasen einen stärkeren Widerstand entgegen: viele Betriebe verfügen in Krisenzeiten über volle Warenvorratslager und können deshalb, bei ohnehin schleppendem Absatz, arbeitskampfbedingte Produktionsausfälle relativ leicht »verkraften«. Ferner brauchen sie in solchen Phasen auch nicht mehr um knappe Arbeitsplätze konkurrieren.

Während erklärlicherweise solidarisches Handeln unter Arbeitnehmern schwieriger wird, gelingt es den Arbeitgebern in der Krise gerade am besten, ihre gegen die Interessen der Lohnabhängigen gerichtete Politik untereinander abzustimmen. So wurde z. B. der »Tabu-Katalog« der Bundesvereinigung der Deutschen Arbeitgeberverbände (BDI) mehrmals neu gefaßt, und zwar in den Jahren 1968,

1975 und 1978 – ein Blick auf das Schaubild Nr. 1 läßt schnell erkennen, daß diese Jahreszahlen jeweils exakt konjunkturelle Tiefpunkte markieren!

Die Durchsetzungsfähigkeit der Gewerkschaften verschlechtert sich also fatalerweise meistens gerade dann, wenn sie am dringlichsten nötig ist. So betrug die Rate der jährlichen Arbeitszeitverkürzung in den 60er Jahren, also in der Zeit des »leergefegten« Arbeitsmarktes, durchschnittlich 1,1 %. In der gegenwärtigen Situation jedoch, in der die Verkürzung der Arbeitszeit zur Lösung der massiven Beschäftigungsprobleme besonders wichtig ist, hat sich ihr Tempo keineswegs beschleunigt, sondern im Gegenteil auf etwa 0,1 % pro Jahr verlangsamt. Auch der Lohnanstieg wurde mit steigender Arbeitslosigkeit gebremst und schließlich sogar in sein Gegenteil verkehrt: trotz laufend zunehmender Effektivität der Arbeit sind die Reallöhne seit 1980 ständig gesunken. Obwohl also die Beschäftigten Jahr für Jahr mehr leisten, erhalten sie für ihre Arbeit jetzt immer weniger Reallohn.

Somit führt der technische Fortschritt gegenwärtig weder zu einer besseren Versorgung der Bevölkerung mit Gütern und Dienstleistungen, noch zu einer spürbaren allgemeinen Verkürzung der Arbeitszeit – sondern zur Entstehung bzw. zur Ausweitung von Massenarbeitslosigkeit. Von den drei grundsätzlich möglichen Umsetzungsformen des technischen Fortschritts, die im Schaubild Nr. 56 dargestellt sind (Ausweitung des Volumens von Gütern und Dienstleistungen, Verkürzung der Arbeitszeit oder Beschäftigungsabbau), wird seit Jahren vor allem die letztgenannte Variante in die Praxis umgesetzt – mithin die einzige, die für die Arbeitnehmer negativ ist!

Mitunter wird argumentiert, der technische Fortschritt habe heute einen anderen Charakter als jener früherer Jahre, weshalb für die Arbeitnehmer gegenwärtig nur nachteilige Folgen aus dem Einsatz neuer Technologien zu erwarten seien. Diese These trifft jedoch nicht zu: was sich gegenüber den 60er und frühen 70er Jahren verändert hat, ist nämlich nicht die Art oder das Tempo des technischen Fortschritts, sondern das soziale Kräfteverhältnis, unter dessen Bedingungen er heute stattfindet. Die Arbeitslosigkeit ist keine zwingende Folge des Einsatzes neuer Technologien, sondern vielmehr Konsequenz der gegenwärtig bestehenden (un-)sozialen Verhältnisse, unter denen das verringerte Arbeitsvolumen eben nicht gleichmäßig auf die Lohnabhängigen verteilt wird: nur deshalb werden die einen arbeitslos, während die anderen bei steigenden Leistungsanforderungen zu lange arbeiten.

Seit jeher haben die Arbeitnehmer aber die Erfahrung machen müssen, daß sie sich eine Umsetzung des technischen Fortschritts in eine Verbesserung ihrer Lebenslage immer erst gegen den Widerstand der Arbeitgeber erkämpfen mußten. Mit zunehmender Dauer und Schärfe der gesamtwirtschaftlichen Probleme werden die Verteilungskämpfe um den »Kuchen« Sozialpolitik deutlich härter: charakteristisch dafür ist, daß die Zahl der durch Arbeitskämpfe ausfallenden Arbeitsstunden in der Gesamtwirtschaft der Bundesrepublik deutlich steigt (vgl. Schaubild Nr. 68).

Gelingt es den Lohnabhängigen über einen längeren Zeitraum hinweg nicht mehr, Vorteile aus dem technischen Fortschritt zu zie-

Schaubild 68
Chronik der Arbeitskämpfe

Eigentlich hätte 1985 ein streikfreies Tarifjahr werden können, wenn nicht jetzt im Handwerk in Nordrhein-Westfalen ein Arbeitskampf drohte. Im vergangenen Jahr führte der Streit um die Verkürzung der Wocharbeitszeit zum härtesten Arbeitskampf in der Geschichte der Bundesrepublik. Die Härte der Auseinandersetzung zeigt sich auch darin, daß die Hälfte aller Ausfalltage auf Aussperrung solcher Arbeitnehmer zurückzuführen ist, die selbst gar nicht gestreikt haben. Nur wenn viel auf dem Spiel steht, pflegen die Arbeitgeber zu dieser schärfsten Waffe im Arbeitskampf zu greifen, so beispielsweise auch in den Jahren 1963, 1971, 1976 und 1978.

Quelle: Handelsblatt, 15.4.85

hen und wird der technische Fortschritt gar direkt gegen ihre Interessen gerichtet (in Form von zunehmender Arbeitslosigkeit, steigender Arbeitshetze und Lohndrückerei), dann kann es nicht verwundern, wenn sich allgemein eine technologiefeindliche Haltung herausbildet: der Blick richtet sich dann gegen den technischen Fortschritt als vermeintliche Ursache der Arbeitslosigkeit. Man glaubt, durch eine Drosselung des technischen Fortschritts zumindest eine weitere Zunahme der Arbeitslosigkeit verhindern zu können.

Eine solche Strategie wäre aber mit Sicherheit schon deswegen alles andere als vielversprechend, weil es in der Geschichte noch niemals »gelungen« ist, den technischen Fortschritt aufzuhalten. Aber selbst wenn es z. B. den Arbeitnehmern in der Bundesrepublik gelingen würde, den Anstieg der Arbeitsproduktivität merklich zu verlangsamen, so wäre für die Beschäftigungswirkungen doch folgendes zu bedenken:

Die Arbeitnehmer könnten allenfalls in ihrem eigenen Land versuchen, den Einsatz neuer Technologien zu verlangsamen oder aufzuhalten. Eine Möglichkeit, dies gleichzeitig international zu organisieren, gibt es mit Sicherheit nicht. (Es ist ja auch leider noch niemals gelungen, z. B. eine international aufeinander abgestimmte Runde allgemeiner Arbeitszeitverkürzungen zu organisieren!) Vor allem aber wäre in den einzelnen Staaten die Versuchung einfach zu groß, durch das Unterlaufen einer solchen internationalen Abmachung (über den Verzicht auf die Entwicklung und den Einsatz neuer Produktionstechnologien) auf Kosten der Welthandelskonkurrenten einen technologischen Vorsprung zu erzielen bzw. einen gegebenen Rückstand aufzuholen. Die Drosselung des Anstiegs der Arbeitsproduktivität wäre daher, wenn überhaupt,»bestenfalls« in einem einzelnen Land möglich. Dabei würde sich dann aber der erhoffte Effekt der Arbeitsplatzsicherung gar nicht ergeben können – im Gegenteil. An einem konkreten Beispiel soll das erläutert werden:

In der britischen Automobilindustrie werden vergleichsweise wenig moderne Technologien (Roboter etc.) eingesetzt; die Effektivität der Arbeit ist in diesem Zweig der britischen Industrie im internationalen Vergleich relativ niedrig. Dennoch sind dort massenhaft Arbeitsplätze verlorengegangen – und zwar deshalb, weil die britischen Automobilhersteller zu unproduktiv arbeiten und deshalb allmählich zu teuer wurden. Sie verloren nach und nach Marktanteile und mußten Arbeitnehmer entlassen – aber eben nicht wegen verstärkter, sondern letztlich eher wegen unterlassener Rationalisierungen.

In der Automobilindustrie Japans z. B. werden dagegen in hohem Maße neue Technologien eingesetzt – entsprechend hoch ist die Produktivität bei der Herstellung und die Qualität der Produkte. Auf dieser Basis haben japanische PKW-Hersteller große Weltmarktanteile »erobern« können, so daß sie ihre Produktion erheblich ausweiten und sogar zusätzliche Arbeitskräfte einstellen konnten.

Der massive Einsatz neuer Technologien in der PKW-Industrie Japans hat zwar, global betrachtet, in der Tat Arbeitsplätze gekostet – allerdings nicht in dem Land, das die Roboter etc. eingesetzt hat (Japan), sondern in jenem, das sie gerade nicht eingesetzt hat (England). Es wäre also eine Illusion, zu meinen, durch eine Verhinderung oder zumindest durch eine Verlangsamung des Einsatzes neuer Technologien Arbeitsplätze langfristig halten zu können. Jedes Land, das sich technologisch langsamer entwickelt als die meisten anderen Staaten, wird allmählich an internationaler Konkurrenzfähigkeit und damit an Weltmarktanteilen einbüßen und dadurch – unter sonst gleichen Bedingungen – zusätzlich Arbeitsplätze verlieren.

Diese Ausführungen zielen nun keineswegs darauf ab, die Arbeitnehmer und ihre Gewerkschaften vor den »Rationalisierungskarren« der Arbeitgeber spannen zu wollen, zumal gerade die Wirtschaft der Bundesrepublik ohnehin über eine außerordentlich starke Position auf dem Weltmarkt verfügt. Es soll allerdings deutlich werden, daß auf den technischen Fortschritt schon aus Gründen der internationalen Konkurrenz so lange nicht verzichtet werden kann, wie die internationalen Wirtschaftsbeziehungen auf dem System der Konkurrenz basieren – und daß es zur Vermeidung von Arbeitslosigkeit auch gar nicht erforderlich wäre, den technischen Fortschritt aufzuhalten oder zu verlangsamen. Nicht die Drosselung des technischen Fortschritts kann das Ziel der gewerkschaftlichen Politik sein, sondern erstens die Vermeidung drohender Nachteile für die Arbeitnehmer und zweitens die Sicherstellung der Teilhabe der Lohnabhängigen an dem wachsenden gesellschaftlichen Reichtum, der sich aus der Ausschöpfung des technischen Fortschritts ergeben kann.

Weil die technologische Entwicklung in so vielfältiger Weise in die Arbeits- und Lebensverhältnisse der Bevölkerung einwirkt, ist es von größter Bedeutung, daß sich die Gewerkschaften die Technologiepolitik als eigenes Handlungsfeld sichern. Zu unterscheiden sind dabei insbesondere die beiden folgenden Hauptaufgabenfelder:

a) Es müssen Kriterien entwickelt werden für die Entscheidung der Frage, unter welchen Voraussetzungen beschäftigungspolitischer, ergonomischer, arbeitsmedizinischer, umweltpolitischer Art etc. neue Technologien von den Arbeitnehmern akzeptiert werden können und unter welchen Bedingungen nicht.

■ So ist es natürlich auch unter Hinweis auf die internationale Konkurrenz niemals von den Arbeitnehmern hinzunehmen, wenn Werkstoffe oder Arbeitsgeräte eingesetzt werden sollen, die nachweislich gesundheitsgefährdend sind

■ oder wenn durch zu weitgehende Zerlegung von Arbeitsvorgängen völlig sinnentleerte Arbeitsinhalte entstehen (was bekanntlich ebenfalls krank machen kann).

■ Aufgrund der bereits erreichten Höhe des gesellschaftlichen Reichtums kann die Wirtschaft der Bundesrepublik es sich schon jetzt erlauben, die berufliche Dequalifizierung von Teilen der Lohnabhängigen zu vermeiden und z. B. Mischarbeitsplätze selbst dann einzurichten, wenn diese nicht unbedingt die maximale Auslastung von bestimmten Arbeitsmitteln bzw. die höchste Effektivität der Arbeit gewährleisten. Der Zuwachs an gesellschaftlichem Reichtum muß nämlich nicht in jedem Falle in einer Erhöhung des Produktionsausstoßes bestehen; er kann z. B. auch in einer qualitativen Verbesserung der Arbeit selbst liegen.

■ Für den Bereich der Datenverarbeitung wären z. B. die »Personalinformationssysteme« zu nennen, deren Anwendung deshalb strikt abzulehnen ist, weil sie zu stark in die Persönlichkeitssphäre eingreifen und die Gefahr der umfassenden Kontrolle und Überwachung heraufbeschwören.

Schon bei den heute gegebenen (unzureichenden) Mitbestimmungsrechten der Betriebs- bzw. Personalräte bei der Einführung neuer Technologien besteht ein hoher Bedarf an fachlicher Beratung über deren konkrete Auswirkungen, so z. B. über die möglichen »Tücken« im Zusammenhang mit der Einrichtung eines Computer-Arbeitsplatzes. Daher ist der Ausbau von gewerkschaftlichen Technologieberatungsstellen wünschenswert; das gilt um so mehr, wenn es gelingt, die Mitbestimmungsrechte der Arbeitnehmer bei der Einführung neuer Technologien in dem dringend erforderlichen Umfang auszuweiten.

b) Für eine positive Umsetzung des technischen Fortschritts in sozialen Fortschritt reicht es natürlich nicht aus, lediglich negative Folgen bestimmter neuer Technologien zu vermeiden; vielmehr ist es darüber hinaus erforderlich, positive Vorstellungen darüber zu entwickeln, wie sich die Verhältnisse innerhalb und außerhalb der Betriebe insgesamt entwickeln sollen. Daraus abgeleitete konkrete Forderungen müssen dann von Fall zu Fall entweder zum Bestandteil von Tarifforderungen oder zu Anforderungen gegenüber dem Staat, also z. B. gegenüber der Technologiepolitik der Regierung, gemacht werden. Dies wäre der Versuch, die Arbeitnehmer in den Entscheidungsprozeß über die Fragen einzubeziehen, »was«, »wie« und »für wen« produziert werden soll.

In langen Jahren haben Arbeitnehmer die Erfahrung machen müssen, daß Regierungen nicht in jedem Falle bereit sind, im erforderlichen Umfang geeignete Maßnahmen zur Milderung der Krise (Konjunkturprogramme etc.) und insbesondere zur Beseitigung der Massenarbeitslosigkeit (Verkürzung der Regelarbeitszeit, Änderung der Arbeitszeitordnung etc.) zu ergreifen. Daher müssen sich die Lohnabhängigen wieder auf die eigenen Kräfte besinnen. Dazu gehört auch der Abbau von vielfach bestehenden wirtschaftlichen Ängsten auf Seiten der Arbeitnehmer vor der energischen Durchsetzung von Tarifforderungen, wie z. B. die Sorge vor den Kostenwirkungen von Reallohnsteigerungen: solche Ängste werden von der Arbeitgeberseite mit großem publizistischem Aufwand systematisch geschürt in der Absicht, die Arbeitnehmerseite durch Verunsicherung in ihrer Durchsetzungsfähigkeit zu schwächen.

Durch einen massenhaften engagierten Einsatz für die Durchsetzung gewerkschaftlicher Forderungen ist es möglich, die konjunkturelle Negativ-Spirale von hoher Arbeitslosigkeit, schlechteren Tarifabschlüssen, sinkender Massenkaufkraft und weiter steigender Arbeitslosigkeit zu durchbrechen. Dagegen würde die Hinnahme von weiteren Lohneinbußen bei steigenden Leistungsanforderungen am Arbeitsplatz und zunehmend »angepaßtem« Verhalten im Betrieb nur weitere Begehrlichkeiten der Arbeitgeberseite auslösen.

Die Vergangenheit hat gezeigt, daß es den Lohnabhängigen durch bewußtes und solidarisches Handeln sehr wohl gelingen kann, in der fortwährenden wirtschafts- und sozialpolitischen Auseinandersetzung mit den Arbeitgebern aus der Defensive herauszukommen und die eigenen Lebensverhältnisse spürbar und nachhaltig zu verbessern.

Verzeichnis der Schaubilder

1	Lebenslauf der Konjunktur.	14
2	Arbeitslosigkeit 1950–1985.	14
3	Die Konjunktur im Bild – die Industrieproduktion der drei großen westlichen Industriestaaten	15
4	Arbeitslose und Arbeitslosenquoten nach Ländern	18
5	Wandlungen der Wirtschaftsstruktur	19
6	Erwerbstätige nach Wirtschaftsbereichen	21
7	Saldo der Leistungsbilanz	23
8	Die größten Exporteure des Westens.	24
9a	Export der Bundesrepublik.	25
9b	Anteile am Welthandel mit Industriegütern.	25
10	Firmenkonzentration in der Bundesrepublik	29
11	Entwicklung der Unternehmensgewinne	30
12	Konkurse und Vergleichsverfahren in der Bundesrepublik	31
13	Kanzler zwischen Krise und Konjunktur.	35
14	Prinzip einer antizyklischen Haushaltspolitik.	37
15	Sparen mit Nebenwirkungen.	38
16	Staaten als Schuldenmacher	39
17	Währungsreserven	40
18	Neuverschuldung und Zinsaufwand	41
19	Schere zwischen Eigenkapital- und Fremdkapitalverzinsung	43
20	Finanzplanung des Bundes 1984–1988	46
21	Finanzhilfen und Steuervergünstigungen des Bundes.	47
22	Stoltenbergs Haushaltsplan	48
23	Entwicklung der Lohnkosten.	50
24	Lohnkosten im Vergleich	52
25	Lohnkostenanstieg: national und international gemessen	53
26	Stundenlöhne und Produktivität.	55
27	Auslandsvermögensstatus der Bundesrepublik nach Ländergruppen, wichtigen Ländern und Anlagebereichen	57
28	Auslandsvermögensstatus der Bundesrepublik nach Wirtschaftszweigen.	58
29	Hauptziele der Investitionen	61

30	Struktur der Investitionen in der verarbeitenden Industrie	63
31	Die Investitionsmotive	64
32	Die Arbeitsproduktivität 1951–1980	64
33	Jährlich durchschnittlicher Anstieg der Produktivität...	65
34	Alter des Anlagevermögens in der Industrie	66
35	Trends von Wirtschaftswachstum und Arbeitsproduktivität	67
36	Kapazitätsauslastung und Investitionstätigkeit in der Gesamtindustrie	70
37	Verhältnis von Verbrauch und Investitionen	71
38	Eigene Finanzierungsmittel und Bruttoinvestitionen...	73
39	Eigenkapitalausstattung der deutschen Unternehmen..	75
40	Das Kapitalpolster der Unternehmen	77
41	Konjunktur und Sparen in der Bundesrepublik	79
42	Wer kann sparen?	81
43	Ausstattung der Haushalte mit Konsumgütern	83
44	Umsatzveränderungen im Einzelhandel	85
45	Kaufkraft der durchschnittlichen Nettoverdienste	89
46	Anteil der Löhne und Gehälter am industriellen Umsatz	92
47	Kostenstrukturen im Einzelhandel	93
48	Umschichtungen in der Steuerlast	97
49	Abgaben vom Lohn	98
50	Steuern in Prozent des Bruttosozialprodukts	98
51	Einnahmen und Ausgaben der Bundesanstalt für Arbeit	101
52	Rentenanpassung	103
53	Die langen Wellen der Weltkonjunktur	122
54	Erfindungen und Wirtschaftskonjunktur	124
55	Entwicklung von Konsum und Investitionen	135
56	Umsetzung des technischen Fortschritts	145
57	Großer Dreh am Steuerrad?	147
58	Haushaltseinkommen sozialer Gruppen	148
59	Lohnkaufkraft – damals und heute	156
60	Pro-Kopf-Verbrauch von Lebensmitteln	158
61	Entwicklung der Lohnquote	162
62	Arbeitslosigkeit – wie lange noch?	171
63	Die Produktivitätsrangliste	172
64	Früher in Ruhestand	173
65	Ältere Arbeitnehmer	174
66	Entwicklung der Jahresarbeitszeit	179

67 Die Entwicklung des monatlichen Netto-Haushaltseinkommens 1953-1983 180
68 Chronik der Arbeitskämpfe 182

Begriffserklärungen

Handelsbilanz
Überschuß der Warenexporte gegenüber den gleichzeitigen Warenimporten eines Landes. Die Bundesrepublik hat nahezu ohne Unterbrechung alljährlich hohe Überschüsse im Außenhandel mit Gütern zu verzeichnen, d. h. ihre Handelsbilanz ist fast durchgängig »positiv«. Somit liefert die Wirtschaft der Bundesrepublik beständig mehr Waren in das Ausland als sie umgekehrt von dort bezieht.

Leistungsbilanz
Die Leistungsbilanz faßt alle Einzelbilanzen des wirtschaftlichen Verkehrs mit dem Ausland zusammen. Neben der Handelsbilanz geht z. B. die Dienstleistungsbilanz (Transporte, Urlauberausgaben etc.) in die Leistungsbilanz ein. Da einige ihrer Teilbilanzen (wie z. B. die Dienstleistungsbilanz) traditionell negativ sind, benötigt die Bundesrepublik in begrenztem Umfang Einnahmen aus Exportüberschüssen zum Ausgleich der Leistungsbilanz.

Währungsreserven
Überschüsse z. B. in der Handelsbilanz, die nicht zum Ausgleich anderer negativer Posten der Leistungsbilanz benötigt werden, schlagen sich als Währungsreserven nieder, sofern die entsprechenden Gelder nicht bei den Privaten (Unternehmen, Banken) verbleiben, sondern von der Notenbank übernommen werden. Die Bundesrepublik verfügt (auch im internationalen Vergleich) über ein außerordentlich umfangreiches Polster an Währungsreserven.

Fusionen
Fusionen sind Unternehmenszusammenschlüsse – meist in der Form, daß ein größeres Unternehmen ein kleineres aufkauft. Mit dem Beginn einer jeden Wirtschaftskrise nehmen die Fusionen – ähnlich wie die Firmenpleiten – deutlich zu.

Keynesianische (= antizyklische) Wirtschaftspolitik
Von J. M. Keynes entwickelte Theorie der Wirtschaftspolitik des Staates. Ihr Ziel ist es, durch eine geeignete Steuerung der Staatseinnahmen bzw. -ausgaben jeweils gegen den laufenden Trend der Konjunktur (= antizyklisch) zu wirken. Auf diese Weise sollen die kon-

junkturellen Ausschläge geglättet werden. Sobald sich die Summe aus der privaten Inlandsnachfrage (Konsum plus Investitionen) und der Nachfrage des Auslandes verringert, soll der Staat seine eigene Nachfrage steigern, um einen Rückgang der gesamtwirtschaftlichen Nachfrage möglichst zu vermeiden.

Finanziert werden sollte die staatliche Mehrnachfrage in der Krise, nach Ansicht von Keynes und seiner Anhänger, vor allem über eine Kreditaufnahme des Staates. Mit Beginn des folgenden Booms, also wenn die Nachfrage aus der Privatwirtschaft bzw. aus dem Ausland wieder ansteigt, soll der Staat zur Vermeidung einer »Überhitzung« der Konjunktur seine eigene Nachfrage unter das Niveau seiner laufenden Einnahmen senken. Auf diese Weise können gleichzeitig die in den Krisenjahren aufgehäuften Schulden abgetragen werden.

»Linkskeynisianismus« meint die Erhöhung der Staatsausgaben vor allem für sozial sinnvolle Zwecke (Gesundheits- und Bildungssystem, Umweltschutz etc.). »Rechtskeynesianismus« meint die Steigerung der staatlichen Ausgaben z. B. für Rüstungszwecke.

Lohnkostenanteil am Umsatz

Anteil aller Lohnbestandteile (direkter Lohn plus Lohn»nebenkosten«) am Umsatz eines Unternehmens oder einer Branche. Je nach dem technischen Entwicklungsstand sind die Lohnkostenanteile am Umsatz der einzelnen Branchen zum Teil recht unterschiedlich.

Einige Beispiele:

Lohnkostenanteile in % vom Umsatz		
Gesamtindustrie	19,6	(Stand 1984)
Bergbau	27,2	
Büromaschinen und Datenverarbeitungsg.	25,9	
Fahrzeugbau	20,9	
Chemie	16,0	
Mineralölverarbeitung	1,8	
Handel		(Stand 1981)
Warenhaus	19,0	
Verbrauchermarkt	5,0	

Über die Jahre hinweg ist der Anteil der Löhne am Umsatz rückläufig. Allein im Zeitraum von 1978-1984 ist er in der Industrie von 22,3 % auf 19,6 % gesunken.

Lohnstückkosten

$$\text{Lohnstückkosten} = \frac{\text{Lohn (nominal)}}{\text{Stückzahl (real)}}$$

Die Lohnstückkosten geben den nominellen Lohnaufwand je produzierte Wareneinheit an. Steigt die produzierte Stückzahl je Beschäftigtenstunde bei gleichbleibendem Stundenlohnsatz, so gehen die Lohnstückkosten zurück. Ein nomineller Lohnanstieg dagegen erhöht die Lohnstückkosten – dies gilt selbst dann, wenn die Löhne zwar nominell ansteigen, wegen gleichzeitiger Preissteigerungen aber real fallen. Während nämlich im Zähler der Lohnaufwand als Nominalgröße (also einschließlich der Aufblähung durch die Inflation) erfaßt wird, wird die Stückzahl im Nenner als reale Größe gefaßt, nämlich unter Abzug der Inflation! Somit wird eine durch die Inflation aufgeblähte Größe (Lohnaufwand) ins Verhältnis gesetzt zum Umsatz, der allerdings um die Inflationsrate »bereinigt« worden ist. Auf diese Weise lassen sich in der Bundesrepublik selbst für die jüngste Vergangenheit steigende Lohnstückkosten »nachweisen«, obwohl die Effektivität der Arbeit z. B. zwischen 1980 und 1985 jährlich um etwa 3 – 4% gestiegen ist – bei einem gleichzeitigen *Rückgang* der Reallöhne um insgesamt rund 7%.

Lohnquote
Anteil der Löhne am Volkseinkommen. Die Lohnquote gibt die Aufteilung des gesamten Volkseinkommens in Bruttoeinkommen aus unselbständiger Arbeit (Löhne und Gehälter) einerseits und Einkommen aus Unternehmertätigkeit und Vermögen andererseits an. Zu berücksichtigen ist dabei, daß sich die Einkommen aus unselbständiger Arbeit derzeit auf 87% der Einkommensbezieher verteilen – die Einkommen aus Unternehmertätigkeit und Vermögen dagegen nur auf 13%.

Berücksichtigt man bei der Berechnung der Lohnquote den Tatbestand, daß ein steigender Anteil der Erwerbstätigen sein Einkommen aus unselbständiger Arbeit bezieht, so erhält man die sog. »bereinigte« Lohnquote.

Einige Daten:

Jahr	Lohnquote tatsächlich	Lohnquote bereinigt	Anteil der Arbeitnehmer an den Erwerbstätigen
1960	60,1	60,1	77,2
1970	68,0	62,9	83,4
1975	73,1	66,1	85,3
1980	73,5	64,9	87,4
1985	70,3	62,3	87,0

Im Zeitraum von 1960-1975 ist sowohl die »tatsächliche« als auch die »bereinigte« Lohnquote gestiegen. Danach steigt die »tatsächliche« Lohnquote noch leicht weiter an, während die »bereinigte« Quote bereits absinkt. Bei einem Vergleich der Werte für die Jahre 1970 und 1985 zeigt sich für die »tatsächliche« Lohnquote ein Anstieg von 68,0 % auf 70,3 %; für die »bereinigte« Lohnquote dagegen ein leichter Rückgang von 62,9 % auf 62,3 %. Demnach erhielten die abhängig Beschäftigten 1985 einen geringeren Anteil vom Volkseinkommen als 1970.

Lohnkaufkraft
Realer Gegenwert des Lohnes, gemessen z. B. in der Warenmenge, die sich ein durchschnittlich verdienender Industriearbeiter für seinen Monatslohn kaufen kann. Die Lohnkaufkraft (= derReallohn) kann selbst bei steigenden Preisen wachsen, sofern der Nominallohn stärker ansteigt als das Preisniveau. In der Geschichte der Bundesrepublik ist die reale Lohnkaufkraft bis 1980 durchgehend gestiegen; in den Jahren 1980-1985 jedoch ist sie gesunken, weil die Nominallohnsteigerungen den gleichzeitigen Preisanstieg nicht mehr voll ausgleichen konnten.

»Lohn-Preis-Spirale«
Theorie, wonach Lohnerhöhungen automatisch Preissteigerungen auslösten, welche die Lohnsteigerungen zunichte machen würden. Demnach »lohnte« sich der Kampf um Lohnsteigerungen für die Arbeitnehmer nicht. Tatsächlich sind bis Ende der 70er Jahre Lohnsteigerungen durchgesetzt worden, die nur zum Teil durch nachfolgende Preissteigerungen »zunichte« gemacht worden sind; der Le-

bensstandard der Arbeitnehmer ist daher aufgrund der Lohnsteigerungen absolut angestiegen. Rückläufige Steigerungsraten der Nominallöhne sind in der Regel verbunden mit einem verlangsamten Anstieg oder gar mit einem absoluten Rückgang der Reallöhne.
Weil die Löhne im Durchschnitt der Industrie nur etwa 20% der Gesamtkosten ausmachen, werden die Gesamtkosten z. B. im Zuge einer 5%gen Lohnerhöhung nur um 1% – und keineswegs ebenfalls um 5% erhöht. Hinzu kommt, daß die Lohnaufwendungen der Unternehmen ohnehin durch fortlaufende Rationalisierungen ständig vermindert werden (vgl. sinkenden Lohnanteil am Umsatz der Unternehmen).

Intensität der Arbeit
Ausdruck für das Tempo der Arbeit. Eine Steigerung der Arbeitsintensität kann in der Produktion z. B. durch ein »Schnellerstellen« der Fließbänder erfolgen. In der Verwaltung kann eine Erhöhung der Arbeitsintensität dadurch erreicht werden, daß innerhalb einer gegebenen Arbeitsstundenzahl z. B. mehr Akten oder Vorgänge bearbeitet werden müssen.
Sind die Arbeitsinhalte je Beschäftigtenstunde nicht festgelegt, so ist es für das Management leichter, eine Erhöhung des Arbeitstempos, also der Arbeitsintensität, durchzusetzen, als wenn die maximalen Arbeitsanforderungen je Arbeitsstunde festgeschrieben sind – wie das z. B. beim Akkord-System der Fall ist.

Produktivität der Arbeit
Produktivität = Produktion je geleistete Beschäftigtenstunde oder: Effektivität der Arbeit. Die Anhebung der Arbeitsleistung je Beschäftigtenstunde kann sowohl durch eine einfache Anhebung der Intensität der Arbeit, als auch durch den Einsatz verbesserter Maschinen bzw. durch die Verbesserung der Organisation von Produktion und/oder Verwaltung erreicht werden. Aus den bloßen Steigerungsraten der Arbeitsproduktivität ist nicht zu erkennen, wie dieses Resultat erzielt worden ist, also ob durch eine Erhöhung der Intensität der Arbeit und/oder durch eine verbesserte Maschinerie bzw. Arbeitsorganisation.

Steuerprogression
Das geltende Einkommensteuersystem in der Bundesrepublik enthält mehrere Zonen mit unterschiedlicher Besteuerung des Jahreseinkommens. Bis zu einer Höhe von 4536 DM Jahreseinkommen sind keine Steuern zu entrichten. Für das weitere Jahreseinkommen bis zu

18000 DM gilt dann ein fester Steuersatz von 22%. Danach beginnt die sog. Progressionszone: Das Jahreseinkommen über 18000 DM hinaus wird mit steigender Höhe mit einem ansteigenden Steuersatz belegt. Bei 130000 DM wird der höchste (Grenz-)Steuersatz von derzeit 56% erreicht. Dieser Grenzsteuersatz gilt für jedes Einkommen über 130000 DM hinaus. Wer also z. B. 140000 DM Jahreseinkommen zu versteuern hat, braucht für die »ersten« 4536 DM keine Steuern zu bezahlen, für die »nächsten« weiteren rund 14000 DM ist der feste Steuersatz von 22% zu entrichten. Das weitere Einkommen bis zu 130000 DM wird mit einem wachsenden Steuersatz belegt. Erst für die »restlichen« 10000 DM des zu versteuernden Jahreseinkommens von 140000 DM gilt dann durchgängig der Spitzensteuersatz von 56%. Ein zu versteuerndes Jahreseinkommen von z. B. 140000 DM wird also keineswegs insgesamt mit einer Steuer von 56% belegt – der Spitzensteuersatz gilt lediglich für den Einkommensteil, der über den Betrag von 130000 DM hinausgeht. Somit werden selbst sehr hohe Einkommen niemals mit dem vollen Spitzensteuersatz belegt – der durchschnittliche Steuersatz für das Gesamteinkommen liegt in jedem Fall unterhalb des Grenzwertes von 56%.

Die jetzige Regierung in Bonn hegt die Absicht, den Spitzensteuersatz von 56% auf unter 50% zu senken, wodurch allein die Bezieher von hohen Einkommen begünstigt würden.

Neuverschuldung des Staates
Die Netto-Neuverschuldung des Staates gibt den Betrag von Schulden an, der zu den Altschulden jeweils hinzukommt. In Höhe der Netto-Neuverschuldung gibt der Staat weiterhin mehr Geld aus, als er aktuell einnimmt. Auch bei einer rückläufigen Neuverschuldung steigen somit die Gesamtschulden des Staates weiter an. Ein Rückgang der Neuverschuldung bedeutet lediglich, daß der Umfang der Schulden langsamer wächst als vorher. Eine Verringerung der Neuverschuldung bedeutet also keineswegs, wie zahlreiche Politiker immer wieder gern Glauben machen wollen, daß die Gesamtschulden des Staates geringer würden.

Sickereffekt bei einer Arbeitszeitverkürzung
Erfahrungsgemäß hat eine Verkürzung der Arbeitszeit eine gewisse Steigerung der Arbeitsintensität zur Folge. Dies führt dazu, daß eine Verringerung der Arbeitszeit z. B. um 3,75% (das entspricht der Verkürzung der Wochenarbeitszeit von 40 auf 38,5 Stunden) nicht vollständig in eben diesem Prozentsatz beschäftigungswirksam werden kann.

Die Gewerkschaften gehen davon aus, daß etwa ein Drittel des Volumens einer Arbeitszeitverkürzung durch die damit verbundene Erhöhung der Arbeitsintensität »versickert«; der Beschäftigungseffekt ist entsprechend geringer als das Volumen der Arbeitszeitverkürzung. Die Arbeitgeberseite dagegen behauptet, zwei Drittel des Volumens einer Arbeitszeitverkürzung durch eine Steigerung der Arbeitsintensität auffangen zu können.

In Höhe des Sickereffektes geht einerseits ein Teil der von den Gewerkschaften angestrebten Beschäftigungswirkung einer Arbeitszeitverkürzung verloren. Andererseits wird ihre Kostenwirkung durch den Sickereffekt entsprechend verringert.

Notizen

Notizen

Wie wir leben wollen

E. Altvater/E. Hickel/J. Hoffmann u.a.
Markt, Mensch, Natur
Zur Vermarktung von Arbeit und Umwelt
160 Seiten; DM 19,80

Gine Elsner (Hrsg.)
Vorbeugen statt Krankschreiben
Betriebsärzte in der Praxis
176 Seiten; DM 24,80

E. Altvater/M. Baethge/G. Bäcker u.a.
Arbeit 2000
Über die Zukunft der Arbeitsgesellschaft
240 Seiten; DM 24,80

P. Alheit/G. Lobboda/J. Wollenberg u.a.
Wie wir leben wollen
Krise der Arbeitsgesellschaft, Widerstand, Reform und Prespektiven
240 Seiten; DM 29,80

H. Nägeli/R. Günter/K. Staeck u.a.
Kultur im Alltag
Neue Formen kommunaler Kulturpolitik
176 Seiten; DM 17,80

Herbert Kubicek/Arno Rolf
MIKROPOLIS
Mit Computernetzen zur »Informationsgesellschaft«
2. erweiterte Auflage
380 Seiten; DM 29,80

Arno Rolf (Hrsg.)
Neue Techniken Alternativ
Möglichkeiten und Grenzen sozialverträglicher Informationstechnikgestaltung
170 Seiten; DM 19,80

Dietmar Hexel
Mensch im Computer
Personaldaten und EDV
2. erweiterte Auflage
232 Seiten; DM 16,80

S. Bleicher/H. Däubler-Gmelin/H. Kubicek u.a.
Chip, Chip, Hurra?
Die Bedrohung durch die »Dritte technische Revolution«
140 Seiten; DM 14,—

Prospekt anfordern!

VSA-Verlag
Stresemannstr. 384a
2000 Hamburg 50
Tel. 040/ 89 40 69

Gewerkschaftliche Praxis

Ottwald Demele
Schlagworte der Tarifpolitik
Argumente gegen den »wirtschaftspolitischen Sachverstand«
200 Seiten; DM 18,—

Ottwald Demele
Schlagworte der Tarifpolitik

Argumente gegen den
»wirtschaftspolitischen Sachverstand«

Henner Wolter
Gewerkschaften und Arbeitsrecht
»Kritischer Rechtsgebrauch« oder »neues Arbeitsschutzrecht«?
240 Seiten; DM 24,80

Hermann Glaser, Hans Preiss u.a.
Qualifizieren statt Entlassen
Volksbildung statt Eliteförderung
140 Seiten; DM 14,80

A. Oppolzer/H. Wegener/U. Zachert (Hrsg.)
Flexibilisierung — Deregulierung
Arbeitspolitik in der Wende
220 Seiten; DM 19,80

Dietmar Hexel
Mensch im Computer
Personaldaten und EDV
2. erweiterte Auflage
232 Seiten; DM 16,80

Wilhelm Bichlmeier/Hermann Oberhofer
Konkursbuch
Arbeitshilfe für Arbeitnehmer und Gewerkschaften in Konkurs- und Vergleichsverfahren
200 Seiten; DM 16,80

Heinz Bierbaum/Marlo Riege (Hrsg.)
Die neue Genossenschaftsbewegung
Initiativen in der BRD und in Westeuropa
192 Seiten; DM 24,80

Werner Schneider (Hrsg.)
Arbeit und Umwelt
Gewerkschaftliche Umweltpolitik
218 Seiten; DM 18,—

Siegfried Bleicher (Hrsg.)
Ausstieg?
Gewerkschaftliche Reformpolitik in der Industriegesellschaft
160 Seiten; DM 16,80

Prospekt anfordern!

VSA-Verlag
Stresemannstr. 384a
2000 Hamburg 50
Tel. 040/ 89 40 69